Entfesseltes Blitzen für Einsteiger

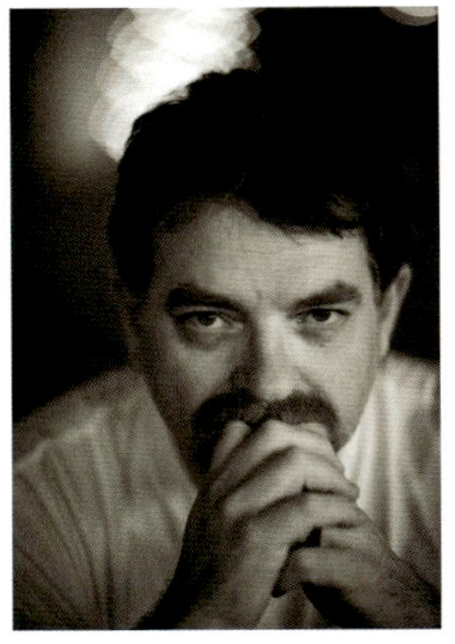

Neil van Niekerk, gebürtig aus Johannesburg (Südafrika), arbeitet als Hochzeits- und Porträtfotograf im US-amerikanischen Bundesstaat New Jersey. Er hat einen College-Abschluss in Elektrotechnik und war in Südafrika zunächst als TV-Sendetechniker tätig, während er parallel an seiner zweiten Laufbahn als Fotograf bastelte. Im Jahr 2000 entschloss er sich dann, in die Vereinigten Staaten überzusiedeln. Er selbst sagt von sich: »Ich liebe das Fotografieren und dafür gibt es eine Reihe von Gründen. Ständig auf neue Situationen reagieren zu müssen, ist anregend und mitreißend und befriedigt meine analytische wie auch meine kreative Seite. Außerdem arbeite ich sehr gerne mit Menschen. Es macht mir unglaublichen Spaß, meine Freude mit den Menschen zu teilen, die ich fotografiere, und zu wissen, dass dabei Bilder entstehen, die ein ganzes Leben lang wunderbare Erinnerungen wach werden lassen.« Neils Website »Planet Neil« (www.planetneil.com) ist mittlerweile eine beliebte Anlaufstelle für Fotografen, die nach Informationen zu aktuellem Equipment und den neuesten Techniken suchen. Wenn Sie weitere Bilder von Neil van Niekerk sehen möchten, besuchen Sie www.neilvn.com.

Neil van Niekerk

Entfesseltes Blitzen für Einsteiger

Professionelles Licht on location – manuell, mit TTL und HSS

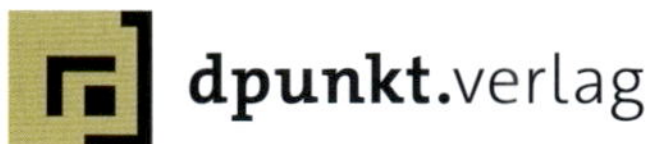

Neil van Niekerk

Übersetzung: Christian Alkemper (BdÜ), alkemper.com
Lektorat: Boris Karnikowski
Korrektorat: Petra Kienle
Satz: Ulrich Borstelmann, www.borstelmann.de
Herstellung: Stefanie Weidner
Umschlaggestaltung: Michael Oreal, www.oreal.de, unter Verwendung eines Fotos des Autors
Druck und Bindung: Grafisches Centrum Cuno GmbH & Co. KG, 39240 Calbe (Saale)

Bibliografische Information der Deutschen Nationalbibliothek
Die Deutsche Nationalbibliothek verzeichnet diese Publikation in der Deutschen Nationalbibliografie; detaillierte bibliografische Daten sind im Internet über http://dnb.d-nb.de abrufbar.

ISBN:
Print 978-3-86490-605-3
PDF 978-3-96088-564-1
ePub 978-3-96088-565-8
mobi 978-3-96088-566-5

1. Auflage 2018

Wieblinger Weg 17
69123 Heidelberg

Original title: Off-Camera Flash © 2011 Neil van Niekerk, published by Amherst Media, Inc., USA; ISBN-13: 978-1-60895-278-6

5 4 3 2 1 0

Inhalt

Geleitwort

Als mein alter Freund Neil mich bat, das Vorwort zu seinem neuen Buch zu verfassen, dachte ich an die vielen Dinge, die wir gemeinsam haben, aber auch so mancherlei, bei dem wir uns nicht so einig sind. Dabei ist es doch genau das, was Kunst so wunderbar sein lässt: die Fülle und Vielfältigkeit der Gedanken und Meinungen.

Eine Sache allerdings ist für Neil wie für mich von allergrößter Wichtigkeit und hier sind wir uns auch absolut einig: die Bedeutung von Licht. Licht ist in jedem guten Foto der entscheidende Bestandteil. Oft ist es erst das Licht, das ein Foto interessant werden lässt. Jeder gute Fotograf weiß, wie man Licht sieht, formt und einsetzt, damit die eigene Vorstellung von einem Motiv in einem Foto Gestalt annimmt.

Als ich vor vielleicht 25 Jahren mit dem Fotografieren begann, ging es immer nur um Komposition und Motiv. Alles andere war unwichtig. Erst ein paar Jahre später begann ich wirklich, Licht zu *sehen*. Rückwirkend betrachtet war ich dazu, glaube ich, eigentlich schon immer in der Lage, aber ich wusste zu wenig, um zu verstehen, warum meine Bilder genau so und nicht anders aussahen.

Wenn Neil und ich uns über Fotografie unterhalten, dann sprechen wir häufig über Licht und darüber, wie uns seine Wirkung auf das Motiv vor uns inspiriert. Vielleicht ist Ihnen ja auch schon einmal ein interessantes Lichtmuster aufgefallen, das auf eine Wand oder den Bürgersteig fällt. Neil und ich können uns richtig begeistern für die unterschiedlichen Wirkungen, die das Licht auf Stimmung, Ausdruck und Look hat. Und wie wir haben Sie sich vielleicht schon einmal gefragt, wie cool es wäre, wenn man ein Modell mitten in dieses interessante Lichtspiel stellen könnte. Das ist der Moment, wo der Prozess des Fotografierens interessant wird.

Wie wahrscheinlich viele Leser dieses Buchs fotografieren auch Neil und ich vor allem Menschen. Und damit das richtig gut klappt, muss man sowohl das vorhandene Licht verstehen als auch wissen, wie man dieses mit Blitzlicht ergänzt. Praktisch in jedem Augenblick des Tages fallen mir interessante Formen und Muster auf. Die Herausforderung beim Fotografieren von Menschen besteht darin, zu lernen, wie ich eine Person in einer interessanten Umgebung platziere und wie ich sie darin einbinde oder daraus hervorhebe – damit sie ein Teil der Vision wird, die mir im Kopf herumspukt. Für mich ist das der Anfang eines Lernprozesses.

Eine Frage, die mir Fotografen häufig stellen, lautet: »Können Sie mir zeigen, wie ich meine Blitze einsetze?« Ich höre aber auch Sprüche wie: »Als Fotograf arbeite ich nur mit natürlichem Licht. Deswegen brauche ich überhaupt keinen Blitz. Aber Ihre Bilder sehen echt cool aus. Wie kriegen Sie das hin?« Der Einsatz entfesselter Blitze ist eigentlich ziemlich einfach. Im Grunde genommen müssen Sie nur etwas über Belichtung und Lichtsetzung wissen, um Ihre eigene Vision umzusetzen. Niemand anderes als Neil kann besser erklären, wie man mit Licht arbeitet. Er lüftet die Geheimnisse der richtigen Lichtsetzung, bei ihm lernt das wirklich jeder.

Ich würde Ihnen raten, dieses Buch zunächst aufmerksam zu lesen und erst dann Bilder zu machen. Und am nächsten Morgen stehen Sie auf und machen noch ein paar. Das wiederholen Sie so lange, bis Sie von dieser Welt scheiden. Nehmen Sie sich Zeit zum Üben. Erwarten Sie nicht, dass die Dinge Ihnen einfach in den Schoß fallen: Wie bei allem im Leben müssen Sie auch hier üben, üben, üben, um besser zu werden. Als ich noch gelernt habe, habe ich meine Frau fast jeden Abend durch unser Viertel geschleift und Foto um Foto gemacht. Wir hatten einen Haufen Spaß dabei. Ich hab mir Notizen gemacht und als ich die entwickelten Bilder zurückbekam, vollzog ich das Getane nach und untersuchte genau, was das Licht mit den Formen machte, auf die es fiel. Ich habe zahllose kleine und große Lichtquellen eingesetzt, die aus allen möglichen Richtungen kamen (so wie Neil das auch in diesem Buch macht). Es war einfach grandios – und das ist es bis heute.

Während ich diese Worte niederschreibe, ist es draußen früher Tag – und das Licht ist genau jetzt atemberaubend. Ich werde also noch ein bisschen weiterüben. Und ich möchte Ihnen empfehlen, dasselbe mit dem in diesem Buch Gelernten zu tun.

Chuck Ärlund
www.chuckarlund.com

Einleitung

Wenn Sie mehr über die Hardware beim Blitzen wissen möchten – Klemmen, Stative, Kabel, Blitze und Lichtformer –, dann finden Sie die passenden Informationen dazu praktisch überall. Im dpunkt.verlag etwa sind dazu mehrere Bücher erschienen, beispielsweise »Scott Kelbys Blitz-Rezepte«. Ganz ehrlich: Manchmal scheint es, als ob es beim Blitzen um *nichts anderes* ginge als um die Ausrüstung. Natürlich wird auch in diesem Buch Equipment beschrieben, das wir fürs Blitzen brauchen, aber eigentlich möchte ich hier einen anderen Ansatz verfolgen. Einen Ansatz, der weniger equipmentlastig ist.

In meinen Workshops und in den Fragen, die ich auf meiner Website beantworte, scheint für mich immer eine gewisse Ratlosigkeit durch. Fotografen wissen häufig nicht, wo sie anfangen sollen. Sie haben ein attraktives Modell und eine tolle Location – aber wie geht‘s dann weiter? Wenn es um entfesseltes Blitzen geht, sind es in der Regel die folgenden drei Fragen, von denen sich Fotografen aus dem Konzept bringen lassen:

1. Wie muss ich meine Kamera einstellen?
2. Wie muss ich meinen Blitz einstellen?
3. Wo soll ich meinen Blitz (oder meine Blitze) aufstellen?

In diesem Buch werden wir uns also weniger um die zum Blitzen benötigte Hardware kümmern, als um die Beantwortung dieser wichtigen Fragen. Wir werden uns ansehen, *wie* Sie entfesselte Blitze optimal in bestimmten fotografischen Situationen einsetzen. Das Lesen dieses Buchs soll für Sie sein, als würde die ganze Zeit ein erfahrener Fotograf neben Ihnen stehen und Ihnen die verschiedenen Aspekte beim Einsatz solcher Blitze erläutern.

Im letzten Kapitel werden wir das Gelernte dann zusammenführen und uns verschiedene Sessions ansehen, bei denen die unterschiedlichen Techniken zum Einsatz kommen. Es wird auch darum gehen, wie Sie vor Ort dafür sorgen, dass alles reibungslos klappt.

Weil dieses Buch auf der Prämisse aufbaut, dass *jeder entfesseltes Blitzen er*lernen kann, werden wir hier meist nur einen einzigen Blitz verwenden. Zunächst jedoch wollen wir uns erst einmal ansehen, warum man überhaupt entfesselt blitzt.

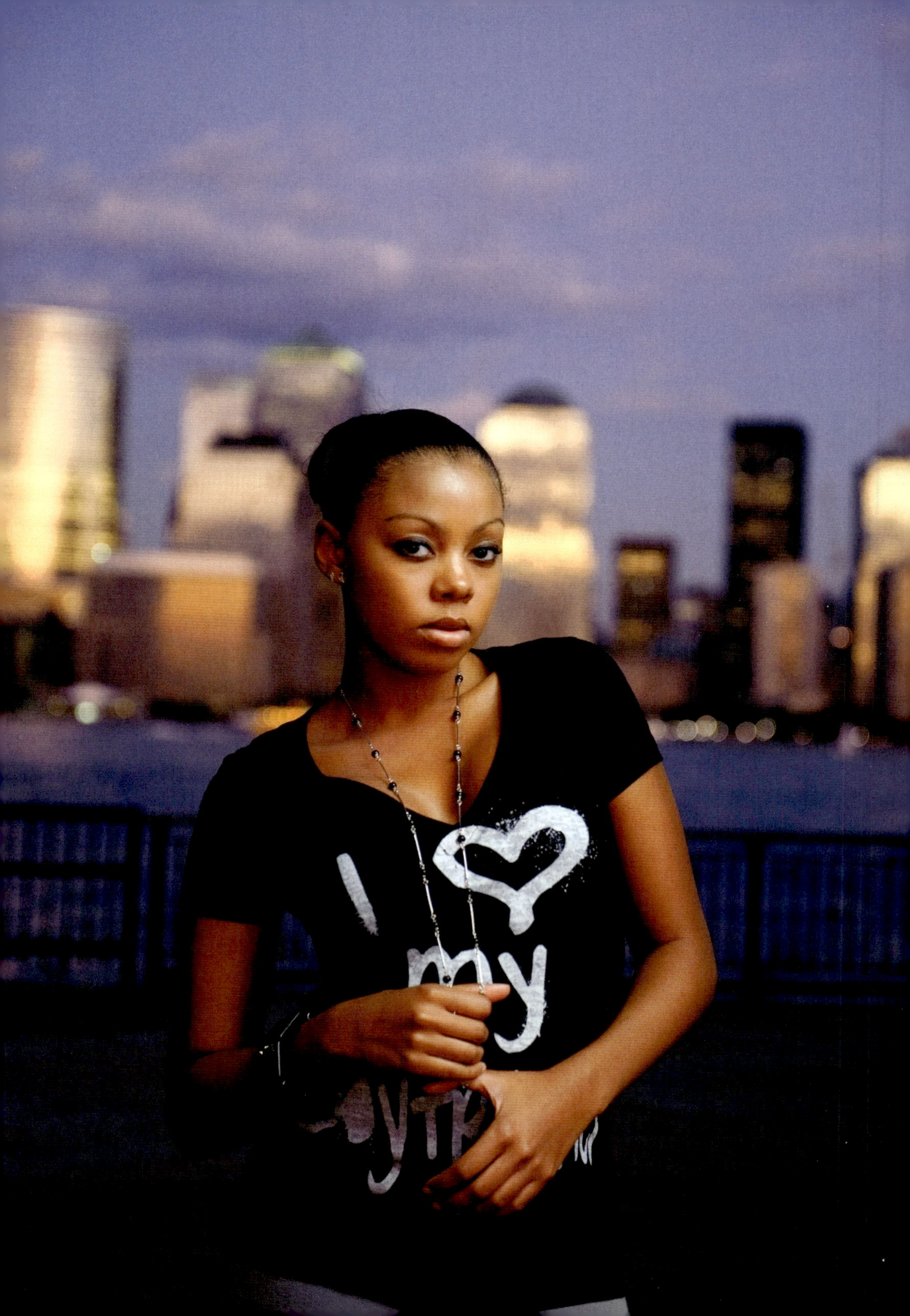
I ♥
my

1 Warum entfesselt blitzen?

Wieso blitzt man eigentlich entfesselt? Wir nutzen einen Blitz ja nicht unbedingt einfach nur, um Unschärfen durch Verwackeln oder Unterbelichtung zu vermeiden. Viel wichtiger ist die Tatsache, dass wir mit einem Blitz Richtung und Stärke des einfallenden Lichts steuern können. Wir können unser Modell also mithilfe eines Blitzes besser und dynamischer ausleuchten. Zudem lässt sich das Umgebungslicht, das auf unser Modell fällt, hiermit »korrigieren«. Auch bei weichem Licht können wir unsere Fotos mit einem Blitz knackiger wirken lassen. Kurzum: Es geht um Kontrolle.

Wie wir unser Modell besser aussehen lassen

Apropos Kontrolle: Wir tun gut daran, wirklich alle Aspekte unserer Fotosession im Griff zu haben. Neben der richtigen Lichtsetzung müssen wir darauf achten, wie wir unser Modell vom Hintergrund abheben und es in Relation zum Umgebungslicht positionieren. Einen typischen Schnappschuss, bei dem wir uns nicht allzu viele Gedanken darüber gemacht haben, wie das Modell platziert werden soll, sehen wir in Abbildung 1.1. Sehen wir genau hin, dann stellen wir fest, dass die Ausleuchtung recht ungleichmäßig ist. Durch das Sonnenlicht entstehen ausgeprägte Schatten im Gesicht. Mit solch einem Licht zu arbeiten, wird noch schwieriger, wenn die Sonne hoch am Himmel steht.

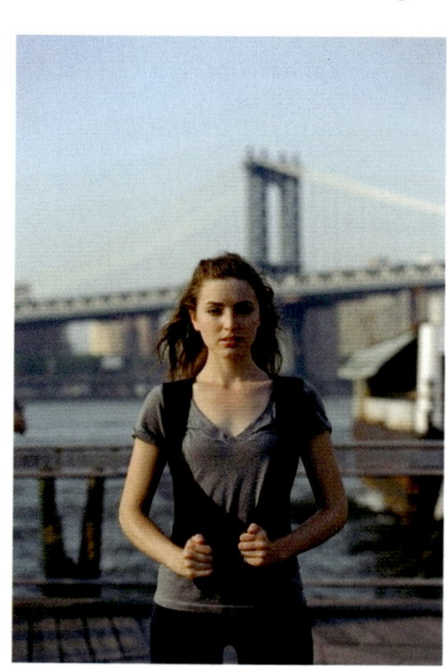

Abbildung 1.1: *Ein ganz normaler Schnappschuss*

Wenn wir hier kein zusätzliches Licht einsetzen, können wir weicheres Licht nur dadurch erzielen, dass wir das Modell *vor* die harte Lichtquelle stellen. Für Abbildung 1.2 habe ich das Modell also gebeten, sich mit dem Rücken zur Sonne zu stellen. Das einfallende Licht wird nun gestreut und vom Himmel reflektiert – und genau deswegen ist es weich. Allerdings gehen bei einer korrekten Belichtung die Details im deutlich helleren Hintergrund verloren.

Würden wir jetzt den Blitz *auf* der Kamera einsetzen, um die Belichtung von Modell und Hintergrund einander anzunähern, dann erhielten wir eine harte, flache Ausleuchtung (Abbildung 1.3). Das ist weniger ansprechend als das Licht im Foto darüber, bei dem wir nur das Umgebungslicht verwendet haben.

Trennen wir den Blitz jetzt aber von der Kamera, erzeugen wir auf dem Gesicht unseres Modells ein dynamischeres Lichtmuster (Abbildung 1.4). Die Formen der einzelnen Gesichtszüge werden akzentuiert und das Foto wirkt gleich viel interessanter. Für diese Aufnahme habe ich einen

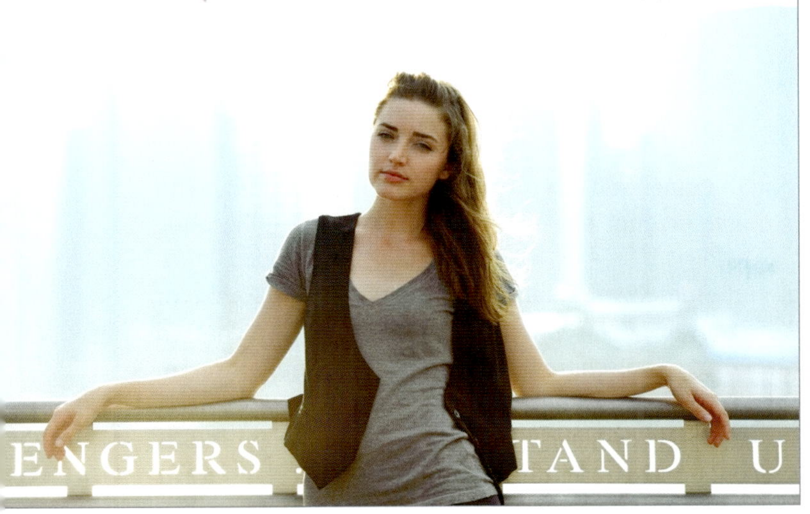

Abbildung 1.2: *Das Modell hat sich mit dem Rücken zur Sonne gedreht. Diese Aufnahme ist nur mit Umgebungslicht entstanden. (1/250 Sekunde, f/4, ISO 200)*

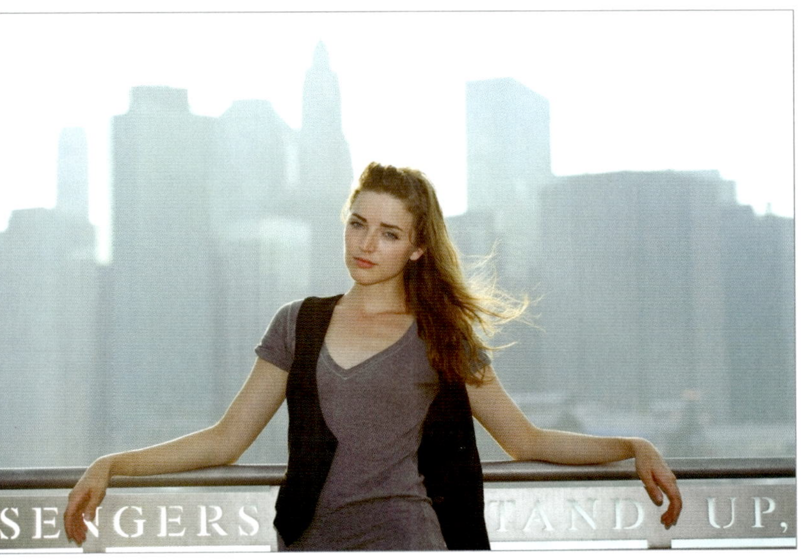

Abbildung 1.3: *Nehmen wir das direkte Licht des Aufsteckblitzes hinzu, dann erhalten wir eine flache und harte Ausleuchtung. (1/1000 Sekunde, f/4, ISO 200)*

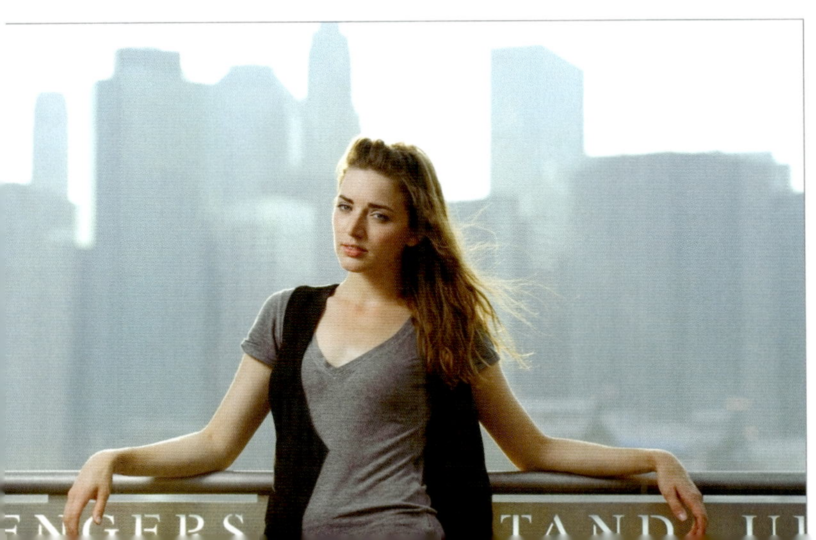

Abbildung 1.4: *Mit einem entfesselten Blitz können wir dagegen ein wesentlich ansprechenderes Bild machen. (1/1000 Sekunde, f/4, ISO 200)*

Blitz in Kombination mit einer Softbox (60 cm × 60 cm) verwendet, denn eine größere Lichtquelle erzeugt ein weicheres Licht als ein Blitz ohne Lichtformer.

Zwar hätte ich in diesem Szenario auch den Blitz auf der Kamera als Füllblitz verwenden können, doch wären hierdurch nur die Schatten aufgehellt worden. Ein dynamischeres Lichtmuster wäre auf unserem Modell so nicht entstanden, weil wir letztlich nur im Rahmen des Umgebungslichts gearbeitet hätten. Es war viel besser, den entfesselten Blitz einzusetzen – insbesondere in Verbindung mit der Softbox.

Hartes Licht, weiches Licht

Wenn der Übergang zwischen Schatten und Lichtern abrupt ist (also innerhalb eines relativ kleinen Bereichs erfolgt), dann wird das Licht als »hart« bezeichnet. Erfolgt der Übergang hingegen stufenlos (also über einen größeren Bereich), dann spricht man von »weichem Licht«. Dies nennt man dann einen »breiten« Übergang.

Weiches Licht wird mit Lichtquellen erzeugt, die bezogen auf das Modell relativ groß sind, hartes Licht dagegen von vergleichsweise kleinen Lichtquellen. So erzeugt beispielsweise die in Abbildung 1.4 verwendete Softbox weichere Schatten als der direkte Blitz aus Abbildung 1.3. Mit der großen Softbox erfolgt der Übergang zwischen den Lichtern (den gut ausgeleuchteten Bereichen) und den Schattenbereichen des Modells allmählicher als bei Einsatz eines kleinen Blitzes ohne Lichtformer.

Die Härte oder Weichheit von Licht ist genau der Faktor, der unseren Motiven Form, Struktur und Textur gibt – das fällt beim Blick auf die fertige Aufnahme sofort auf.

Den Hintergrund kontrollieren

Wenn ich ihn beeinflussen kann, bin ich mit dem Hintergrund meiner Fotos ein bisschen eigen. So ein Hintergrund muss etwas zum Foto beitragen. Ich etwa bevorzuge unscharfe Hintergründe – indem sich meine Modelle besser von ihnen abheben, erhalte ich automatisch eine Aufteilung des Bildes.

Nutze ich bei einer Fotosession nur das Umgebungslicht, dann brauche ich einen tollen Hintergrund *und* tolles Licht für mein Modell. Mit zusätzlichem Licht ist das kein Problem. Im Grunde genommen muss ich mir nur einen netten Hintergrund suchen, mein Modell richtig hinstellen und es dann mit dem Blitz ordentlich ausleuchten. Mit einem entfesselten Blitz werden solche Sessions schon fast zum Kinderspiel.

Ein gutes Beispiel dafür sind die Abbildungen 1.5 bis 1.8 aus einer Fotosession mit Jill und Mike. Am Anfang stand ein ganz einfaches Porträt des Paars vor einem Hintergrund, bei dem ich wusste, dass er funktionieren würde (denn das sonnendurchflutete Blattwerk im Hintergrund würde für einen goldenen Schimmer hinter den beiden sorgen). Weil sie unter einem hölzernen, überwucherten Torbogen posierten, war das Licht nicht sehr schmeichelhaft. Es kam zu sehr von oben und erzeugte dunkle Augenhöhlen. Ich brauchte also zusätzliches Licht.

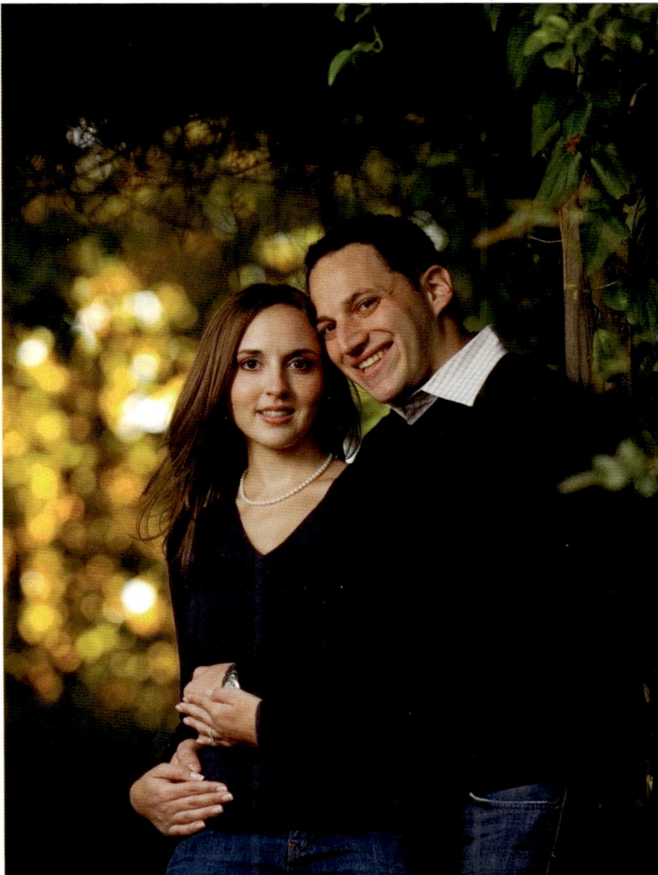

Abbildung 1.5: *Die sonnendurchfluteten Blätter sorgen für ein goldenes Schimmern hinter dem Paar. Dieses wurde mit einer Softbox ausgeleuchtet.*

Für Abbildung 1.5 habe ich im TTL-Modus und mit einer Softbox geblitzt. (Meiner Meinung nach liegt die Verwendung eines entfesselten Blitzes mit Softbox genau in der Schnittmenge zwischen »optimales Licht« und »möglichst wenig Aufwand«.) Meine Kameraeinstellungen stimmte ich auf den Hintergrund ab, da dieser exakt so aussehen sollte, wie ich ihn sah. Dann positionierte ich das Paar und fügte ein bisschen Licht über die Softbox hinzu, die links von der Kamera stand. Mein Assistent hat die Softbox etwa 60 – 80 cm oberhalb des Pärchens gehalten. Bei einer einfachen Porträt-Lichtsetzung sollte das Licht immer ein wenig von oben kommen.

Bei Abbildung 1.6 hatte ich meine Position geändert und fotografierte das Paar durch ein paar Blätter. Dadurch entsteht ein etwas intimerer Eindruck und das Laub bildet eine Art Rahmen, der ihren Gesichtsausdruck unterstreicht. Hätte ich bei einem solchen Bild den Blitz auf meiner Kamera verwendet, dann wären die Blätter zwischen der Kamera und dem Paar überbelichtet worden. Die einzige Möglichkeit, Licht auf meine

Abbildung 1.6: *Um nur die Modelle und nicht die Blätter im Vordergrund auszuleuchten, war der Einsatz eines entfesselten Blitzes die einzige Möglichkeit. (1/250 Sekunde, f/4, ISO 400)*

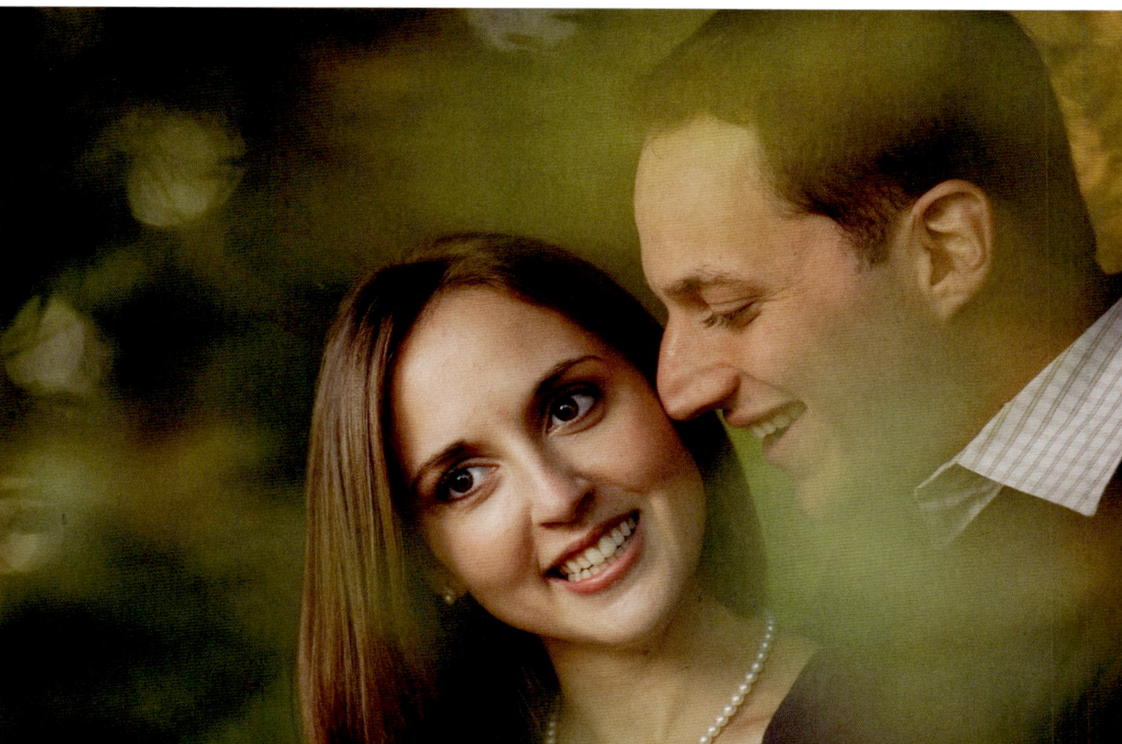

Modelle zu werfen, ohne den Vordergrund auszuleuchten, war eine Lichtquelle abseits der Kamera.

Der sonnendurchflutete Hintergrund gefiel mir außerordentlich gut und vor diesem wollte ich ein Foto des Paars machen (Abbildung 1.7). Da die beiden im Schatten der Bäume standen, wären sie ohne Blitz komplett unterbelichtet gewesen. Hätte ich dagegen auf die beiden Modelle belichtet, dann wäre der Hintergrund vollständig verloren gegangen. Ich wollte aber genau den Hintergrund *und* ein ansprechendes Licht auf den Modellen – und die einzige Möglichkeit hierzu war wiederum der Einsatz eines entfesselten Blitzes. (Während der Session lief mein Assistent vor den beiden her und hielt dabei die Softbox rechts neben der Kamera hoch.)

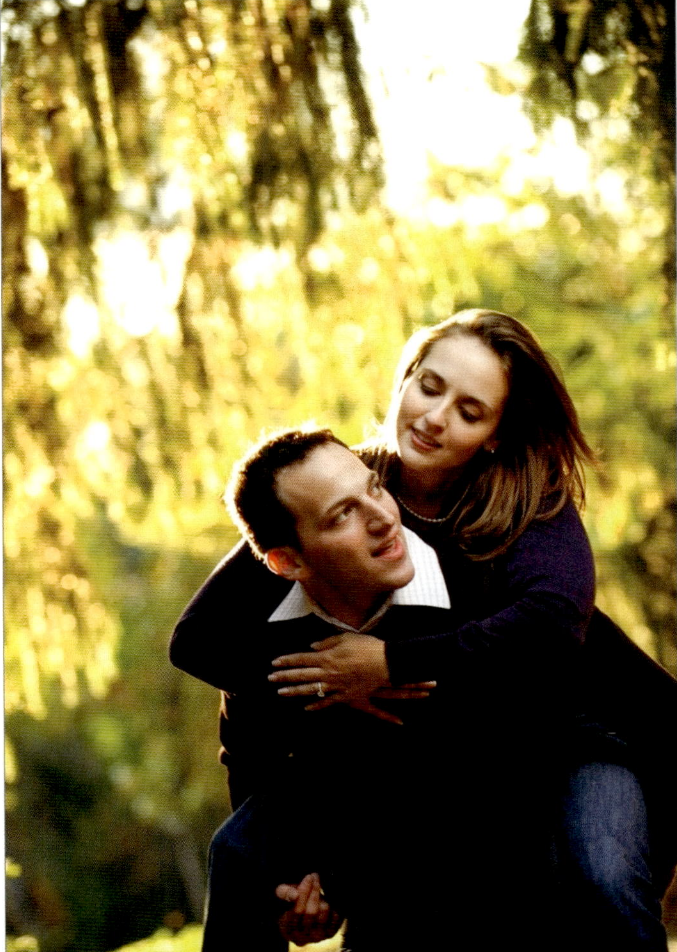

Abbildung 1.7: *Nur mit dem zusätzlichen Blitz konnte ich die Belichtung von Modell und Hintergrund ausbalancieren. (1/250 Sekunde, f/4, ISO 400, TTL-Blitz)*

Quintessenz: Mit einem entfesselten Blitz bekommen Sie fast überall perfektes Licht und haben trotzdem die Belichtung des Hintergrunds im Griff – und wie Sie ihn einsetzen können.

Wann man den Blitz besser weglässt

Wichtig ist auch zu erkennen, wann das Licht bereits perfekt ist und Sie sich nur noch darum kümmern müssen, es kreativ einzusetzen. Abbildung 1.8 ist eines der Fotos aus dieser Session, bei denen ich kein zusätzliches Licht verwendete (weil ich es nicht brauchte).

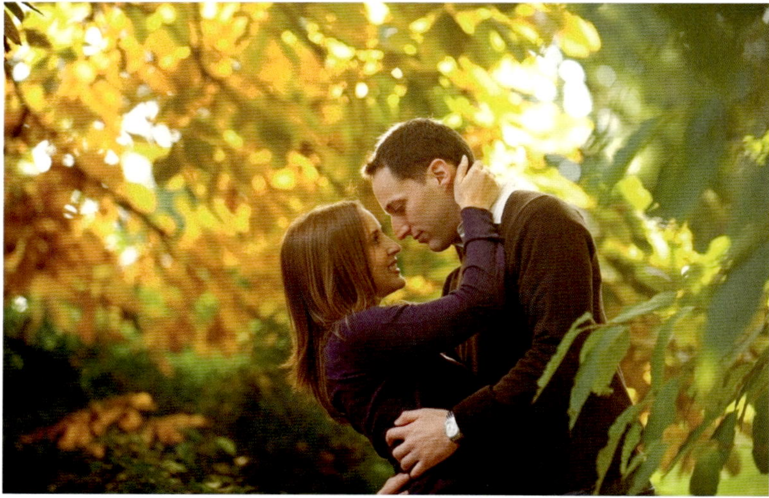

Abbildung 1.8: *Manchmal ist das vorhandene Licht bereits genau so, wie Sie es brauchen.*

Indirektes Licht als entfesselter Blitz

Weil indirektes Blitzen (»Bouncen«) unser Thema des entfesselten Blitzens zumindest berührt, möchte ich hier kurz darauf eingehen. Wenn wir unseren Blitz von anderen Oberflächen reflektieren lassen (sogar, wenn wir mit Abschattern – »Flags« – dafür sorgen, dass kein direktes Licht auf das Modell fällt), können wir ein Licht wie von einer externen Quelle erzeugen.

Das Modell in Abbildung 1.9 habe ich am frühen Abend fotografiert, als das Umgebungslicht bereits zur Neige ging. Deswegen war es auch ganz einfach, mit einem Blitz ein vorteilhaftes Licht zu erzeugen, auch wenn dieses nur von einer gläsernen Häuserfront reflektiert wurde (Abbildung 1.10). Die Reflexion meines Blitzes ist ein bisschen weiter vorne als die Stelle, an der das mit dem Blitzgerät erzeugte Licht zu sehen ist. Das Licht des Aufsteckblitzes wurde von der Glasfront, der Säule und der Decke reflektiert (»gebounced«). Meinen Blitz hatte ich mit einem Stück schwarzem Moosgummi so nach vorne abgedeckt, dass kein direktes, sondern nur reflektiertes Licht auf das Modell fiel. Deswegen wirkt dieses Licht auch so schmeichelhaft.

Manchmal geht es einfacher und schneller, den Aufsteckblitz als »Bounce Flash« anstelle einer externen Lichtquelle zu verwenden, und dennoch bekommt man so vorteilhaftes, gerichtetes Licht. Sie sollten sich dieser Möglichkeit bewusst sein, aber auch jene Situationen erkennen, in denen Sie bereits perfektes Licht haben und es Zeitverschwendung wäre, weiteres Licht hinzuzufügen.

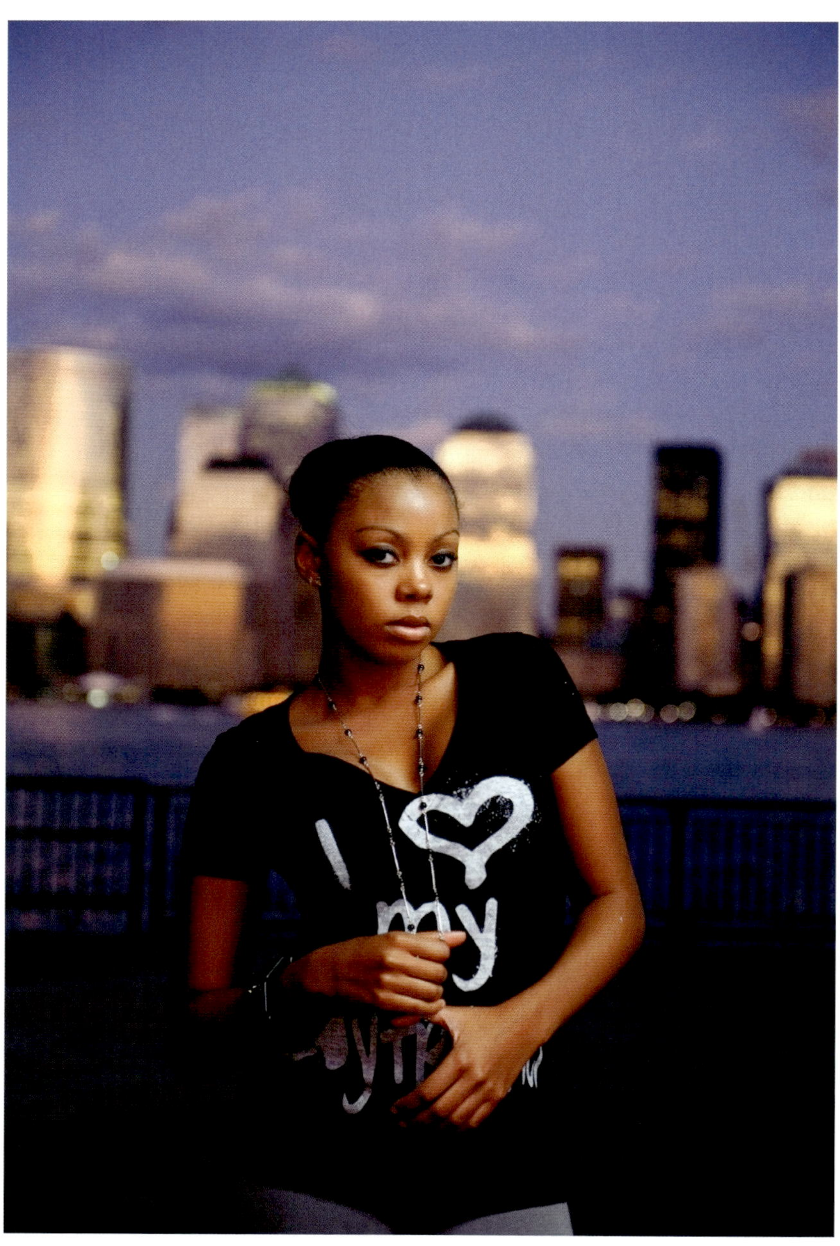

***Abbildung 1.9:** Wenn wir den Blitz zur Seite neigen und den direkten Lichtweg zum Modell unterbinden, fällt kein direktes Licht auf das Modell und die Lichtquelle befindet sich scheinbar abseits der Kamera. (1/60 Sekunde, f/3.2, ISO 800, TTL-Blitz)*

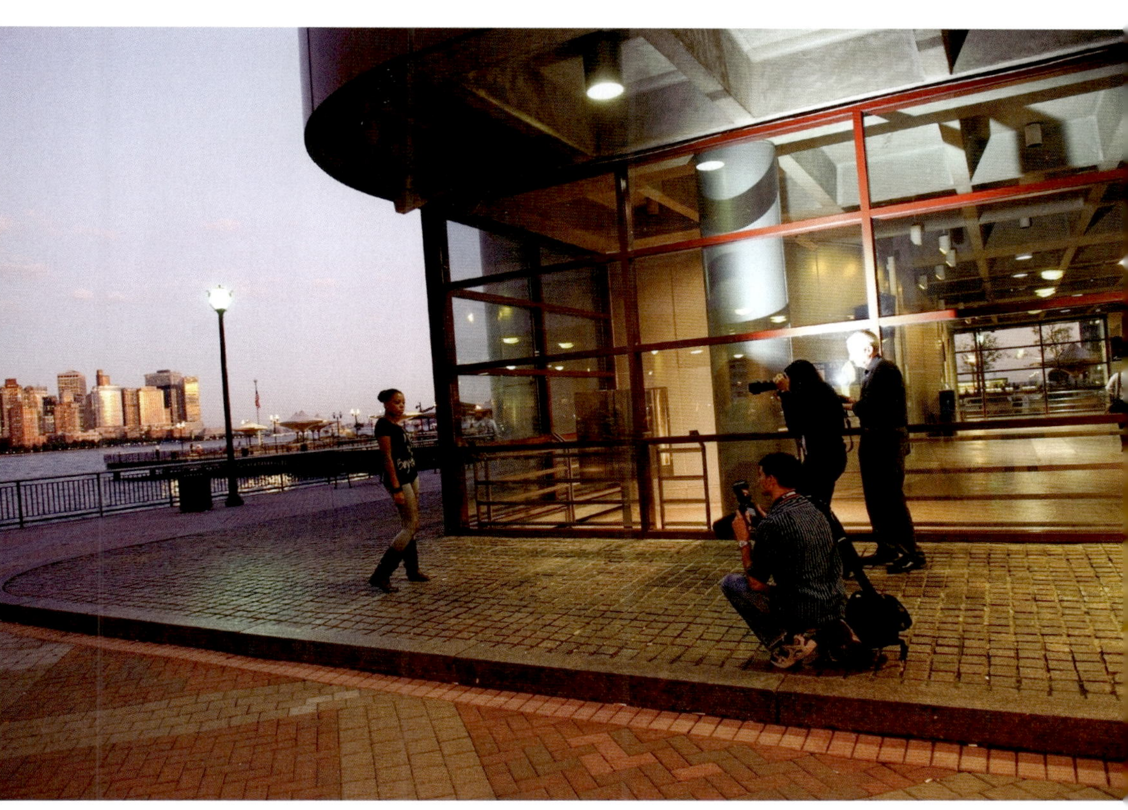

Abbildung 1.10: *Hier sehen Sie, wie wir das benachbarte Gebäude als Reflexionsfläche fürs indirekte Blitzen verwenden.*

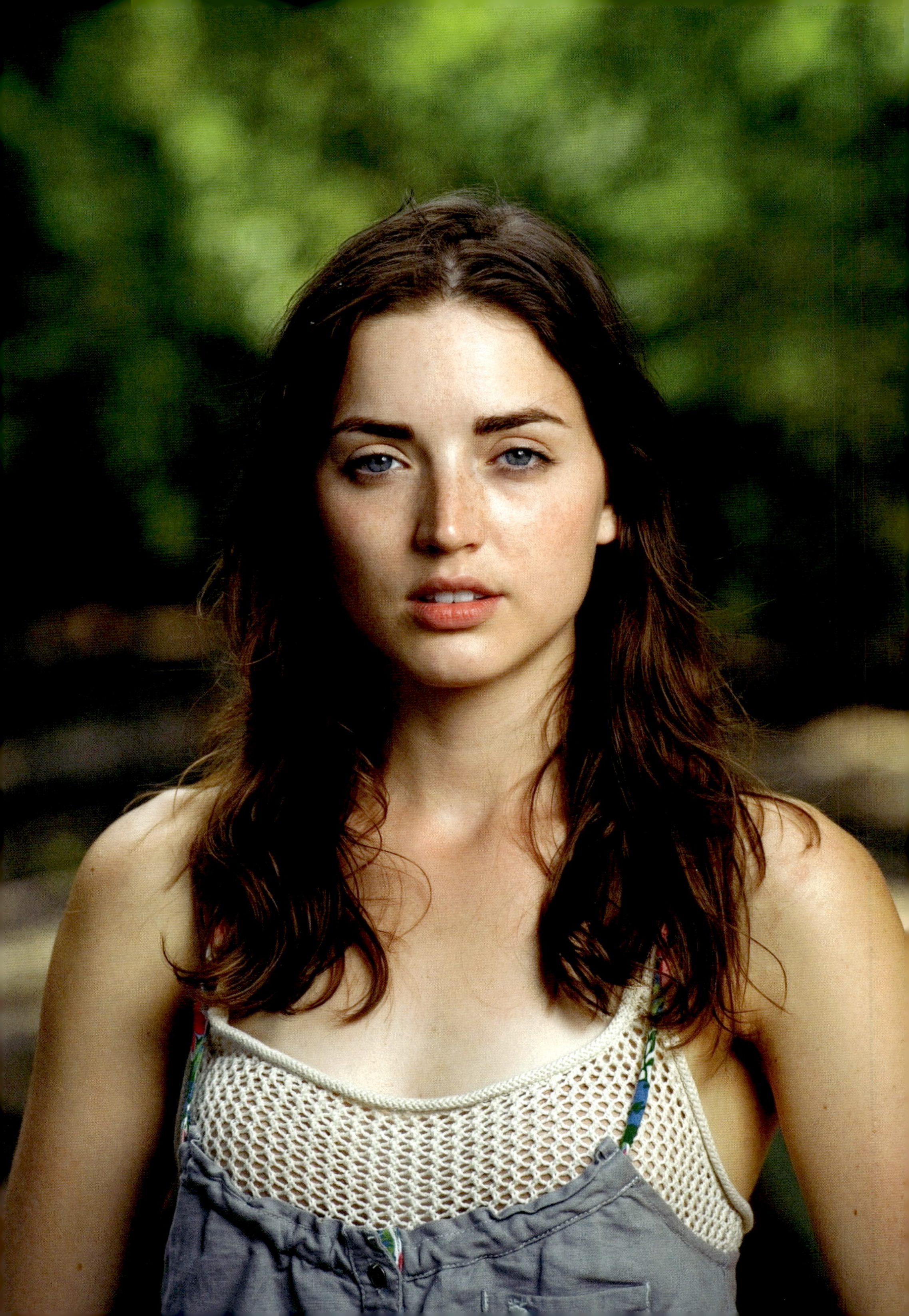

2 Was Sie für entfesseltes Blitzen brauchen

Zwar entwickeln sich Technik und Equipment mit der Zeit weiter, aber die grundlegenden Techniken zu ihrer Anwendung bleiben stets dieselben. Ihr Wissen um die Qualität und Einfallsrichtung von Licht und das Ausbalancieren von Blitz- und Umgebungslicht ist losgelöst von den technischen Mitteln, die Sie dafür einsetzen. Daher wird es in diesem Kapitel auch nicht um einen ausführlichen Vergleich von Equipment gehen. Allerdings werfen wir einen kurzen Blick auf die Minimalausrüstung für entfesseltes Blitzen – in unserem Fall für den Einsatz on location.

Der Blitz

Als Erstes brauchen wir einen externen Blitz, bekannt auch als Aufsteckblitz. Im Grunde genommen benötigen Sie davon sogar mindestens zwei. Dabei fungiert der zweite als Reserveblitz, kann aber auch durch den ersten (Master)-Blitz als Slave angesteuert werden.

Jeder Hersteller bietet hier eine ganze Reihe von Optionen zu unterschiedlichen Preisen an. Vielleicht zögern Sie, für Ihre ersten Schritte in der Welt der Blitzlichtfotografie einen großen und vor allem teuren Blitz zu kaufen. Das ist verständlich, denn inzwischen gibt es preiswerte und leistungsfähige Blitze, zu denen Sie im Grunde bedenkenlos greifen können.

Allerdings empfehle ich Ihnen, von allen Modellen Abstand zu nehmen, die kein Rotieren und Schwenken des Blitzkopfs zulassen. Die Möglichkeit, den Blitzkopf zu drehen und zu schwenken, eröffnet uns ungeahnte Möglichkeiten, wenn wir unseren Aufsteckblitz für indirektes Blitzen nutzen. Den Blitzkopf zu jeder Seite um 180 Grad drehen zu können, ist ein

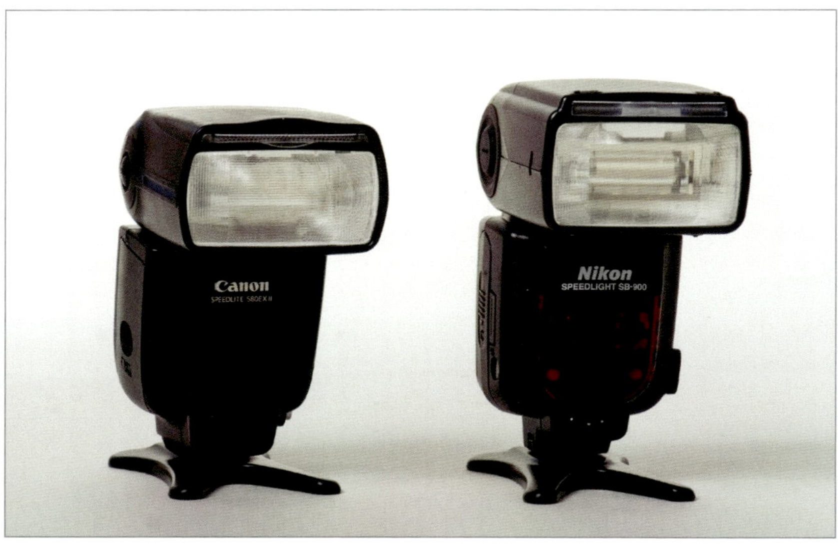

Abbildung 2.1: *Blitze von Canon (links) und Nikon (rechts)*

besonders mächtiges Feature, denn so sind Sie viel flexibler in der Wahl der Lichtrichtung. Ein Blitz ohne schwenkbaren Kopf ist reine Geldverschwendung. Insofern investieren Sie besser ein bisschen mehr in einen flexiblen Blitz.

Aber nicht nur flexibel, sondern auch leistungsfähig sollte Ihr Blitz sein. Wenn Sie indirekt blitzen oder einen Schirm oder eine Softbox einsetzen, dann brauchen Sie eine hohe Energie, damit Ihr Modell noch ausreichend Licht erhält. Meine Empfehlung: Kaufen Sie den stärksten Blitz, den Sie sich leisten können.

Ich nutze TTL sehr stark und deswegen möchte ich Ihnen dringend ans Herz legen, einen TTL-fähigen Blitz anzuschaffen, der mit Ihrer Kamera kompatibel ist.

Um es kurz zu machen: Auch wenn dies Ihr erster Einkauf in Sachen »Blitz« ist, schlage ich vor, in das Topmodell Ihres bevorzugten Kameraherstellers zu investieren. Das mag Ihnen überzogen erscheinen und ist bestimmt viel Geld verglichen mit dem, was eine Kamera oder ein Objektiv kostet. Aber die Flexibilität, die Leistungsfähigkeit und die unkomplizierte Integration mit Ihrem Kamerasystem machen so einen Blitz gewiss zur besseren Wahl. Denn ganz ehrlich: Wenn Sie sich jetzt für einen kleineren und weniger leistungsfähigen Blitz entscheiden, endet das früher oder später in Frustration ob seiner Beschränkungen. Ein Blitz mit allem Schnickschnack und technischen Eckwerten, die einem das Wasser im Munde zusammenlaufen lassen, hat dagegen durchaus das Potenzial, Ihr Leben einfacher und Ihre Fotos interessanter und ansprechender zu machen.

Andere Blitze

Die meisten Aufnahmen in diesem Buch wurden mit einem Blitz und einer Softbox gemacht. Bei einigen Bildern habe ich andere Arten von Blitzen verwendet, doch alle – mit Ausnahme einiger weniger Aufnahmen mit einem leistungsstarken On-Location-Lichtsystem wie dem Profoto AcuteB 600R – hätten auch mit einem normalen Blitz gemacht werden können. Das Allermeiste, was Sie hier sehen, kann jeder Fotograf mit einem oder zwei Blitzen nachstellen.

Den Blitz aufstellen

Lichtstative. Die Höhe des Lichtstativs, das Sie brauchen werden, hängt von mehreren Faktoren ab: dem Gewicht des Stativs selbst, den geplanten Anwendungsszenarien (Innen- oder Außenaufnahmen) und der Maximallast, die das Stativ tragen muss.

Fotografen, die mit ihrem Blitzequipment viel unterwegs sind, werden mit einem leichten Stativ – etwa dem Manfrotto Nano – gut bedient sein. Das Nano hat zwar eine relativ große Stellfläche, aber ein überraschend kleines Packmaß. Arbeiten Sie vor allem in geschlossenen Räumen, dann ist ein leichtes Stativ normalerweise ausreichend, während Sie unter freiem Himmel eher ein schweres Exemplar benötigen, das der Wind nicht umwirft. Je weiter Sie Ihr Stativ ausziehen müssen, desto größer muss die Stellfläche sein. Und wenn Sie den Einsatz einer Softbox erwägen, dann brauchen Sie ganz gewiss ein wirklich stabiles Stativ mit möglichst großer Stellfläche.

Einbeinstative. Sie müssen mobil bleiben und schnell sein? Dann ist die naheliegendste Option sicher ein Einbeinstativ (gehalten von einem Assistenten) mit einem darauf montierten Blitz ohne Diffusor – ein sogenannter »Boomstick«.

Bitte beachten Sie, dass in manchen Städten oder Örtlichkeiten die Nutzung von Stativen eingeschränkt ist. In solchen Fällen ist ein Assistent, der Ihren Blitz hochhält und ihn für Sie durch die Gegend trägt, unentbehrlich. Böse Zungen sagen zu einem Assistenten mit Einbeinstativ und Blitz manchmal auch »Lichtstativ mit Sprachsteuerung«, denn schließlich können Sie ihn hinstellen, wie und wo Sie wollen – und das alles, ohne den Rhythmus des Shootings zu unterbrechen.

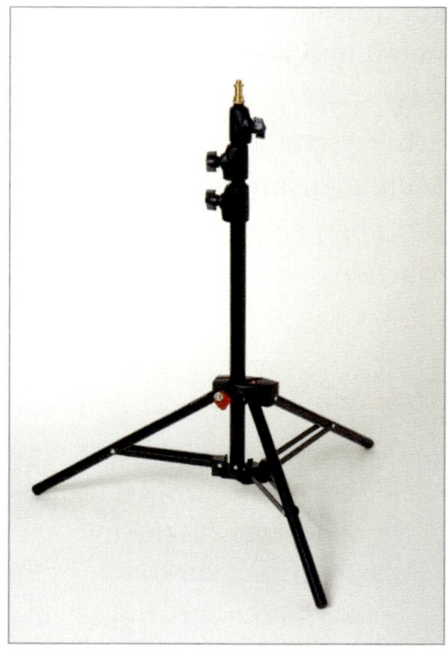

***Abbildung 2.2:** Ein kleineres Stativ: das Manfrotto 1051BAC.*

Abbildung 2.3 zeigt einen Blitz auf einem Einbeinstativ ohne Akkupack. Wenn Fotografen mit einer solchen Konfiguration arbeiten, tun sie das häufig ohne Akkupack. Da kein Diffusor das Licht bricht, halten die Batterien wesentlich länger als beim indirekten Blitzen oder bei Verwendung einer Softbox. Der einfachste Aufbau besteht tatsächlich nur aus dem Blitz, einem PocketWizard (zum Auslösen des Blitzes), einem Blitzschuh mit Halter und dem Einbeinstativ.

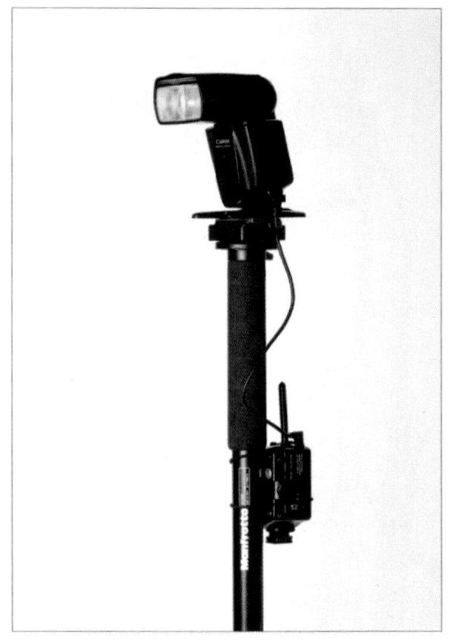

Abbildung 2.3: *Blitz auf einem Einbeinstativ ohne Akku.*

Blitz und Stativ montieren. Wenn Sie Blitze ausschließlich als direkte Lichtquellen (d. h. ohne Diffusor) verwenden, dann kann der mit Ihrem Blitz gelieferte Plastikfuß durchaus für diesen Zweck ausreichen.

Mit preiswerten Schirmklemmen (Abbildungen 2.4 und 2.5) können Sie den Blitz auf einem Stativ befestigen: Führen Sie ihn einfach in die Öffnung für den Schirmgriff ein und schrauben Sie ihn fest, sodass er nicht herausrutschen kann. Die Schirmklemme kann auch nach oben oder unten abgewinkelt werden. Auf diese Weise können Sie Ihre Lichtquelle relativ zum Modell bequem positionieren.

Die meisten Softboxen müssen an einem Speedring befestigt werden, damit man die Box öffnen und auf dem Stativ befestigen kann (Abbildungen 2.6 und 2.7). Andere Softboxen werden dagegen mit einer proprietären Befestigung ausgeliefert, die die Softbox auf dem Stativ hält. Wenn Sie mit einer bestimmten Softbox liebäugeln, dann überprüfen Sie erst, welche Befestigungsoptionen sie unterstützt.

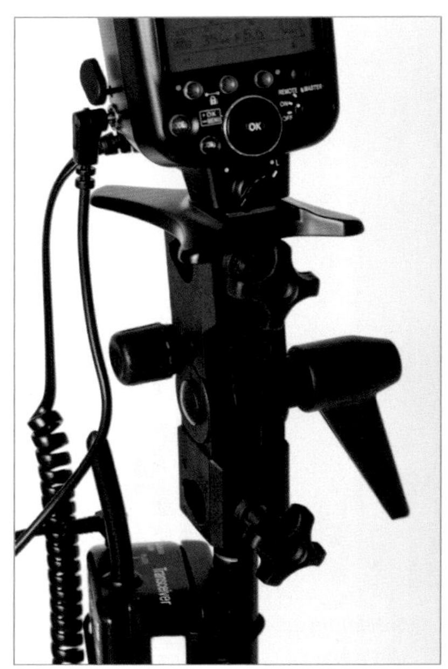

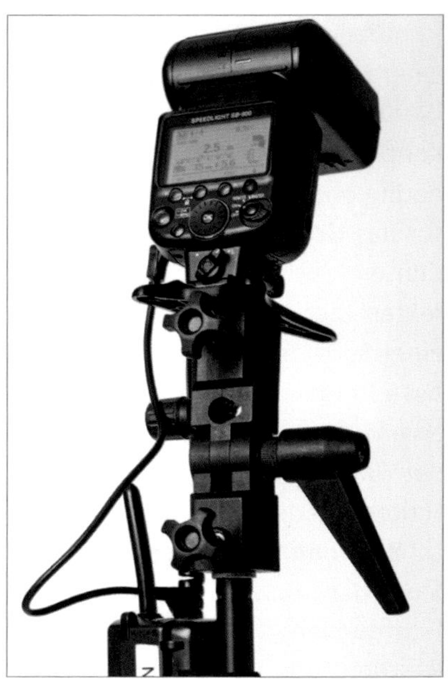

Abbildungen 2.4 und 2.5: *Der Blitz ist auf dem Blitzfuß befestigt, der an der Schirmklemme montiert ist (noch ohne Schirm).*

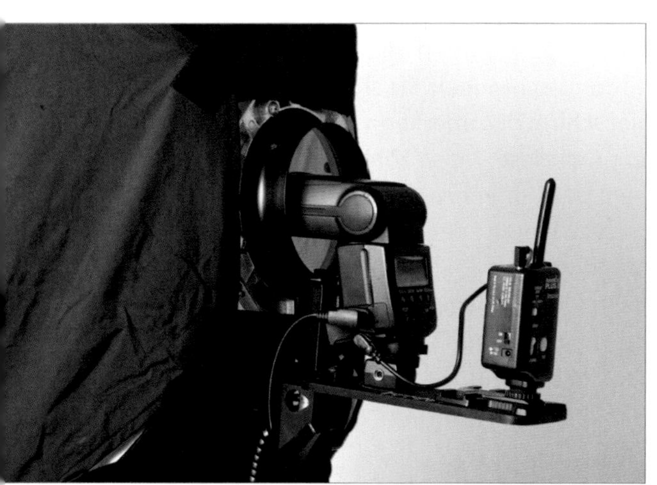

Abbildung 2.6: *Der traditionelle Speedring hält die Softbox geöffnet. Hier ist ein Aufleger zur Aufnahme von Blitz und PocketWizard montiert.*

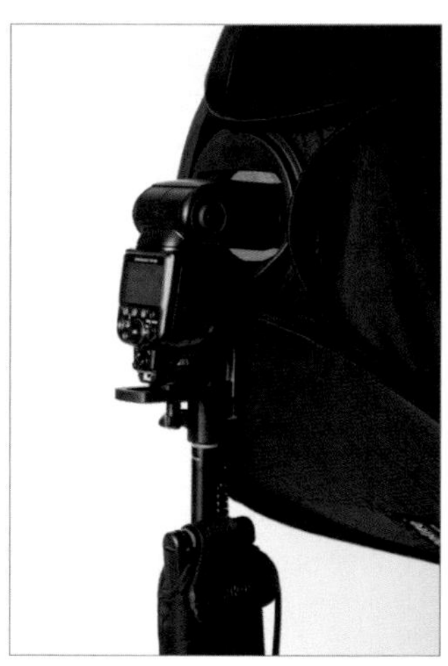

Abbildung 2.7: *Eine Softbox von Lastolite, die im Grunde genommen nur aufgeklappt wird. Montagestäben am Speedring sind nicht erforderlich.*

Den Blitz auslösen

Für On-Location-Shootings brauchen wir eine Möglichkeit, unsere Blitze kabellos auszulösen.

Funksteuerung. Bei Verwendung der Funksteuerung – zum Beispiel einem Transceiver PocketWizard Plus II – können Sie die Blitzenergie lediglich manuell steuern. Bei diesem Setup wird ein Funksender mit der Kamera verbunden. Der Anschluss erfolgt entweder über den Blitzschuh oder den PC-Anschluss an der Seite der Kamera. Im nächsten Schritt wird ein Funkempfänger an jeden Blitz angeschlossen. (Einige Geräte wie der PocketWizard Plus II fungieren automatisch als Transceiver, können also wahlweise empfangen *oder* senden.)

Eine solche Verbindung ist nicht »intelligent« in dem Sinne, dass zwischen der Kamera und dem Blitz Informationen wie etwa Blendenwert

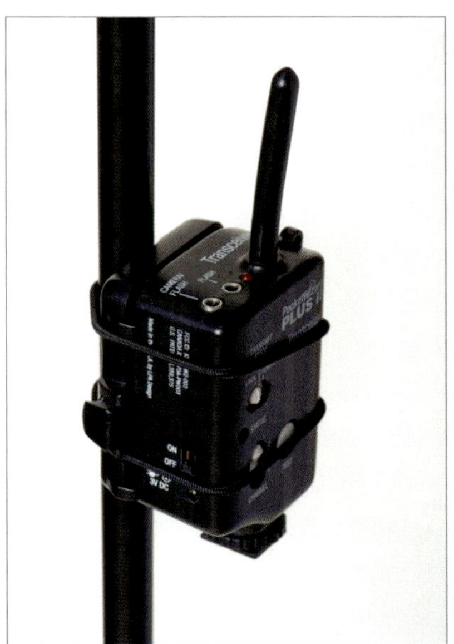

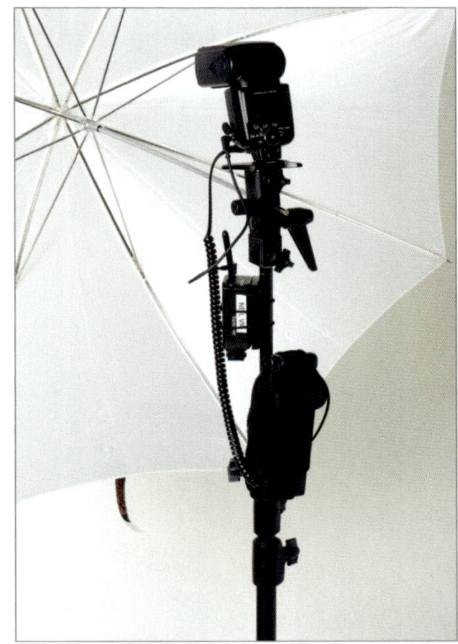

***Abbildungen 2.8** und **2.9:** Hier sehen Sie einen PocketWizard Plus II, der an einem Lichtstativ montiert ist. Der Träger verhindert, dass der Transceiver sich dreht. Handelt es sich bei Ihrem Blitz um ein älteres Modell wie etwa den hier gezeigten Canon 580 EX, dann benötigen Sie einen Adapter vom PC-Anschluss auf einen Blitzschuh, um den Funk-Slave mit dem Blitz verbinden zu können.*

oder ISO-Einstellung der Kamera ausgetauscht werden. Der Zweck des Funksenders einer Kamera besteht lediglich darin, im Moment des Auslösens ein Signal an die zugehörigen Funkempfänger zu senden. Dann löst der Blitz aus. Da der Blitz im manuellen Modus anstatt im TTL-Automatikmodus betrieben wird, müssen Sie sich selbst um die Einstellung der Blitzenergie kümmern. Genau das werden wir im nächsten Abschnitt tun.

Integriertes Kamerafunksystem. Die meisten modernen Kameras bieten eine Möglichkeit, den entfesselten Blitz über die Kamera selbst zu steuern (statt ihn einfach nur auszulösen). Diese Funktionalität erweitert unsere Möglichkeiten beträchtlich. Mit einem solchen System können Sie entweder den Slave-Blitz mit einem TTL-Funksender wie Nikons SU-800 oder Canons ST-E2 steuern oder Sie definieren einen Aufsteckblitz auf Ihrer Kamera als Master, mit dem alle Slave-Blitze gesteuert werden. Viele in diesem Buch abgebildete Fotos wurden mit einem solchen Setup gemacht: Ein oder mehrere Slaves wurden über den auf der Kamera montierten Master-Blitz ferngesteuert, wobei der Master selbst gar nicht ausgelöst wurde.

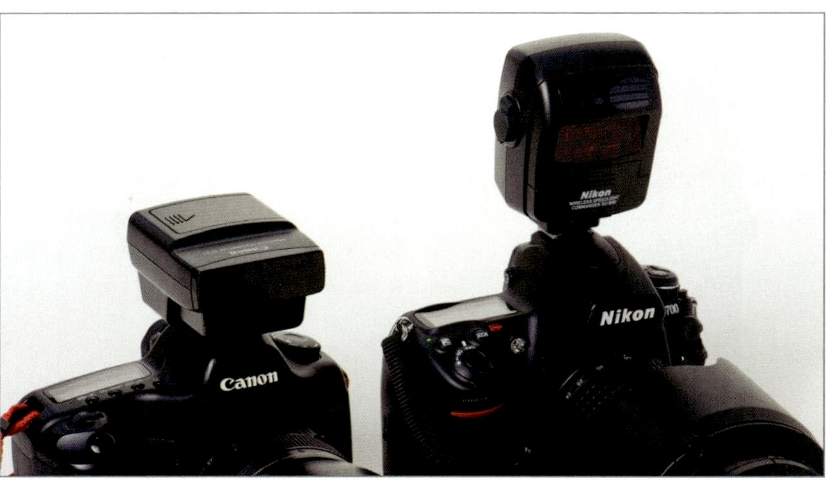

Abbildung 2.10: *In diesem Bild sehen Sie die Funksender Canon ST-E2 und Nikon SU-800. Sie sind kompakter als ein als Funk-Master eingesetzter Aufsteckblitz.*

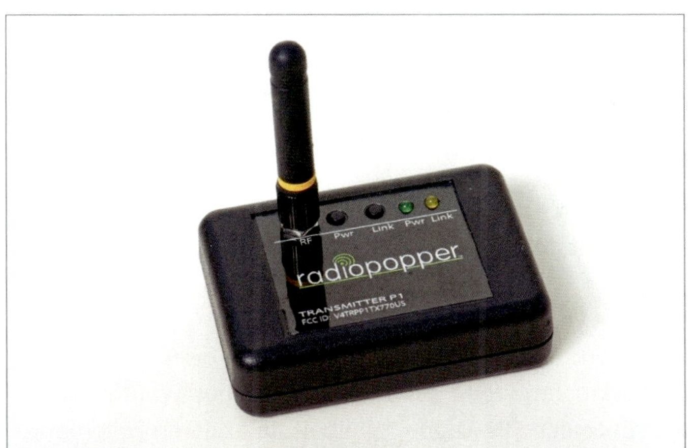

Abbildung 2.11: *RadioPopper-Geräte können einen TTL-Slave ansteuern, der keine Sichtverbindung zum Master hat.*

Allerdings gibt es hier eine Einschränkung: Zwischen dem Master und seinem Slave muss eine freie Sichtverbindung bestehen. Es gibt zum Glück Geräte, die eine Ansteuerung von TTL-Funkblitzen ohne eine solche Sichtverbindung gestatten. Der unangefochtene Marktführer in diesem Bereich ist derzeit RadioPopper, aber das wird sich früher oder später ändern, wenn weitere Hersteller auf den Zug der TTL-Funkblitze aufspringen. RadioPopper-Geräte setzen eine ebenso einfache wie geniale Möglichkeit um, um die Kommunikation zwischen Master und Slave herzustellen: ein Funksignal (es ist also keine freie Sichtverbindung notwendig). Hiermit können wir unsere Blitze fortan genau so aufstellen, wie wir wollen, und erhalten auf diese Weise mehr Kontrolle und künstlerische Freiheit.

Die beiden anderen Möglichkeiten zum Auslösen entfesselter Blitze sind optische Slaves und – Kabel. Beide Methoden sind entweder unzuverlässig oder umständlich, weswegen ich generell von ihnen abrate.

Den Blitz streuen

Entfesseltes Blitzen (ohne Diffusoren) ist gängige Praxis und kann zu dramatischen Looks führen. Allerdings erzeugt eine solche kleine und helle Lichtquelle sehr hartes und kontrastreiches Licht. Verwenden Sie hingegen einen großen Diffusor oder Lichtformer wie etwa eine Softbox oder einen Schirm, dann entstehen weichere Schatten. Bereits eine Softbox mittlerer Größe ist im Vergleich zu direktem Blitzlicht eine ausgesprochen schmeichelhafte Lichtquelle.

Sie finden in diesem Buch Beispiele, bei denen ich direkt und entfesselt geblitzt habe. Manchmal gibt mir der Einsatz eines zweiten Blitzes on location die erforderliche Bewegungsfreiheit; in anderen Fällen brauche ich einfach eine starke Lichtquelle, um helles Sonnenlicht zu überblitzen. Aber ich ziehe die Softbox immer vor – solange ich mit ihr ein ausreichend starkes Licht erzeugen kann.

Schirme. In punkto Mobilität ist ein Schirm mit Sicherheit der bequemste Ansatz. Zusammengelegt ist er außerordentlich kompakt und dabei extrem einfach auf- und abzubauen. Und weil Schirme so handlich sind, verwende ich sie oft für Aufnahmen von Hochzeitspaaren und -gesellschaften. Bei einer größeren Gruppe sollten möglichst zwei Schirme zum Einsatz kommen, damit das Licht gleichmäßig auf alle Personen fällt. Zum Glück sind Schirme ziemlich preiswert, weswegen ich Ihnen die Anschaffung von zwei 106-cm-Schirmen empfehle. Bei Innenaufnahmen verwende ich dagegen möglichst Schirme mit einem Durchmesser von anderthalb Metern und Quantum-Blitze.

Es gibt zwei Arten von Schirmen: reflektierende, bei denen das Blitzlicht von der Innenseite des Schirms auf das Modell reflektiert wird, und Durchlichtschirme, wo das Licht durch den Schirm auf das Modell fällt. Reflektierende Schirme sind in aller Regel auf der Außenseite schwarz, während es bei der Innenfläche mehrere Alternativen gibt: weiß, silber- oder goldfarben oder auch ein Mix aus Silber und Gold. Der Unterschied: Während etwa silberne Schirme sehr wirkungsstark (lies: hell) sein können, wird mit einem weißen Schirm ein weicherer Look erzielt, weil das Licht stärker gestreut wird. Durchlichtschirme sind innen wie außen weiß – hierbei erfolgt die Lichtstreuung durch das Gewebe des Schirms.

Angeboten werden ferner weiße Schirme mit abnehmbarer schwarzer Rückseite. Solche Schirme lassen sich sowohl als Durchlicht- wie auch als reflektierende Schirme verwenden.

Ich verwende in erster Linie reflektierende Schirme mit schwarzer Rückseite. Durchlichtschirme würden durch das nach hinten abgestrahlte Streulicht das Risiko für Blendenflecke (»Flares«) erhöhen. Grundsätzlich verwende ich die weißen Durchlichtschirme in Innenräumen nur ungern – etwa als zusätzliche, weit entfernte Lichtquelle bei einem Hochzeits-Shooting.

Softboxen. Softboxen ermöglichen ein im Vergleich zu Schirmen erheblich größeres Maß an Kontrolle, denn hiermit lässt sich das Licht wesentlich besser formen. Je nachdem, wie Ihre Softbox innen ausgekleidet ist, können Sie mit ihr sogar mehr Licht erhalten als mit einem Schirm. Zudem können Sie mit einer Softbox besser kontrollieren, wie das Licht auf den Hintergrund streut (auch wenn dies bei Außenaufnahmen und dem Einsatz eines einfachen Lichtsetups in der Regel kein Problem darstellt). Was allerdings wirklich einen Unterschied machen kann: Im Vergleich zu Schirmen sind Softboxen bei Außenaufnahmen wesentlich unkomplizierter zu nutzen, sobald es windig wird. Im Schirm dagegen verfängt sich der Wind – mit je nach Windstärke unterschiedlich drastischen Auswirkungen.

Direktvergleich. Die Abbildungen 2.12, 2.13 und 2.14 zeigen die Wirkung dieser verschiedenen Lichtformer im praktischen Einsatz in einer (zugegebenermaßen nicht wissenschaftlichen) Gegenüberstellung. Welches Ergebnis hier das »beste« ist, ist eine Frage der Auslegung. Zwar sieht man hier und da kleine Unterschiede (auch weil das Umgebungslicht sich allmählich änderte und das Modell und ich immer wieder geringfügig die Position wechselten), aber eigentlich kann zumindest ich zwischen diesen drei Lichtformern beim typischen On-Location-Shooting unter freiem Himmel kaum einen Unterschied ausmachen. Das ist vielleicht letztendlich doch eine Frage der persönlichen Vorliebe. Wobei natürlich genauso wichtig ist, wie gut sich ein Produkt transportieren, zusammenbauen und platzieren lässt. Aus diesen Gründen arbeite ich bei On-Location-Shootings mit einer Softbox.

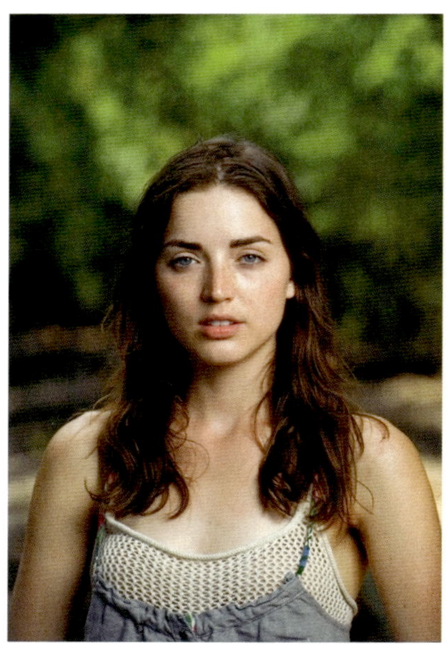

Abbildung 2.12: *Softbox (60 cm × 60 cm) mit Innendiffusor*

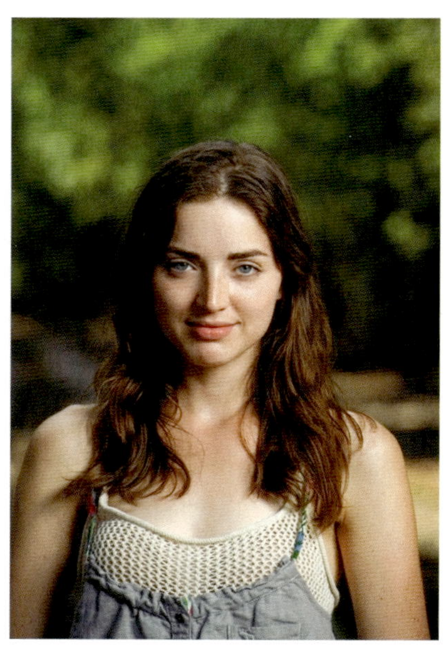

Abbildung 2.13: *Durchlichtschirm (106 cm)*

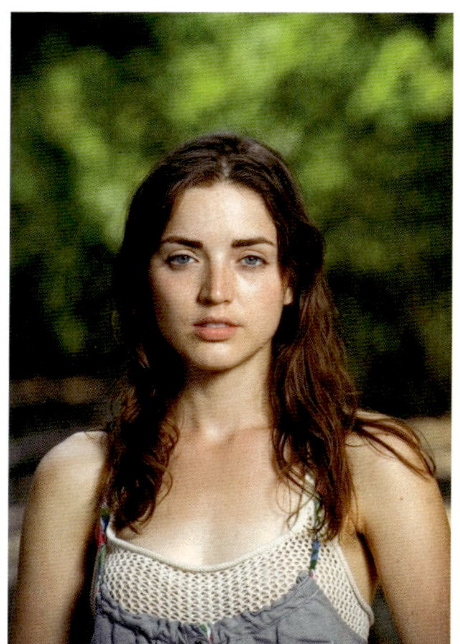

Abbildung 2.14: *Reflektierender Schirm (106 cm)*

Stromversorgung für den Blitz

Wenn Sie Ihren Blitz nicht als Hauptlichtquelle, sondern lediglich als Fülllicht einsetzen, dann brauchen Sie möglicherweise kein Akkupack. Sobald Sie jedoch etwas mehr aus dem Blitz herausholen möchten – etwa durch eine schnellere Aufnahmeabfolge oder das Arbeiten mit niedrigen ISO-Einstellungen und kleinen Blenden –, kommen Sie an einem solchen Akkupack nicht vorbei (Abbildung 2.15).

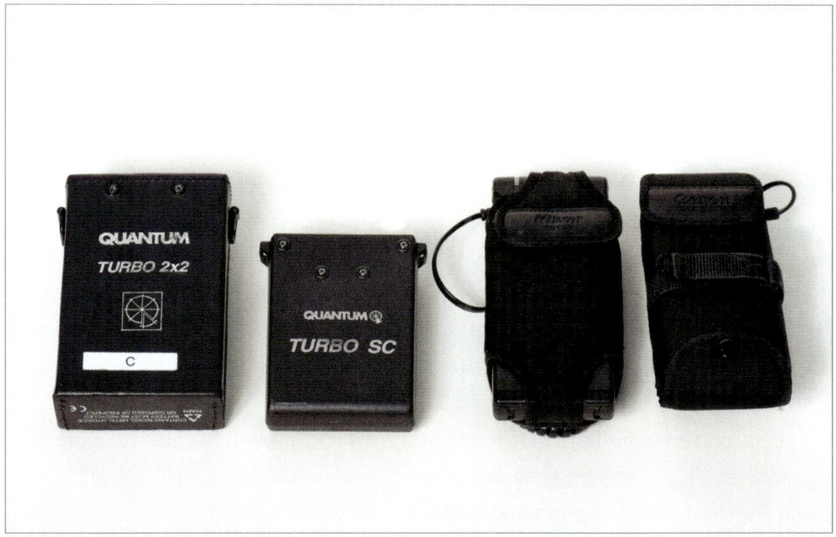

Abbildung 2.15: *Verschiedene Akkupacks: das große Quantum 2x2, das kompaktere Quantum SC, das Nikon SD-9 und das Canon CP-E4 (von links nach rechts).*

Meine Empfehlungen sind hier das Nikon SD-9A und das Canon CP-E4. Diese Akkupacks nehmen jeweils acht AA-Akkus auf und sind in Verbindung mit Ihrem Blitz sehr unkompliziert zu verwenden. Die besten Akkus in diesem Format, die man für Geld kaufen kann, sind gegenwärtig zweifelsohne die Sanyo Eneloop. Diese Akkus verfügen über eine besonders hohe Kapazität und eine geringe Selbstentladung.

Muss Ihr Blitz nach dem Auslösen schneller einsatzbereit sein (übrigens nicht ganz ohne Risiko für das Gerät), dann können Sie auch größere Akkupacks wie etwa die von Quantum verwenden. Ich verwende Quantum 2 × 2- und die kleineren Quantum SC-Akkupacks, aber auf dem Markt finden Sie noch eine Vielzahl anderer Modelle. (Trotzdem würde ich Ihnen empfehlen, sich zumindest die oben erwähnten Nikon- oder Canon-Akkupacks anzuschaffen.)

Das Akkupack sorgt durch schnelleres Wiederaufladen Ihres Blitzes für konsistentere Belichtungen. Außerdem können Sie so natürlich länger fotografieren, ohne Akkus wechseln zu müssen.

Größere Lichtsysteme

Es gibt eine Vielzahl von Marken und Modellen größerer akkubetriebener Blitzsysteme, die on location eingesetzt werden können. Ich verwende hierfür Quantum- und Profoto-Systeme. Gegenwärtig sind die Elinchrom Hydra Ranger der letzte Schrei, was nur heißen soll, dass Sie vor Anschaffung eines bestimmten Systems ein wenig recherchieren sollten, bevor Sie den Umstieg von einem Setup mit entfesseltem Systemblitz in Angriff nehmen.

Je nachdem, welchen Durchlichtschirm oder welche Softbox Sie verwenden, sollten Sie von einer Blitzenergie von 400 bis 600 Wattsekunden ausgehen, um auch helles Sonnenlicht überblitzen zu können.

Quantum. Bei den Q-Blitzen gibt in punkto Blitzenergie zwei Produktreihen: die T-Familie mit maximal 150 Wattsekunden und die deutlich leistungsstärkeren X-Modelle mit bis zu 400 Wattsekunden. Ihr Vorteil gegenüber Aufsteckblitzen ist, dass sie als echte Arbeitstiere extrem robust sind und wesentlich längere Einsatzzeiten ermöglichen, ohne zu überhitzen.

Profoto. Bei meiner Suche nach einem leistungsstärkeren Blitzsystem mit Akkubetrieb für On-Location-Sessions habe ich mich für das Profoto AcuteB 600R entschieden. Die Blitzenergie von 600 Ws sorgt für ein ausreichend helles Licht, sodass strahlender Sonnenschein selbst dann kein Problem darstellt, wenn ich eine Softbox mit Innendiffusor einsetze. Ein weiterer Vorteil ist, dass dieses Kit als nette Dreingabe ein ingetriertes PocketWizard-Funkmodul enthält.

Blitzmessungen

Ein Blitzbelichtungsmesser (Abbildung 2.16) ist nicht nur relativ einfach zu nutzen, sondern auch das wohl wichtigste Werkzeug zum Messen von Umgebungs- und Blitzlicht. Zusätzlich nutze ich auch die Histogrammfunktion der Kamera, um beim manuellen Blitzen die Belichtung einzustellen. Dies ist ein komplexes Thema, auf das ich an späterer Stelle in diesem Buch (in Kapitel 5) zurückkomme.

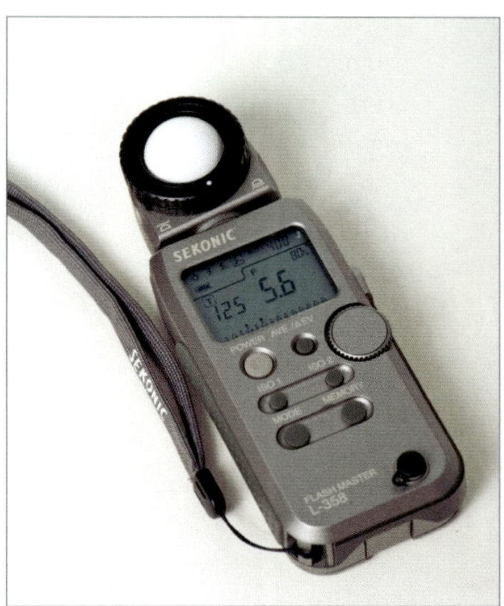

Abbildung 2.16: *Externer Blitzbelichtungsmesser*

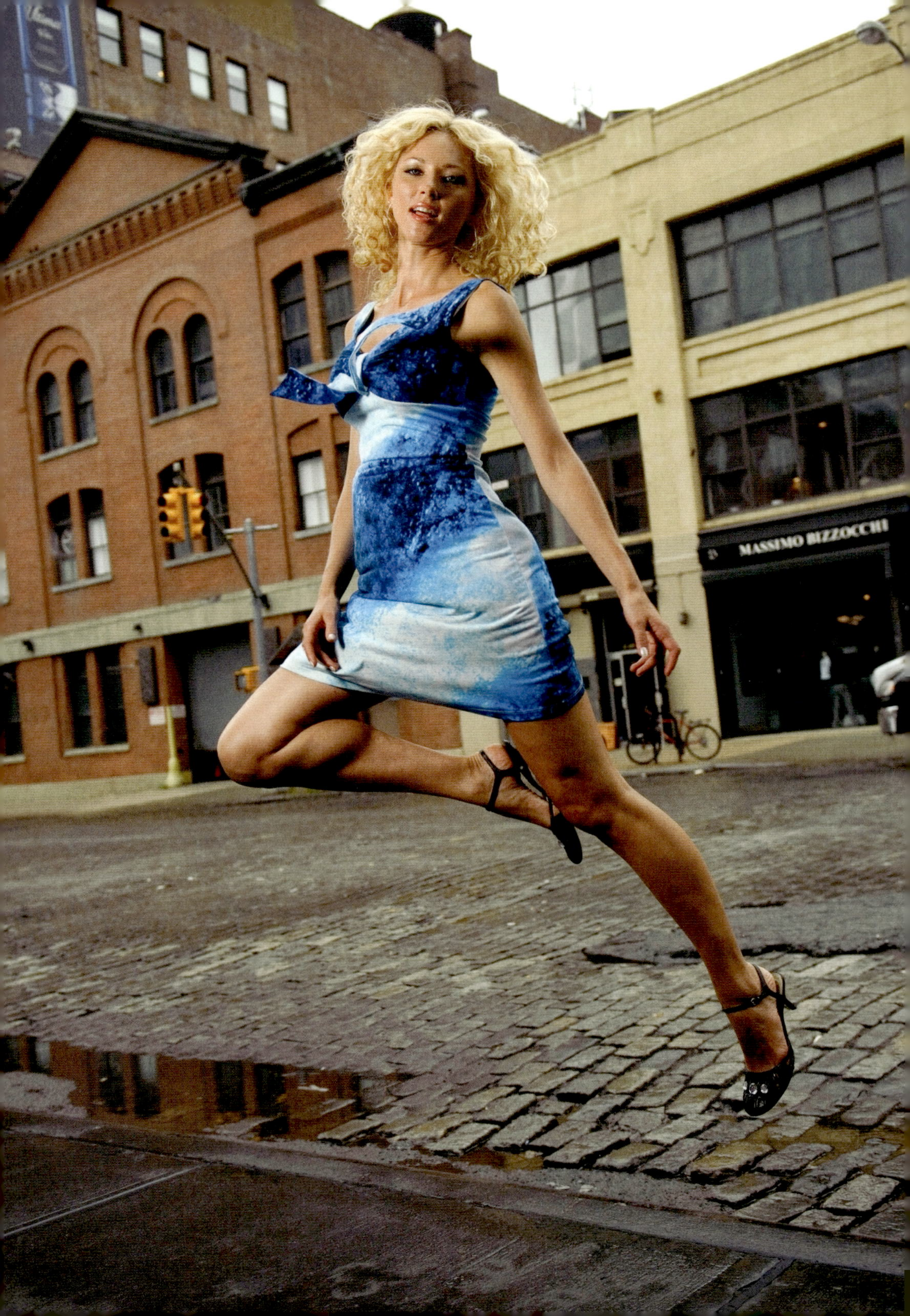
MASSIMO BIZZOCCHI

3 Konzepte für das Fotografieren mit Blitz

Bevor wir klären, wie wir entfesselte Blitze einsetzen und mit Umgebungslicht ausbalancieren, müssen wir uns einige tragende Konzepte ansehen. Dabei wird es hier um Folgendes gehen: Funktionsweise des Kameraverschlusses, Blitzsynchronisationszeit und Highspeed-Blitzsynchronisation. Im weiteren Verlauf werden wir auch manuellen mit TTL-Blitz vergleichen und Belichtungskorrektur, lange Verschlusszeiten, Messungen von Umgebungs- und Blitzlicht und die Verwendung des Histogramms behandeln.

Der Kameraverschluss

Stellen Sie sich den Verschluss einer Spiegelreflexkamera wie zwei Vorhänge vor, die sich vor einem Fenster (dem Digitalsensor) öffnen. Beim Auslösen öffnet sich der erste Vorhang und gibt den Sensor frei. Kurz darauf schließt sich dann der zweite Vorhang. Der zeitliche Abstand zwischen dem Öffnen des ersten Vorhangs und dem Schließen des zweiten ist die Verschlusszeit. Diese ist meistens relativ kurz: Sie kann bei 1/60 Sekunde, 1/2 Sekunde oder auch bei 1/500 Sekunde liegen.

Blitzsynchronisationszeit

Ein Blitz ist traditionell ein kurzer Lichtimpuls. Angesichts einer Dauer von etwa 1/2000 Sekunde (abhängig von der Konstruktion des Blitzes) kann man von einem sehr kurzen Lichtimpuls sprechen – deutlich kürzer als ein Wimpernschlag. Die Verschlusszeit muss also so lang sein, dass der Sensor das gesamte Bild während des Blitzens mindestens für einen Augenblick komplett sieht: Der erste Vorhang *muss* den Sensor vollständig freigelegt haben, bevor der zweite sich in Bewegung setzt, um ihn wieder zu schließen. Ist die Verschlusszeit zu kurz, dann ist der erste Vorhang noch nicht durchgelaufen, bevor der zweite startet. Statt des gesamten Bilds erhellt der Blitz dann nur ein schmales Fenster (die Öffnung zwischen den Vorhängen), das sich über das Bild bewegt. Wenn das passiert, wird nur ein Teil des auf den Sensor fallenden Bilds vom Blitz belichtet.

Was Sie schon wissen sollten

Ich gehe davon aus, dass jeder Leser dieses Buchs mit den Grundlagen der Fotografie vertraut ist. Sie sollten also mit Verschlusszeiten, Blenden und ISO-Einstellungen sowie dem Zusammenspiel dieser Parameter per Du sein. Außerdem sollten Sie darüber Bescheid wissen, welche Auswirkungen Ihre Blendenwahl auf die Schärfentiefe hat, und sich mit Blendenstufen auskennen (und zwar mit ganzen wie auch mit Teilstufen).

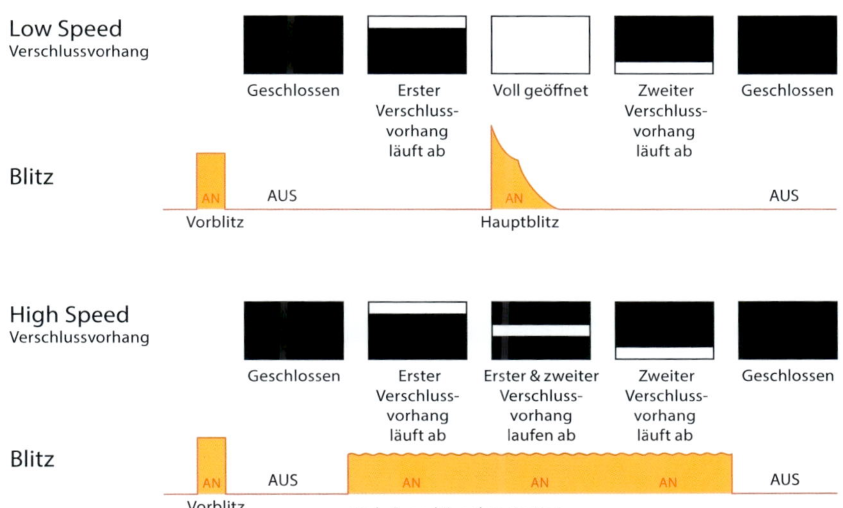

***Abbildung 3.1:** Der Blitz muss zum Ablaufen der Verschlussvorhänge synchronisiert werden, damit der Sensor gleichförmig belichtet wird und keine schwarzen Balken entstehen.*

Aus diesem Grund muss die Verschlusszeit lang genug sein, damit der Lichtblitz sich vollständig ausbreiten kann. Bei jeder Kamera gibt es eine ganz bestimmte Verschlusszeit, bei der der erste Vorhang nach dem Öffnen gerade eben erst zum Stillstand gekommen ist, während der zweite bereits im Begriff ist, sich in Bewegung zu setzen. Würde man die Verschlusszeit der Kamera nur um einen Schritt verkürzen, dann würde einer der Vorhänge einen Teil des vom Blitz ausgeleuchteten Bilds verdecken. Diese Verschlusszeit – also die Verschlusszeit, bei der der Verschluss gerade eben für einen winzigen Moment vollständig geöffnet ist – ist die *Synchronisationszeit*. Behalten Sie diesen wichtigen Parameter Ihrer Kamera immer im Hinterkopf.

Betrachten Sie die beiden folgenden, mit Blitz gemachten Bilder, um zu sehen, was passiert, wenn wir die Synchronisationszeit unterschreiten. Abbildung 3.2 wurde 1/250 Sekunde bei f/5.6 und 400 ISO aufgenommen. Der Blitz wurde manuell über PocketWizard-Auslöser angesteuert. Abbildung 3.3 dagegen wurde mit einer Verschlusszeit von 1/400 Sekunde aufgenommen. Damit wurde die Synchronisationszeit der Nikon D3 um etwa eine 2/3-Blendenstufe unterschritten. Eindeutig zu erkennen ist die ungleichmäßige Belichtung, weil der Vorhang ein Auftreffen des Blitzlichts auf den unteren Teil des Bilds verhindert hat. (*Hinweis:* Das Umgebungslicht ist durch die zu kurze Verschlusszeit nur insofern betroffen, als es auf dem zweiten Bild etwas dunkler wirkt.)

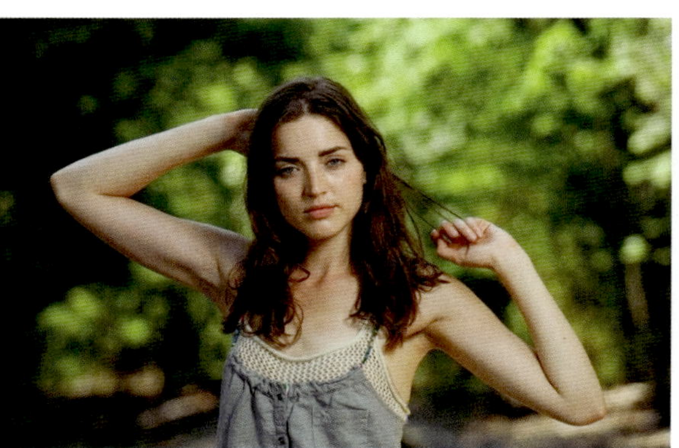

Abbildung 3.2: *Wenn man beim Blitzeinsatz unter der Synchronisationszeit bleibt, wird das Bild gleichmäßig ausgeleuchtet.den Blitz gleichmäßig ausgeleuchtet.*

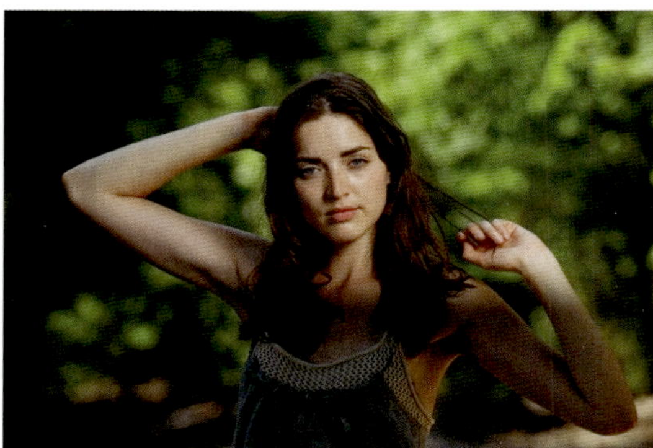

Abbildung 3.3: *Bei Zeiten kürzer der Synchronisationszeit entsteht ein schwarzer Balken.*

Die Synchronisationszeit variiert geringfügig zwischen den verschiedenen Kameraherstellern und Modellen, liegt allerdings in der Regel im Bereich von 1/200 oder 1/250 Sekunde. Wenn wir diesen Wert unterschreiten, dann bleibt unweigerlich ein Bereich des Bilds dunkel, weil kein Blitzlicht darauf fällt. Beim Montieren eines Blitzes auf die Kamera wird dies häufig von der Kamera verhindert. Sie schaltet dann automatisch auf den sogenannten »HSS-Modus«.

High-Speed-Synchronisation

Irgendwann kamen die Kamerahersteller auf eine geniale Idee, wie sich die Beschränkung durch die Synchronisationszeit aufheben lässt. In Abbildung 3.1 sehen wir, wie diese Idee umgesetzt wurde. Statt die Blitzenergie in Form eines einzigen starken Lichtblitzes abzugeben, erfolgt die

Abgabe nun als Stroboskopblitz mit hoher Frequenz (um die 50 kHz). So wirkt es wie ein kurzes Dauerlicht.

Dieses scheinbare Dauerlicht verteilt sich nun gleichmäßig über den gesamten Sensor – und zwar auch dann, wenn das Fenster zwischen den beiden Vorhangbewegungen sehr kurz ist. Infolgedessen können wir jetzt Verschlusszeiten von sage und schreibe 1/4000 Sekunde nutzen. Allerdings hat dies seinen Preis: Da die Lichtenergie nun über einen längeren Zeitraum verteilt wird, verringert sich der Wirkungsgrad des Blitzes. Wenn Sie jetzt die Verschlusszeiten über die Synchronisationszeit hinaus verkürzen und dabei einen Blick auf das Display an der Rückseite Ihres Blitzes werfen, werden Sie feststellen, dass dessen Reichweite nun erheblich kürzer ausfällt.

Betrachten wir einmal ein Szenario, bei dem wir mit sehr hellem Licht fotografieren. Wenn wir nun die Einstellungen für Verschlusszeit und Blende ändern, dann ändert sich auch die Reichweite unseres Blitzes. Bei f/16 etwa beläuft sich die Blitzreichweite auf vielleicht maximal einen Meter; setze ich die Blende dagegen auf f/4, dann erhöht sich die Reichweite ganz beträchtlich. Offenbar ist es also so, dass unser Blitz umso heller wirkt, je offener die Blende ist.

Aber halt: weil wir ja auch mit dem Umgebungslicht arbeiten, hängt die Blendeneinstellung auch von der gewählten Verschlusszeit ab. Blenden wir also immer weiter auf, dann müssen wir zur Anpassung an das Umgebungslicht auch die Verschlusszeit verkürzen. Leider stoßen wir bei der Blitzsynchronisationszeit an eine Grenze. Im normalen Blitzmodus können wir diesen Wert nicht unterschreiten. Schalten wir aber jetzt auf HSS um, dann reduziert sich mit der Verschlusszeit auch die Blitzreichweite.

Das heißt also, dass unser Blitz seine stärkste Leistung bei der Synchronisationszeit der Kamera hat, denn wir können nicht weiter aufblenden, ohne den Modus für die normale Streuung des Blitzlichts verlassen zu müssen.

In solchen Momenten sollten Sie sich hinsetzen und in aller Ruhe ausprobieren, wie sich die an der Kamara vorgenommenen Einstellungen auf die Werte im Display Ihres Blitzes auswirken. Behalten Sie dabei im Blick, wie sich die Reichweite bei verschiedenen Blendenwerten ändert und wie Sie demzufolge die Verschlusszeiten anpassen müssen. (Weitere Informationen hierzu finden Sie unter *http://neilvn.com/tangents/2008/12/13/max-it-out/*.)

HSS und Normalsynchronisation im Vergleich

Wenn Sie wissen möchten, was beim Einsatz der High-Speed-Synchronisation jenseits der normalen Synchronisationszeit geschieht, dann vergleichen Sie am besten verschiedene Aufnahmen. So erhalten Sie einen guten Eindruck davon, was vor, bei und jenseits der Synchronisationszeit passiert.

Um dies zu demonstrieren, habe ich ein ganz einfaches Setup aufgebaut – mit einem Blitz, einem großen Schirm, weißem Hintergrundpapier und unserem Modell Rachel. Links neben mir stand ein großer Schirm (150 cm), rechts ein kleiner Reflektor, der ein bisschen Fülllicht ergänzen sollte. Dabei stand ich direkt beim Schirm und versuchte diesen möglichst nah an die Objektivachse heranzubringen, sodass das Licht trotz des Einsatzes nur einer einzigen Lichtquelle so gleichmäßig wie möglich verteilt würde. Für dieses Beispiel war es wichtig, nur einen Blitz zu verwenden, um das Verhalten korrekt beobachten zu können.

Bei den folgenden Bildserien war der Blitz auf Vollleistung im manuellen Modus eingestellt, um die Unwägbarkeiten des TTL-Blitzens zu umgehen (weil das Modell seine Pose variiert, hätte TTL bei jeder Aufnahme zu einer anderen Belichtung geführt). Der manuelle Blitz dagegen ist konsistent und stets vorhersehbar. Die Vollleistung habe ich deswegen festgelegt, damit die Wirkung beim Übergang zu HSS einfacher zu erkennen ist.

Bei den ersten Aufnahmen habe ich den Blitz per Funk ausgelöst, mit PocketWizards Plus II, die HSS nicht unterstützen. Für die späteren HSS-Aufnahmen habe ich dann einen Blitz auf der Kamera als Master verwendet, um den am Schirm montierten Blitz als Slave anzusteuern. Dabei war das Licht des Master-Blitzes deaktiviert, weswegen wir auch hier die Wirkung nur eines Blitzes sehen.

Weil ich in diesem Buch sehr darauf achte, die Informationen hardwareunabhängig zu halten, betrachten wir in diesem Szenario sowohl die Ergebnisse mit einer Nikon D3 als auch die mit einer Canon 5D.

Ich möchte an dieser Stelle noch einmal kurz darauf hinweisen, dass HSS – wirklich ein Wunderwerk der Technik – dafür sorgt, dass der Blitz eine schnelle Folge von Lichtimpulsen abgibt. Insofern entsteht durch den Blitz für sehr kurze Zeit ein Dauerlicht. Wie bereits angemerkt, verringert sich durch diese Umstellung vom energiereichen, extrem kurzen Lichtimpuls (normaler Blitz) auf das ebenfalls kurze Dauerlicht (HSS) der Wirkungsgrad des Blitzes. Der Grund: ein Großteil unseres Blitzlichts trifft gar nicht auf den Sensor, sondern auf die Verschlussvorhänge. Mit anderen Worten: Ein beträchtlicher Anteil der Blitzenergie geht im HSS-Modus schlicht verloren.

Normale Blitzsynchronisation. Wir wollen uns zunächst einmal ansehen, wie die Blitzausgabe mit der herkömmlichen Funksteuerung aussieht, mit der HSS nicht möglich ist. Das ist ein ganz normales Studiosetup: Wir haben verschiedene Blitze und Lichtformer aufgebaut und die Blitze werden dann funkgesteuert mit normaler Synchronisation ausgelöst (also kein HSS).

Die erste Bildfolge (Abbildungen 3.4 bis 3.12) ist mit der Nikon D3 entstanden, die zweite (Abbildungen 3.13 bis 3.21) mit einer Canon 5D. Ich will damit zeigen, dass das Verhalten bei Belichtungen mit Zeiten um die Synchronisationszeit für alle Schlitzverschlüsse bei Spiegelreflexkameras weitgehend identisch ist.

Die Nikon D3 hat (wie die meisten größeren Spiegelreflex von Nikon) eine Blitzsynchronisationszeit von 1/250 Sekunden. Bei niedrigeren Werten hat die eingestellte Verschlusszeit insbesondere bei schwachem Umgebungslicht *keine* Auswirkungen für den Blitz. Wir brauchen einfach nur einen vollständig geöffneten Sensor, auf den das Blitzlicht fallen kann. Das ist sowohl bei 1/8 als auch bei 1/60 oder 1/125 Sekunde der Fall – also bei jeder Verschlusszeit, die länger ist als die Synchronisationszeit. Allerdings stellen wir bereits bei einer Verschlusszeit von 1/250 Sekunde fest, dass der Rand eines Vorhangs im Bild erscheint. Ursache hierfür ist die Signallaufzeit. (Wir kommen gleich darauf zurück.)

Die Abbildungen 3.13 bis 3.21 zeigen dieselbe Bildfolge für die Canon 5D. Diese hat eine Synchronisationszeit von 1/200 Sekunde, und auch hier sehen wir denselben Effekt: Bei kurzen Verschlusszeiten ist die Blitzbelichtung bereits eingeschränkt.

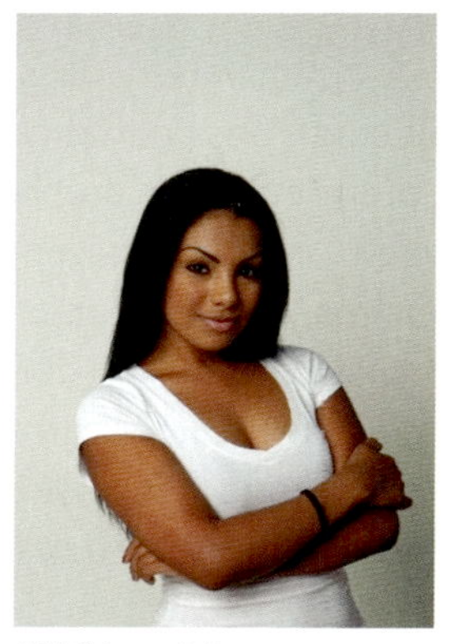

Abbildung 3.4:
(1/125 Sekunde, f/11)

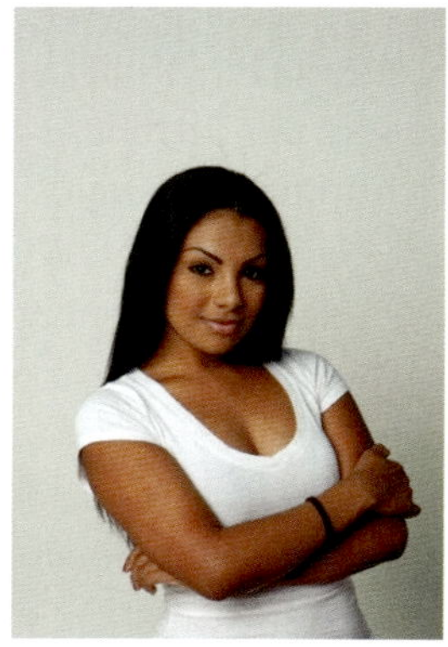

Abbildung 3.5:
(1/200 Sekunde, f/11)

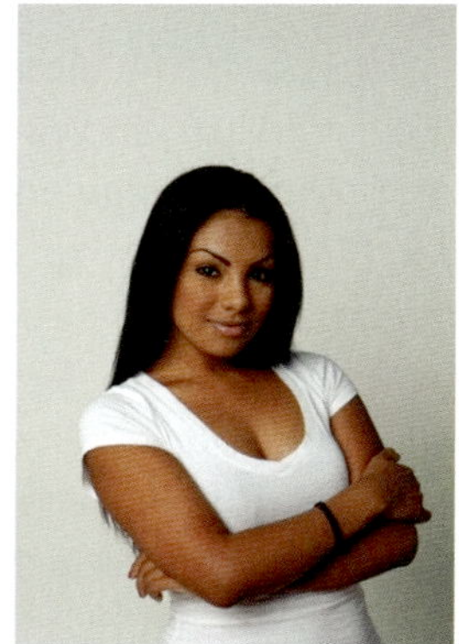

Abbildung 3.6:
(1/250 Sekunde, f/11)

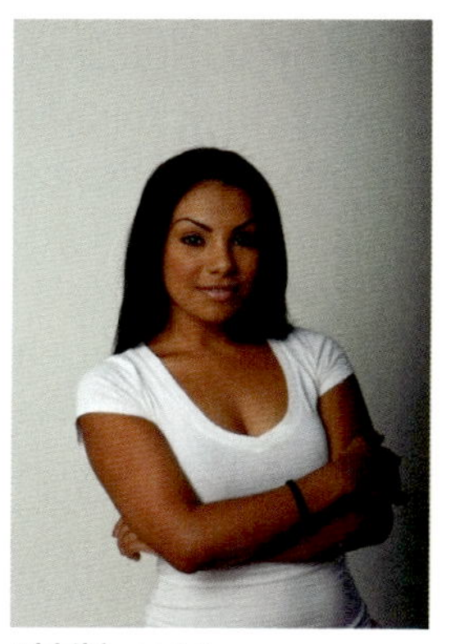

Abbildung 3.7:
(1/320 Sekunde, f/11)

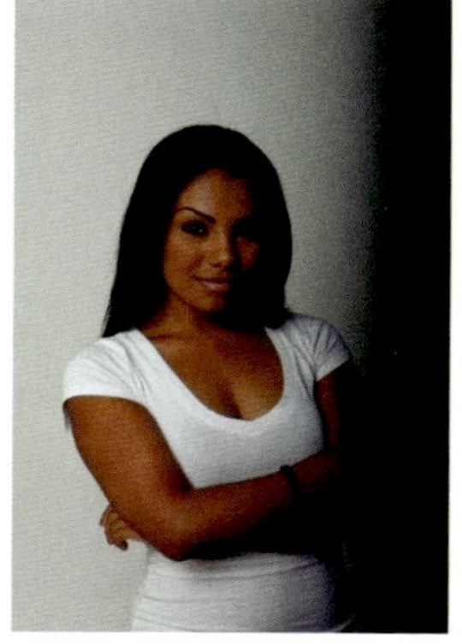

Abbildung 3.8:
(1/400 Sekunde, f/11)

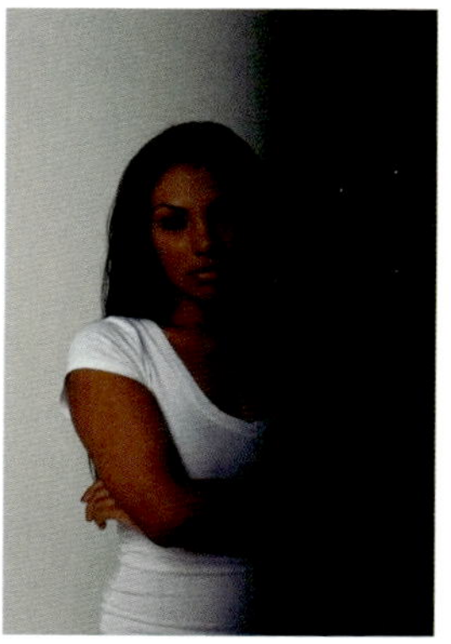

Abbildung 3.9:
(1/500 Sekunde, f/11)

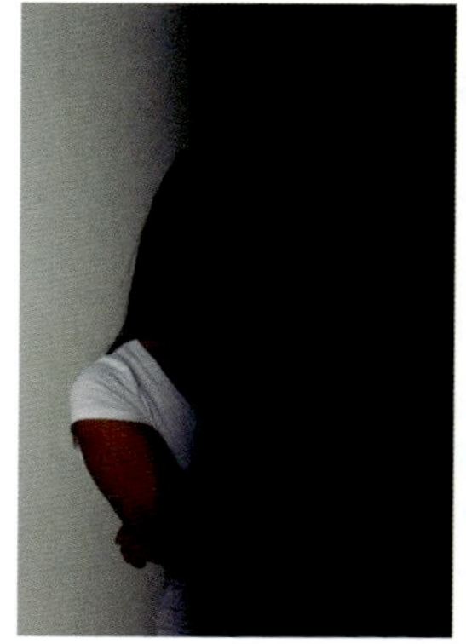

Abbildung 3.10:
(1/640 Sekunde, f/11)

Abbildung 3.11:
(1/800 Sekunde, f/11)

Abbildung 3.12:
(1/1000 Sekunde, f/11)

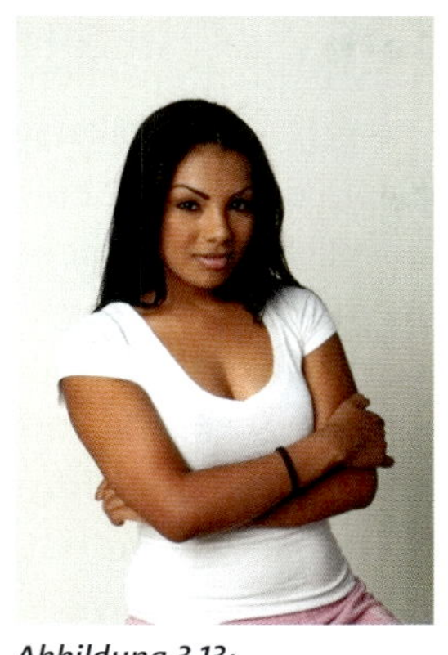

Abbildung 3.13:
(1/125 Sekunde, f/11)

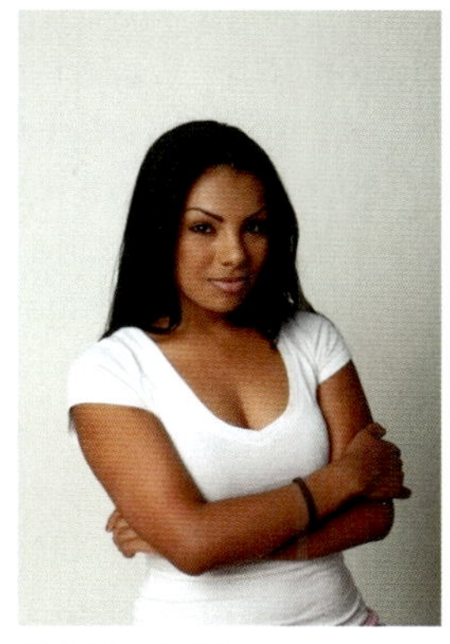

Abbildung 3.14:
(1/160 Sekunde, f/11)

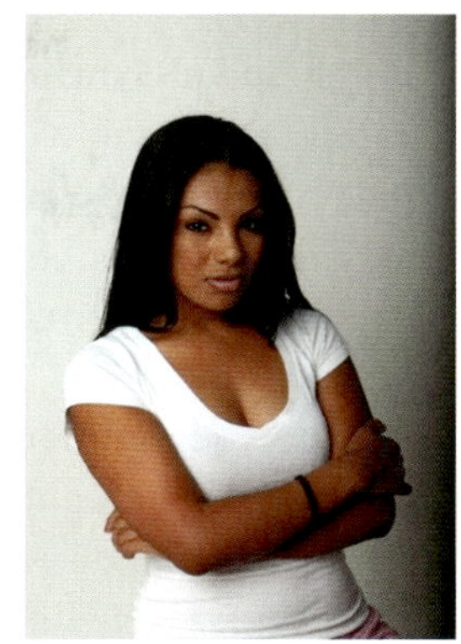

Abbildung 3.15:
(1/200 Sekunde, f/11)

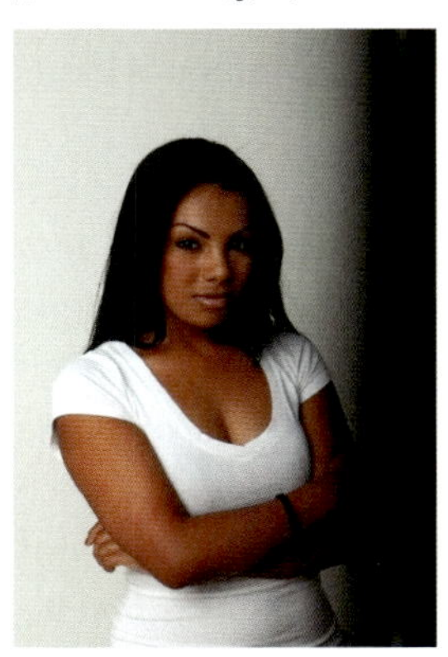

Abbildung 3.16:
(1/250 Sekunde, f/11)

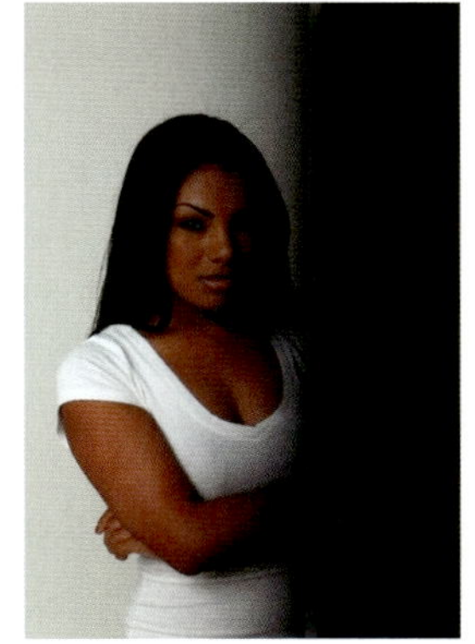

Abbildung 3.17:
(1/320 Sekunde, f/11)

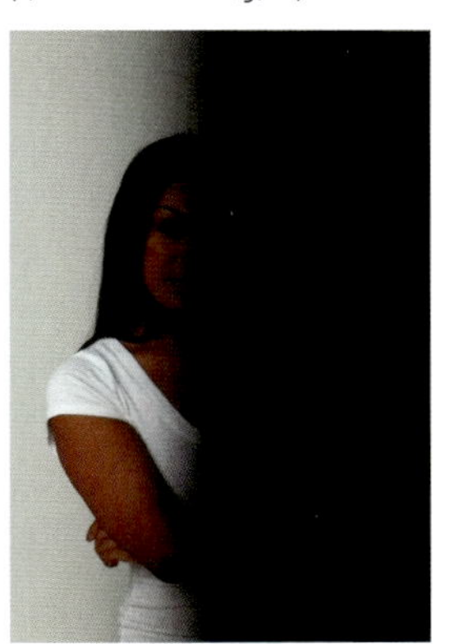

Abbildung 3.18:
(1/400 Sekunde, f/11)

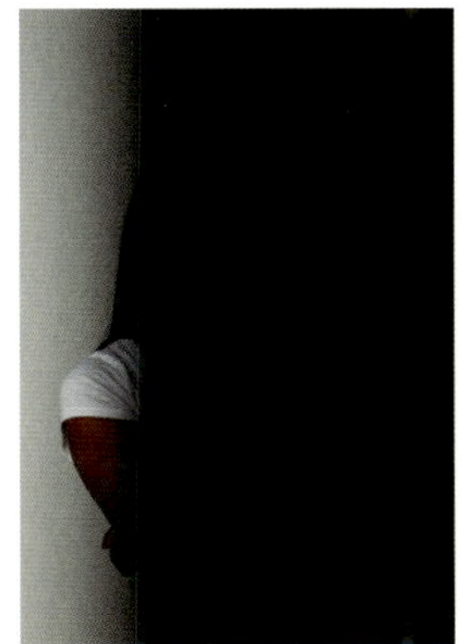

Abbildung 3.19:
(1/500 Sekunde, f/11)

Abbildung 3.20:
(1/640 Sekunde, f/11)

Abbildung 3.21:
(1/800 Sekunde, f/11)

High-Speed-Synchronisation. Nun wollen wir uns einmal ansehen, was passiert, wenn wir die Synchronisationszeit unterschreiten, was natürlich nur mit aktiviertem HSS funktioniert. In den Abbildungen 3.22 bis 3.30 sehen wir das Verhalten der Nikons. Und tatsächlich ist das mehr oder minder das Verhalten, das *jede* HSS-fähige Kamera an den Tag legt.

Die Abbildungen 3.31 bis 3.39 demonstrieren dasselbe für die Canon 5D. Im Grunde genommen ist das Verhalten sehr ähnlich zur Nikon D3, nur finden wir bei der Canon eine kleine Auffälligkeit im Bereich der Synchronisationszeit. Bei den Gehäusen der Canon 5D und 5D Mark II wird HSS bereits *bei Erreichen* der Synchronisationszeit (1/200 Sekunde) aktiviert, wenn die kleine Taste mit dem »H« auf der Rückseite des Canon-Blitzes ausgewählt ist. Offensichtlich unterscheidet sich die Blitzausgabe bei HSS (Abbildung 3.33) erheblich von der Ausgabe im normalen Modus (Abbildung 3.32).

Jetzt wollen wir uns einmal ansehen, welche Schlussfolgerungen wir bei Betrachtung der Bildfolgen ziehen können. In dem Moment, in dem wir die Synchronisationszeit unterschreiten, sinkt die Ausgangsenergie unseres Blitzes beträchtlich. Das ist auch durchaus sinnvoll: Im normalen Blitzmodus gibt der Blitz einen kurzzeitigen Lichtstoß ab. Damit die Belichtung im gesamten Bildbereich konsistent ist, müssen wir lediglich darauf achten, dass der Sensor vollständig geöffnet ist. In dem Moment jedoch, in dem wir in den HSS-Modus wechseln, handelt es sich bei der Blitzausgabe eigentlich um ein Dauerlicht – und darauf wirkt sich die gewählte Verschlusszeit aus. Denken Sie an das Umgebungslicht: Wenn wir die Verschlusszeit ändern, ändern wir die Belichtung. Genau dies geschieht beim Blitzen im HSS-Modus.

Das lineare Verhalten von HSS. Da sich das HSS-Blitzen wie bereits erwähnt wie Dauerlicht verhält, sollte die Reaktion auf Änderungen der Verschlusszeit eine ähnliche lineare Charakteristik aufweisen. Sehen wir uns also einmal an, was passiert, wenn wir die Blende relativ zur Änderung der Verschlusszeit ändern (Abbildungen 3.40 bis 3.45). Wir sehen hier die Bilder der Nikon, aber die gezeigte Wirkung gilt gleichermaßen für Blitzsysteme von Canon und auch andere Kamerasysteme.

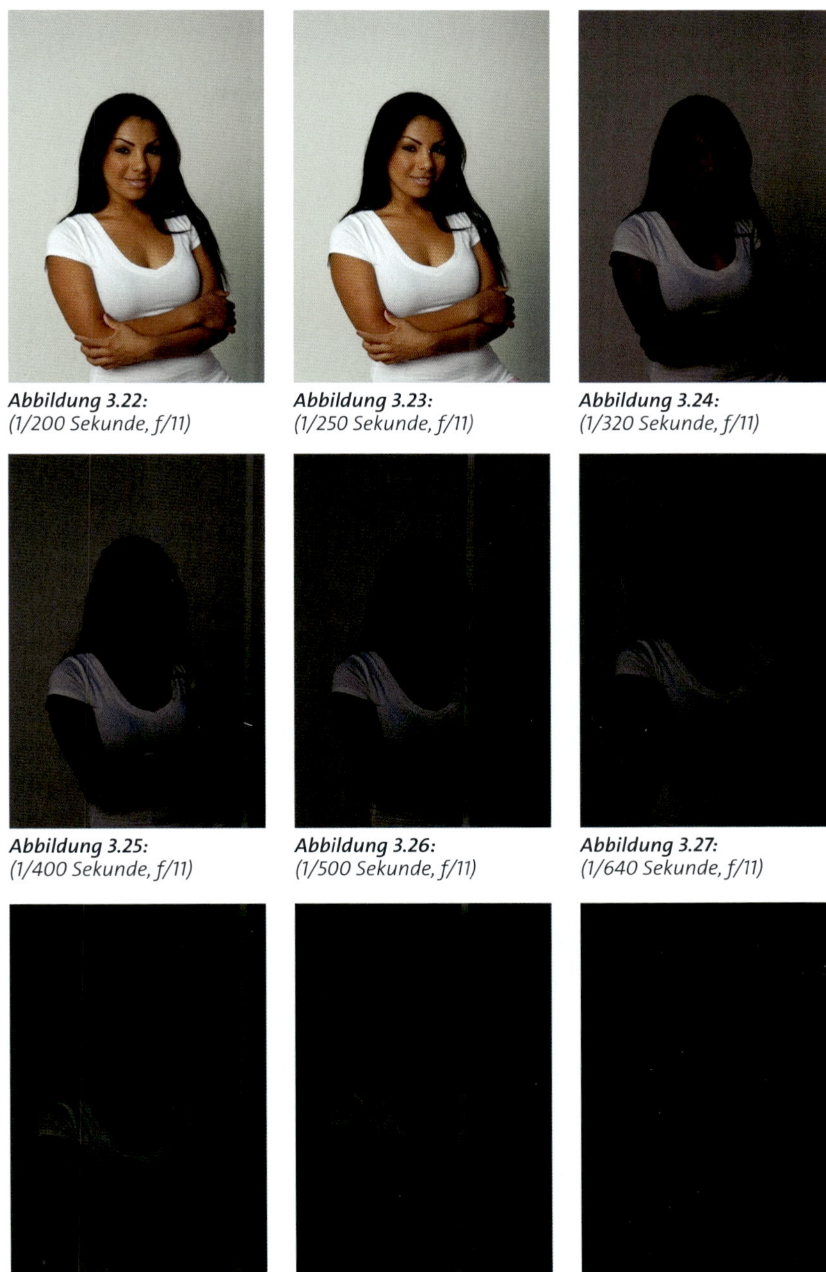

Abbildung 3.22:
(1/200 Sekunde, f/11)

Abbildung 3.23:
(1/250 Sekunde, f/11)

Abbildung 3.24:
(1/320 Sekunde, f/11)

Abbildung 3.25:
(1/400 Sekunde, f/11)

Abbildung 3.26:
(1/500 Sekunde, f/11)

Abbildung 3.27:
(1/640 Sekunde, f/11)

Abbildung 3.28:
(1/800 Sekunde, f/11)

Abbildung 3.29:
(1/1000 Sekunde, f/11)

Abbildung 3.30:
(1/2000 Sekunde, f/11)

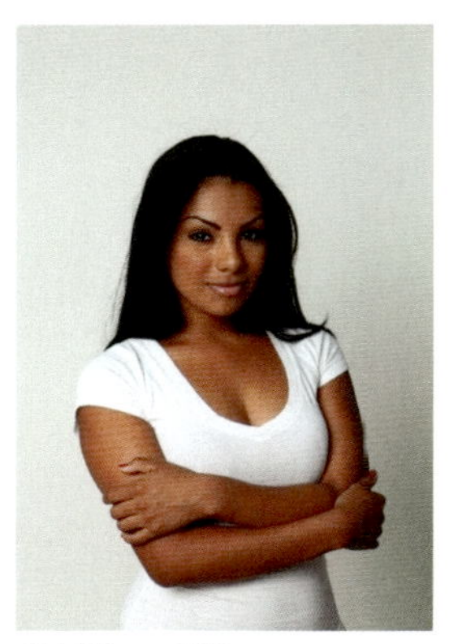

Abbildung 3.31: *(1/160 Sekunde, f/9)*

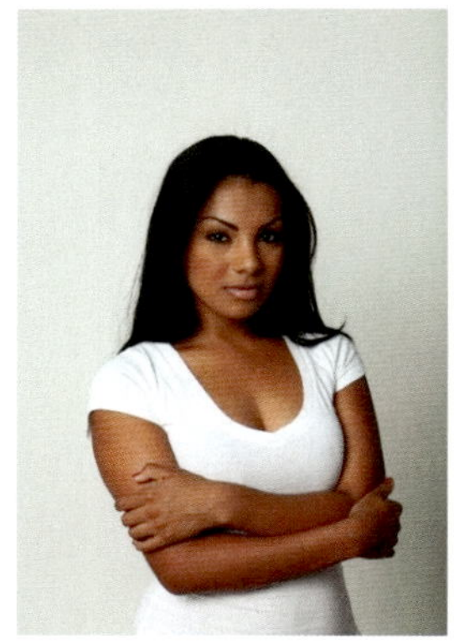

Abbildung 3.32: *(1/200 Sekunde, f/9, Normalblitz)*

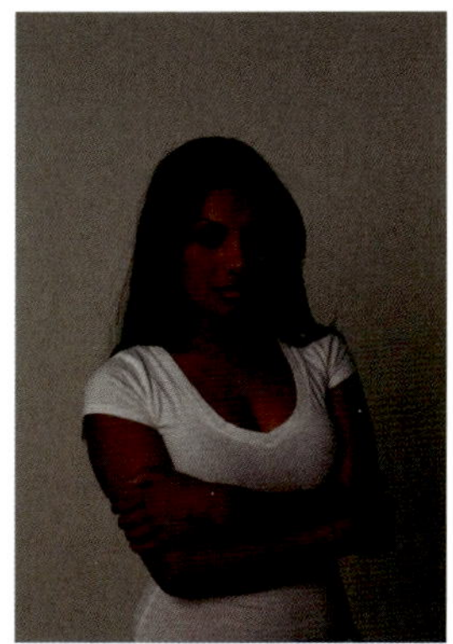

Abbildung 3.33: *(1/200 Sekunde, f/9, HSS-Blitz)*

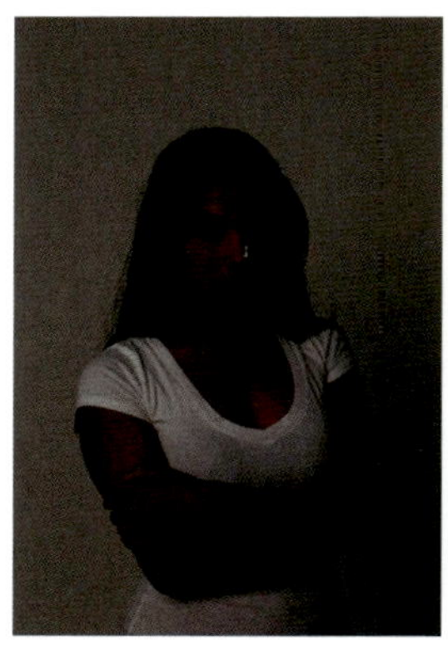

Abbildung 3.34: *(1/250 Sekunde, f/9)*

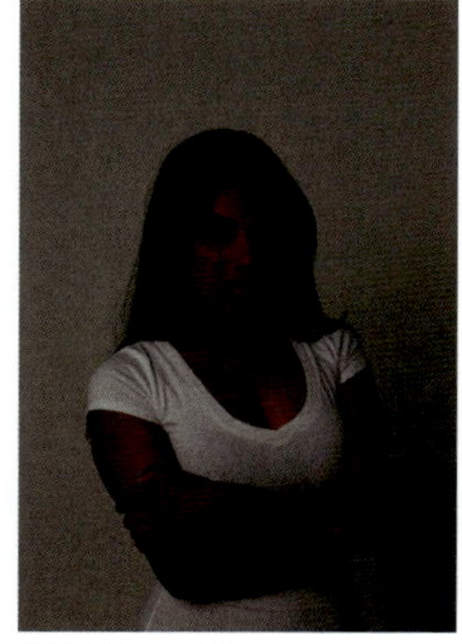

Abbildung 3.35: *(1/320 Sekunde, f/9)*

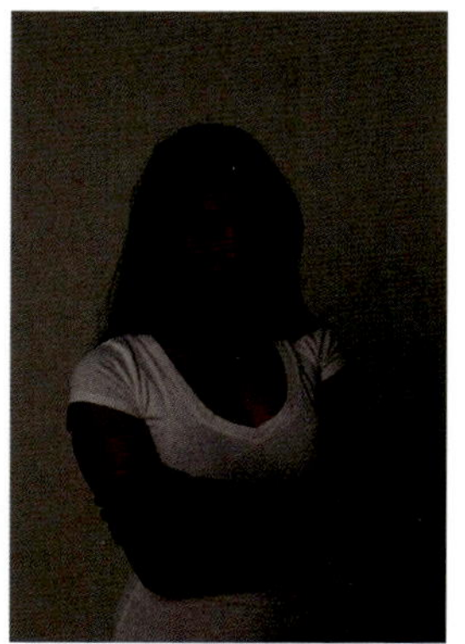

Abbildung 3.36: *(1/400 Sekunde, f/9)*

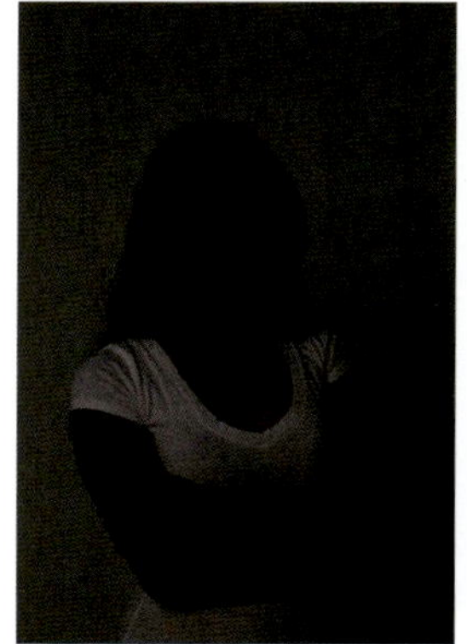

Abbildung 3.37: *(1/500 Sekunde, f/9)*

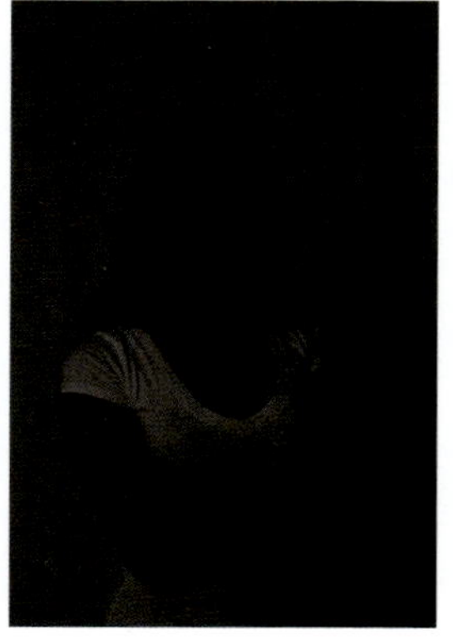

Abbildung 3.38: *(1/640 Sekunde, f/9)*

Abbildung 3.39: *(1/800 Sekunde, f/9)*

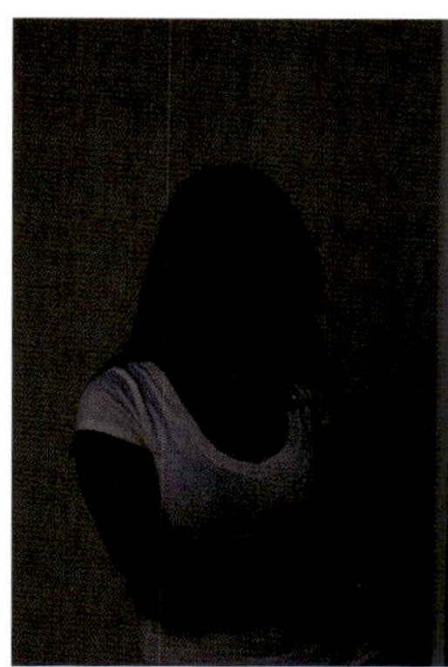

Abbildung 3.40:
(1/500 Sekunde, f/11)

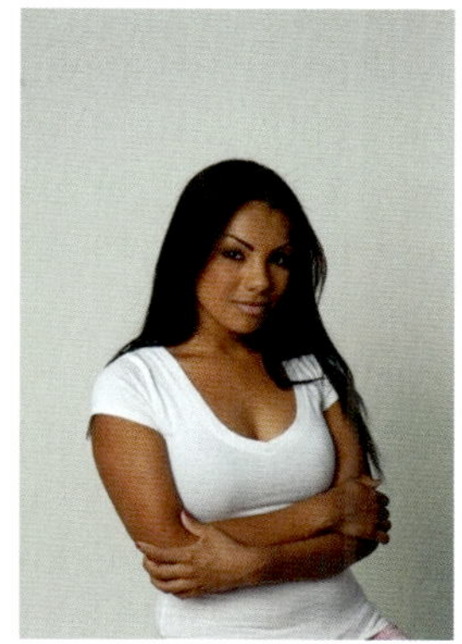

Abbildung 3.41:
(1/500 Sekunde, f/4)

Abbildung 3.42:
(1/1000 Sekunde, f/11)

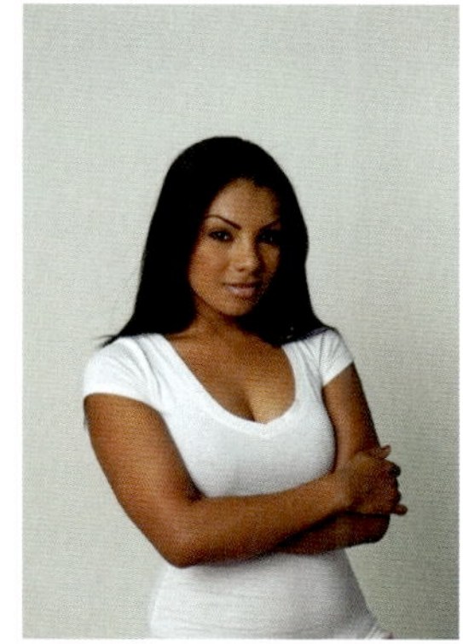

Abbildung 3.43:
(1/1000 Sekunde, f/2.8)

Abbildung 3.44:
(1/2000 Sekunde, f/11)

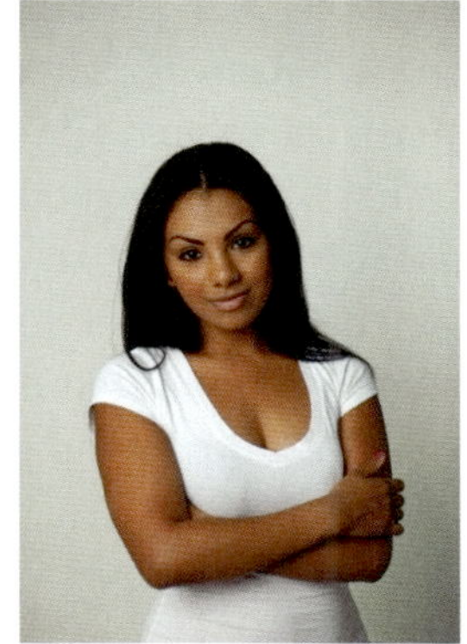

Abbildung 3.45:
(1/2000 Sekunde, f/2)

Das lineare Verhalten ist klar zu erkennen: 1/500 Sekunde bei f/4, 1/1000 Sekunde bei f/2.8 und 1/2000 Sekunde bei f/2. Daraus ergibt sich auch, warum wir bei hellem Umgebungslicht und dann, wenn wir versuchen, das Sonnenlicht zu überblitzen, höchstens die Synchronisationszeit einstellen dürfen.

Für die Beispiele mit normalem Blitz lagen wir bei 1/250 Sekunde bei f/11. Hätten wir ausschließlich Umgebungslicht, dann würde sich dieses bei f/4 beispielsweise in 1/2000 Sekunde übersetzen lassen. Nutzen wir hingegen HSS, dann hätten wir das Äquivalent von 1/2000 Sekunde bei f/2. Insofern verlieren wir ca. zwei Blendenstufen. Daraus lässt sich mehrerlei ableiten:

1. Wenn wir in hellen Umgebungen arbeiten, gibt es einen Optimalpunkt bei (oder knapp unterhalb) der Synchronisationszeit, wo unser Blitz den besten Wirkungsgrad hat. Das liegt daran, dass mit der kürzeren Verschlusszeit eine weiter geöffnete Blende einhergeht und diese für eine größere Reichweite des Blitzlichts sorgt bzw. bei gleicher Belichtung weniger hartes Licht ermöglicht.
2. Wenn wir die Blitzbelichtung mit HSS korrigieren wollen, müssen wir unseren Blitz wesentlich näher an das Modell heranbringen, um ihn als Hauptlichtquelle verwenden zu können. Oder es muss klar sein, dass unser Blitz lediglich als Fülllicht zum Einsatz kommt, weil die Ausgangsenergie für mehr einfach nicht reicht.
3. Wenn Sie die Schärfentiefe steuern möchten, ist ein Graufilter wahrscheinlich eine bessere Wahl als HSS. (Darauf werden wir in Kapitel 8 eingehen, wo es um das Überblitzen der Sonne gehen wird.)
4. Ein Überblitzen der Sonne allein durch HSS ist nicht möglich. Vielmehr sollten Sie HSS in einer hellen Umgebung *überhaupt nicht* einsetzen. Um das Sonnenlicht in den Griff zu bekommen, müssen Sie etwas ganz anderes machen. Die Idee, dass man beim Blitzen lediglich eine wesentlich kürzere Verschlusszeit einstellen muss, um das Umgebungslicht zu zähmen, gehört zu den großen Irrtümern, die in den zahlreichen Fotografieforen einfach nicht totzukriegen sind. *So funktioniert das nicht!*

5. Wenn Sie den durch HSS entstehenden Lichtverlust kompensieren wollten, müssten Sie die Anzahl der Blitze vervierfachen (der Verlust beträgt rund zwei Blenden). Alternativ können Sie den Abstand des Blitzes zum Modell verringern und den entfesselten Blitz direkt verwenden.

Die Signallaufzeit

Wie Sie in den Abbildungen zur Nikon D3 und zur Canon 5D gesehen haben, kann bereits vor Erreichen der Synchronisationszeit der Rand eines Vorhangs ins Bild gelangen. Ursache hierfür ist die sogenannte »Signallaufzeit«.

Bei Abbildung 3.46 habe ich zum Auslösen des Blitzes PocketWizard-Plus-II-Funkempfänger verwendet. Wie bereits erwähnt, sind das ganz einfache Geräte, mit denen die Blitze lediglich ausgelöst werden. Ein Datenaustausch zwischen Kamera und Speedlights findet nicht statt.

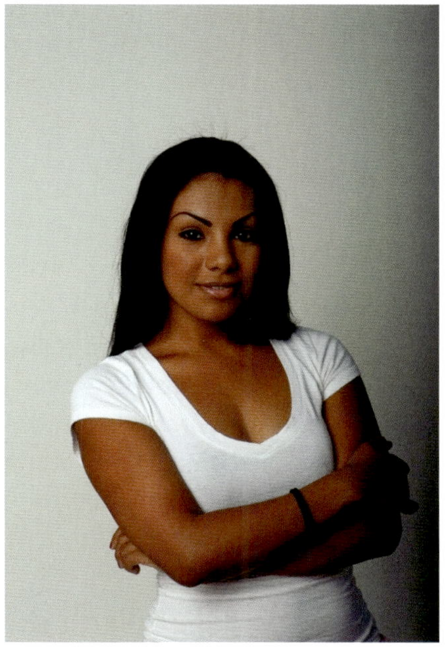

Abbildung 3.46: *Wenn Sie bei Synchronisationszeit fotografieren, kann der Rand eines Verschlussvorhangs ins Bild ragen.*

Das ist ein Szenario, in dem es zu geringfügigen Synchronisationsfehlern kommen kann. Wenn wir mit der Synchronisationszeit arbeiten, dann reizen wir die Fähigkeiten der Kamera bis zum Anschlag aus. Sobald ich den Auslöser betätige, muss die Kamera den angeschlossenen Funksender aktivieren. Dieser wiederum steuert den mit dem Blitz verbundenen Empfänger an, der dann seinerseits den Blitz auslöst. Der gesamte Ablauf findet innerhalb einer sehr kurzen und endlichen Zeitspanne statt, in deren Verlauf es zu ganz geringfügigen Synchronisationsfehlern kommen kann – wie in diesem Fall, in dem der Rand des Verschlussvorhangs noch ins Bild gerutscht ist.

Die meisten Studiofotografen kennen das Problem und wissen, dass sie eine Verschlusszeit auswählen müssen, die ein kleines bisschen länger ist als die Synchronisationszeit. Bei der Arbeit im Studio ist eine Verschlusszeit von 1/125, 1/100 oder 1/60 Sekunde absolut akzeptabel. Wenn das Umgebungslicht schwach ist, hat die Verschlusszeit ohnehin nur eine geringe Auswirkung auf die Belichtung. Daher sind auch Werte in Ordnung, die etwas länger sind als die Synchronisationszeit.

Bei Außenaufnahmen verwende ich grundsätzlich die Synchronisationszeit – trotz der Gefahr der zusätzlichen Verzögerung durch die Blitzfunksender. Der Grund ist, dass man on location die dunklen Balken weniger bemerkt, weil das Motiv häufig mittig platziert ist und weil das Umgebungslicht auch die Randbereiche häufig »auffüllt«.

Anwendungsfälle für HSS

Wie beschrieben, reduziert sich die verfügbare Blitzenergie auf rund ein Viertel, sobald wir die Synchronisationszeit unterschreiten. Warum also sollten wir dann HSS überhaupt einsetzen? HSS ist das Mittel der Wahl, wenn wir eine extrem kurze Verschlusszeit brauchen (kürzer als die Synchronisationszeit), um Bewegung einzufrieren, oder auch dann, wenn wir eine weit geöffnete Blende benötigen, um unser Modell sauber vom Hintergrund zu trennen. Auch als Füllblitz ist HSS die richtige Wahl.

In Abbildung 3.47 wollte ich den Luftsprung meines Modells Aleona einfrieren, ohne eine bewegungsbedingte Unschärfe zu riskieren. Ich wählte deswegen eine sehr kurze Verschlusszeit aus und zwang den Blitz so zum Wechsel in den HSS-Modus. Auf diese Weise erhielt ich eine gleichmäßige Blitzausleuchtung über das gesamte Bild.

Abbildung 3.47: *Direkter entfesselter Blitz im HSS-Modus: Das Modell ist im Flug eingefroren. (1/2000 Sekunde, f/3.2, ISO 400)*

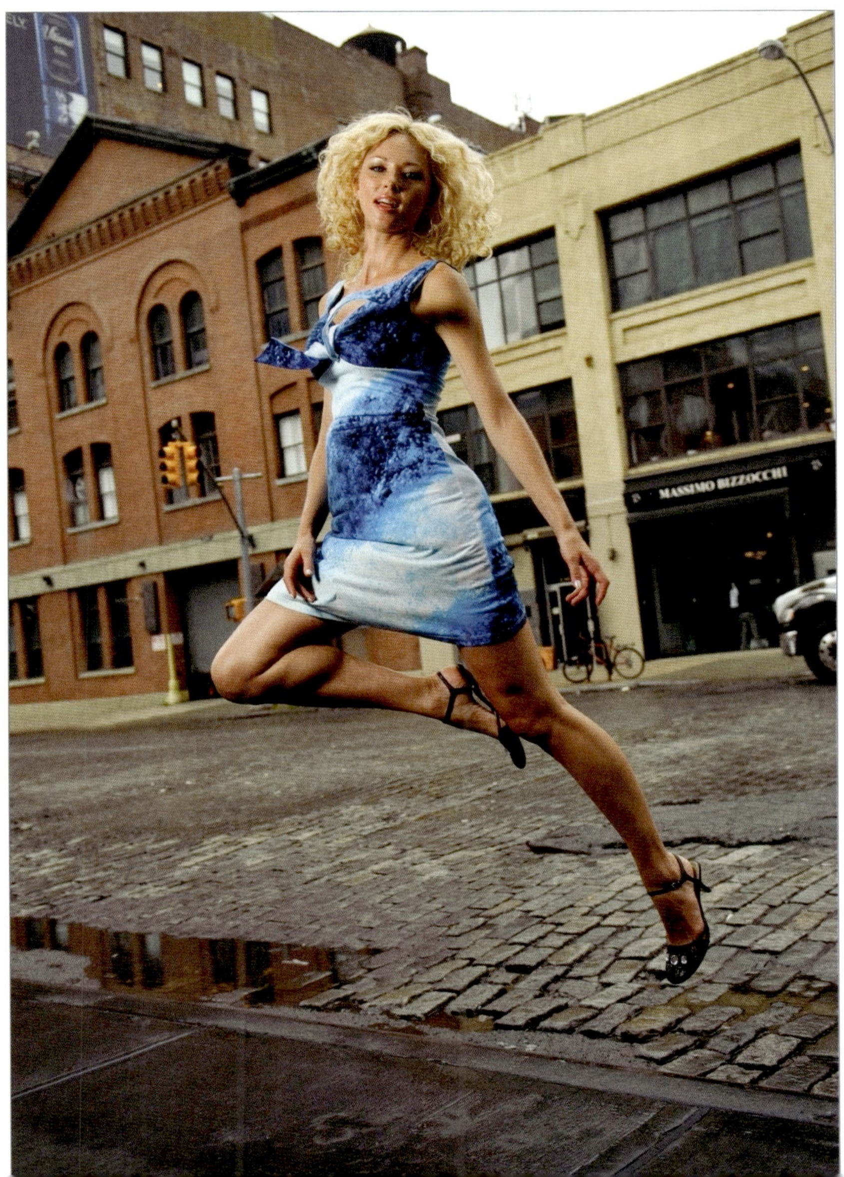

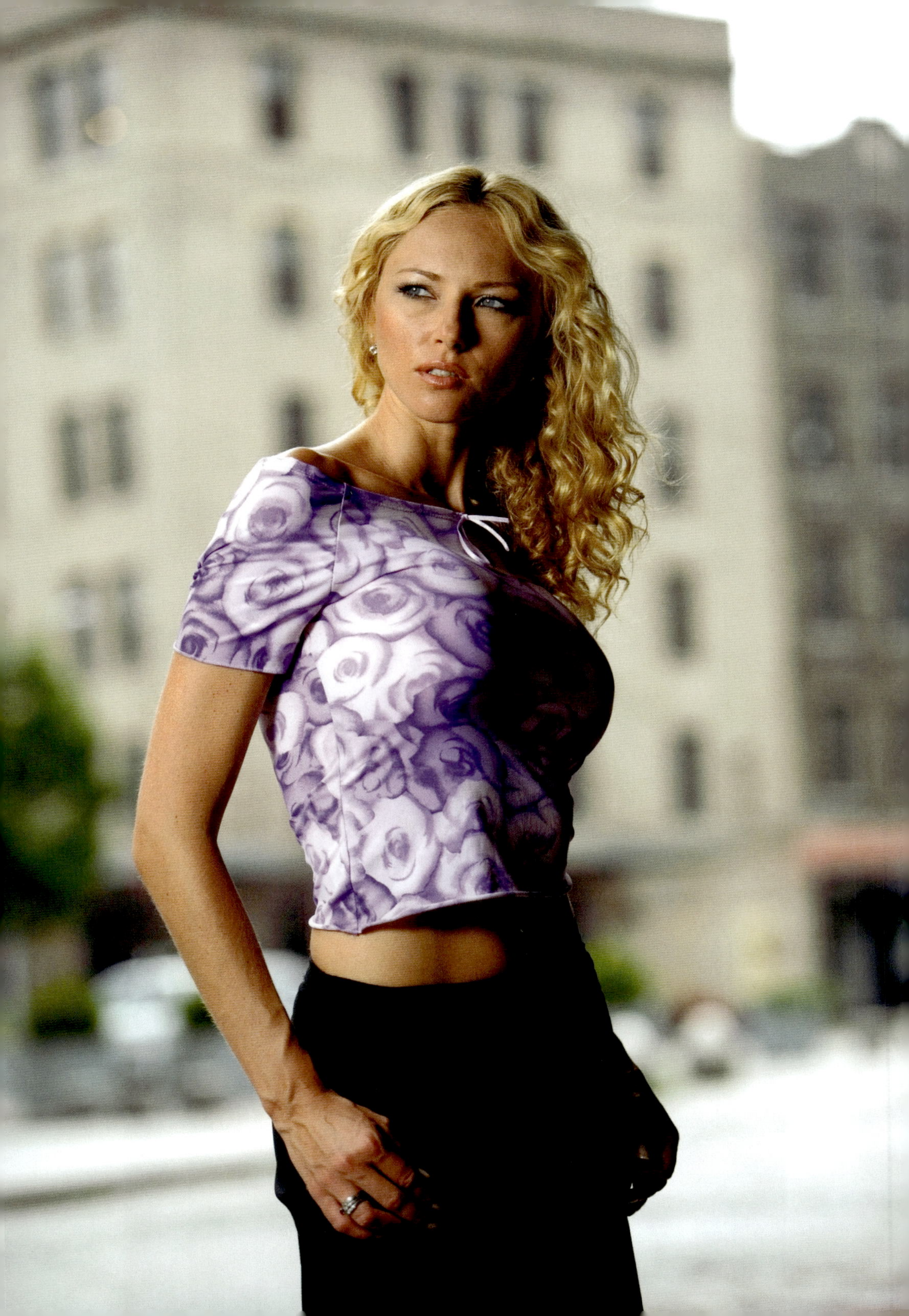

4 Manuelles Blitzen und TTL im Vergleich

Manuelles Blitzen und TTL-Blitzen sind zwei vollkommen unterschiedliche Dinge. Deswegen müssen wir sie auch separat betrachten.

Manuelles Blitzen

Im manuellen Modus gibt der Blitz jedes Mal exakt die gleiche Energie ab. Stellen Sie Ihren Blitz etwa auf 1/4 der vollen Stärke, dann wird bei jedem Auslösen des Blitzes genau diese Energie abgegeben. Natürlich unterscheidet sich der Wert 1/4 bei Blitzen, Studioblitzen und Lichtsystemen von Hersteller zu Hersteller und Modell zu Modell. Allerdings ist 1/4 bei jedem Blitz immer ein Viertel der Energie, die dieser insgesamt erzeugen kann – und das bleibt auch so. Es ändert sich schlichtweg nicht.

Die Belichtung beim manuellen Blitzen wird über vier Parameter gesteuert:

1. Die gewählte Blendeneinstellung
2. Den ISO-Wert
3. Den Abstand zwischen Lichtquelle und Modell
4. Die Energieeinstellung unseres Blitzes (was natürlich auch die Abschwächung der effektiven Energie mithilfe von Lichtformern wie Softboxen und Schirmen einbezieht)

Man kann sich leicht vorstellen, wie diese Faktoren die Belichtung beim manuellen Blitzen beeinflussen. Wenn wir die Blendeneinstellung ändern, steuern wir die Lichtmenge, die unseren Sensor durch das Objektiv erreicht. Gleiches gilt für die ISO-Einstellungen, mit denen wir die Lichtempfindlichkeit des Sensors steigern oder reduzieren. Der Abstand zwischen der Lichtquelle und unserem Modell ist in der Wirkung ebenfalls leicht nachvollziehbar: Stellen wir die Softbox näher zu unserem Modell, erhält dieses mehr Licht. Haben wir die Belichtung für unseren manuellen Blitz korrekt ermittelt und ändern wir dann eine dieser Einstellungen, dann müssen wir zum Ausgleich mindestens eine weitere ändern.

Das ist das Schöne am manuellen Blitzen: Konsistenz! Haben wir den Blitz einmal korrekt eingerichtet und die richtige Belichtung bestimmt, dann ändert sich nichts mehr.

Kommen wir damit zum Umgebungslicht. Für dessen Belichtung sind drei Parameter wichtig:

1. Verschlusszeit
2. Blende
3. ISO-Wert

Wenn wir diese Parameterliste mit der für das manuelle Blitzen vergleichen, dann stellen wir fest, dass die Verschlusszeit auf der letztgenannten fehlt. *Solange wir die Synchronisationszeit nicht unterschreiten, hat die Verschlusszeit keinen Einfluss auf die Blitzbelichtung!* Wir müssen lediglich dafür Sorge tragen, dass das Fenster vor unserem Sensor für eine gewisse Zeit vollständig geöffnet bleibt. Und damit bleibt die Verschlusszeit beim manuellen Blitzen der *einzige unabhängige Parameter*. (*Hinweis:* Sobald wir allerdings die Synchronisationszeit unterschreiten, kommt HSS ins Spiel – und prompt wird die Verschlusszeit für die Ausgabeenergie des Blitzes *relevant*. Das liegt aber nur daran, dass der Blitz nun ein Dauerlicht erzeugt.)

Wenn wir die korrekte Belichtung für das manuelle Blitzen ermittelt haben und dann die *Blende* auf das Umgebungslicht einstellen, ändern wir dabei natürlich auch die Blitzbelichtung. Um die Belichtung aufrechtzuerhalten, müssen wir zum Ausgleich etwas anderes umstellen – beispielsweise die Energieeinstellung unseres Blitzes. Bei manuellen Blitzen rastet sozusagen alles ein. All das bedeutet aber auch, dass eine Änderung der *Verschlusszeit* (statt der Blende) die einfachste Möglichkeit darstellt, die Belichtung für das Umgebungslicht zu beeinflussen, ohne unsere manuelle Blitzbelichtung zu modifizieren. Die Verschlusszeit ist tatsächlich in der Regel der erste Parameter, den wir ändern, um unseren Hintergrund dunkler oder heller zu machen (ohne hierfür auf den HSS-Modus zurückzugreifen).

TTL-Blitz

Blende, ISO-Wert, Abstand, Energie: Hiermit steuern wir das manuelle Blitzen. Beim TTL-Blitzen hingegen hat keiner dieser Parameter einen direkten Effekt auf die Blitzbelichtung. Stattdessen berechnen Kamera und Blitz mithilfe eines Vorblitzes, der vor dem eigentlichen Blitz abgegeben wird, die für eine korrekte Belichtung erforderliche auszugebende Lichtstärke. (Abbildung 4.1 zeigt, an welcher Stelle in der Abfolge der Ereignisse der Vorblitz auftritt.)

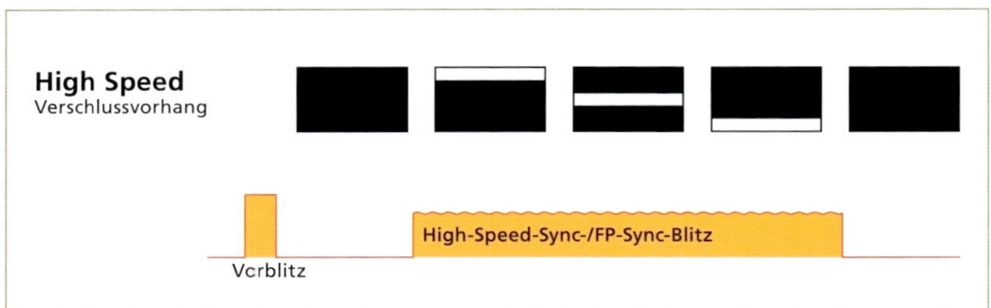

Abbildung 4.1: *High-Speed-Synchronisation.*

Wenn wir nun die vier Einstellungen für den manuellen Blitz betrachten – Blende, ISO-Wert, Abstand und Energie –, dann steuert beim TTL-Blitz die Kamera, wie stark der auszugebende Blitz sein soll, d. h. die Blitzenergie orientiert sich an den Einstellungen für Blende und ISO-Wert. Auch der Abstand wird berücksichtigt. Hierzu wird gemessen, welcher Anteil des Vorblitzes vom Modell und der Umgebung zurückgeworfen wird. Ganz offensichtlich also ist die TTL-Technologie ein automatischer Messmodus. Aus diesem Grund ist die Blitzstärke nicht eindeutig und kann deswegen auch nicht vorab festgelegt werden. Zudem tendiert der Vorblitz dazu, die Messfunktion der meisten Blitzbelichtungsmesser vorzeitig auszulösen, sodass der bei Verwendung eines TTL-Blitzes gemessene Wert in aller Regel überhaupt nicht stimmt. (*Hinweis:* das erklärt übrigens auch, warum der Einsatz optischer Slaves beim TTL-Blitzen keine gute Idee ist.)

Der TTL-Blitz in der Praxis

Der Unterschied zwischen manuellem und TTL-Blitzen ist derart ausgeprägt, dass wir uns die folgende Aussage noch einmal näher ansehen müssen: *Die Blitzenergie orientiert sich an den Einstellungen für Blende und ISO-Wert.* Ihre Kamera und der Blitz berechnen also gemeinsam die TTL-Blitzbelichtung. Danach stellt die Kamera die Ausgangsenergie des

Blitzes selbsttätig ein und gibt Ihnen auf diese Weise das, was sie selbst als korrekte Belichtung betrachtet. Welche Blende Sie gewählt und welchen ISO-Wert Sie eingestellt haben oder in welchem Abstand sich der Blitz vom Modell befindet, spielt dabei überhaupt keine Rolle. Natürlich sollten diese Werte einigermaßen sinnvoll eingestellt sein. Sie müssen schließlich mit dem arbeiten, was Ihr Blitz tatsächlich kann.

Wir wollen uns das mal in der Praxis ansehen. Für die in den Abbildungen 4.2 bis 4.5 gezeigten Aufnahmen habe ich unser Modell Aleona im Schatten einer Markise aufgestellt. Wir haben hier zwei für die Belichtung entscheidende Bereiche: die Belichtung für das Umgebungslicht, die für den Hintergrund zu beachten ist, und die Blitzbelichtung für das Modell.

Die Umgebungsbelichtung steuern wir mithilfe von Verschlusszeit, Blende und ISO-Wert. So weit, so gut. Bei der Frage, wie viel Licht direkt auf unser Modell fällt, kommt es dagegen auf die Einstellungen für die Blitzbelichtung an. Und wie wir diese angehen, hängt grundsätzlich davon ab, ob wir manuelles oder TTL-Blitzen einsetzen.

Hätte ich diese Fotos mit manuellem Blitzlicht aufgenommen, dann hätte ich die Blitzstärke für die gewählten Parameter – Blende, ISO-Wert, Abstand und Energieeinstellung am Blitz – auswählen und diese dann immer wieder nachjustieren müssen, um die korrekte mit dem Blitzbelichtungsmesser ermittelte (oder dem Kamerahistogramm entnommene) Belichtung zu erhalten. Stattdessen habe ich jedoch einen funkgesteuerten TTL-Blitz verwendet, wobei zusätzlich ein Slave-Blitz in einer Softbox durch den Master-Blitz auf der Kamera angesteuert wurde.

Ich habe den TTL-Blitz hier ganz bewusst verwendet, um einen bestimmten Aspekt zu veranschaulichen: dass die Blendeneinstellung im Endeffekt transparent wird. Folglich hat beim TTL-Blitzen die gewählte Blende (zumindest im sinnvollen Bereich) keinen Effekt auf die Blitzbelichtung. Gleiches gilt auch für den ISO-Wert. Vergleichen Sie einmal Abbildung 4.2 und Abbildung 4.4. Ich habe die Blende hier von f/2.8 auf f/5.6 umgestellt und trotzdem sieht die Blitzbelichtung (also das auf das Modell fallende Licht) bei beiden Aufnahmen praktisch gleich aus. Die Hintergrundbelichtung hingegen hat sich natürlich geändert. (Nicht vergessen: Es *gibt* einen Einfluss der Blende auf das Umgebungslicht.)

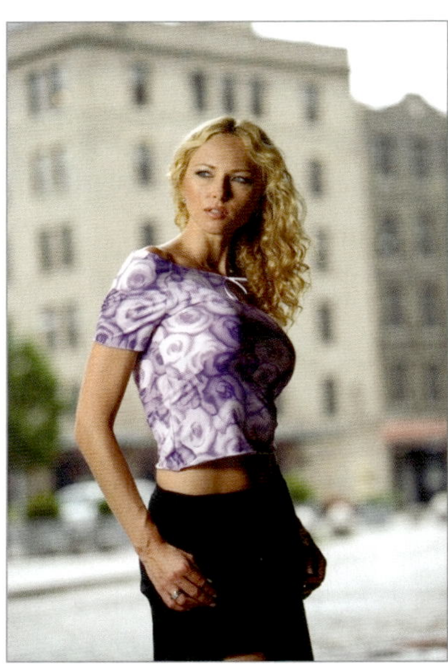

Abbildung 4.2: *Aleona im Schatten einer Markise. (1/250 Sekunde, f/2.8, ISO 100, TTL-Blitz bei +0,7 EV)*

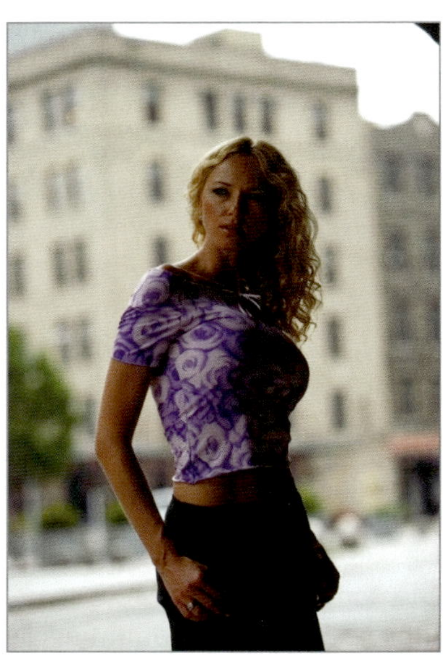

Abbildung 4.3: *Aleona im Schatten einer Markise. (1/250 Sekunde, f/2.8, ISO 100, nur Umgebungslicht)*

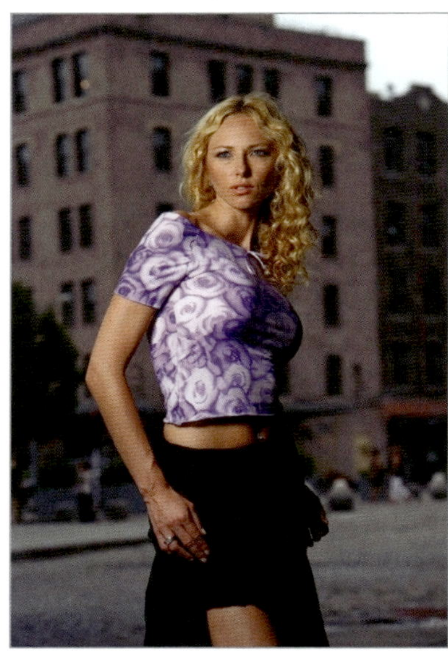

Abbildung 4.4: *Aleona im Schatten einer Markise. (1/250 Sekunde, f/5.6, ISO 100, TTL-Blitz bei +0,3 EV)*

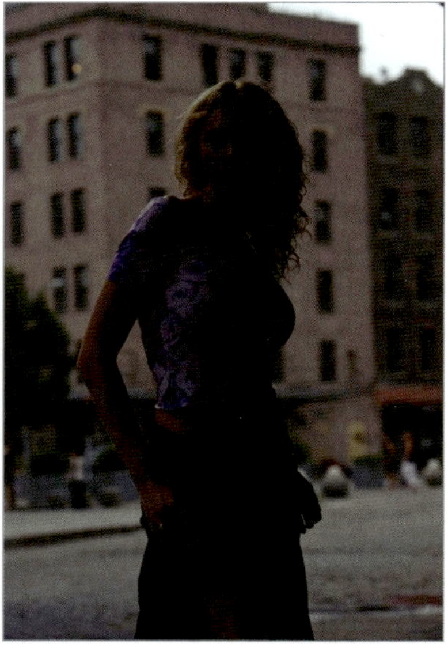

Abbildung 4.5: *Aleona im Schatten einer Markise. (1/250 Sekunde, f/5.6, ISO 100, nur Umgebungslicht)*

Ich kann also beim TTL-Blitzen meine Blende ändern und die Kamera gewährleistet dann eine korrekte Belichtung. Anders als beim manuellen Blitz muss ich hierbei weder den ISO-Wert noch den Abstand zwischen Blitz und Modell justieren. Ich selbst habe hier gar nichts geändert – das haben in trauter Zusammenarbeit meine Kamera und mein Blitz für mich erledigt. (*Hinweis:* Ich will ganz ehrlich sein: Ich habe die Blitzbelichtungskorrektur bei allen Bildern dieser Abfolge auf +0,7 EV gesetzt, weil das starke Hintergrundlicht die TTL-Blitzmessung beeinflusst hat.)

Hätte ich diese Fotos mit manuellem Blitzlicht aufgenommen, dann hätte ich meine ISO-Einstellung ändern, die Blitzenergie erhöhen oder den Abstand des Blitzes zum Modell verringern müssen, um die Änderungen bei der Blende auszugleichen. So etwas kann den Rhythmus eines Shootings ganz schön durcheinanderbringen. Beim TTL-Blitzen dagegen kann ich meine Einstellungen *en passant* ändern und mich ganz auf das Fotografieren meines Modells konzentrieren.

Natürlich musste der Blitz bei f/5.6 wesentlich mehr Arbeit leisten als bei f/2.8 (genauer gesagt handelt es sich um die vierfache Arbeit), aber die Belichtung blieb stets gleich. Das ist der Grund dafür, dass ich auch beim TTL-Blitz zuerst die Verschlusszeit ändere, um die Umgebungsbelichtung anzupassen. Der Unterschied: Hier *können* wir das tun, beim manuellen Blitz *müssen* wir es.

Es gibt zwei Grundregeln für das Fotografieren mit manuellem Blitz: Erstens kontrollieren wir über die Verschlusszeit die Umgebungsbelichtung, zweitens wird die Blitzbelichtung über die Blende gesteuert. Diese Regeln gelten *eingeschränkt* für das manuelle Blitzen, nicht jedoch für das TTL-Blitzen. Wie wir oben bei unseren Beispielen mit Aleona gesehen haben, beeinflussen wir die *Umgebungsbelichtung* tatsächlich über die Blende, nicht jedoch die *Blitzbelichtung*.

Blitzbelichtungskorrektur

Da Änderungen bei der Blendeneinstellung nun einmal keine Auswirkungen auf unsere TTL-Belichtung haben, müssen wir die Blitzbelichtung bei TTL über die Blitzbelichtungskorrektur einstellen. Hierbei handelt es sich um die *einzige* Einstellung für den TTL-Blitz.

Beim Füllblitz (mit TTL oder Automatikblitz) müssen Sie die Einstellung für die Blitzbelichtungskorrektur sehr weit herunter drehen, sodass nur ein Bruchteil des Lichts abgegeben wird. In diesem Fall liegt die Blitzbelichtungskorrektur bei ca. –1 bis –3 EV. Natürlich hängt die Einstellung auch von der Tonalität Ihres Modells ab.

Wenn Ihr Blitz die Hauptlichtquelle ist, dann liegt der Korrekturwert immer zwischen –2 und +2 EV, wird sich aber meist irgendwo zwischen 0 und +0,7 EV einpendeln. Auch hier spielen die Kamera, das Kamerasystem und die Tonalität von Modell und Umgebung eine wesentliche Rolle.

Es gibt eine ganze Reihe von Faktoren, die die Messungen beim TTL-Blitz beeinflussen – und damit auch, wie hoch der gewählte Wert für die Blitzbelichtungskorrektur sein muss:

- Wie stark Ihr Modell reflektiert
- Welchen Anteil an der Gesamtaufnahme das Modell ausmacht
- Wie weit das Modell vom Hintergrund entfernt ist
- Ob das Modell innerhalb des Bilds zentriert oder seitlich versetzt angeordnet ist
- Mit welchen Belichtungsalgorithmen die Kamera arbeitet
- Wie viel Umgebungslicht vorhanden ist (was sich wiederum direkt auf die Funktionsweise der Messalgorithmen der Kamera auswirkt)
- Wie stark das Gegenlicht ist (je stärker das Gegenlicht, desto höher muss im Zweifelsfall die Blitzbelichtungskorrektur eingestellt werden)

Mit all diesen Faktoren müssen Sie jonglieren, wenn Sie herausbekommen möchten, wie hoch die Blitzbelichtungskorrektur sein muss. Mit etwas Erfahrung wird das aber zunehmend einfacher. Kleiner Tipp: Wenn Ihr Blitz nur als Fülllicht agiert, dann kann die Blitzbelichtungskorrektur erheblich variieren, ohne die Qualität des fertigen Bilds groß zu beeinträchtigen.

Verschlusszeit verzögern (»Drag Shutter«)

Wenn Sie einen Blitz bei einem Modell vor einem natürlich beleuchteten Hintergrund verwenden, werden Sie die Einstellungen meist so wählen, dass die Stimmung des Orts beibehalten wird. Oder Sie versuchen, das verfügbare Licht zum Bild beitragen zu lassen.

Bevor wir in dieses Thema eintauchen, wollen wir noch einmal ein paar wichtige Aspekte wiederholen, die wir an früherer Stelle bereits benannt haben. Wir haben für die Umgebungsbelichtung drei Parameter: Verschlusszeit, Blende und ISO-Wert. Beim Blitz sind zwei vollkommen unterschiedliche Gegebenheiten zu berücksichtigen: die Frage, ob wir manuell oder mit TTL blitzen. Denn – wie oben erwähnt – Verhalten und Belichtungsparameter unterscheiden sich jeweils grundlegend.

Manueller Blitz. Beim manuellen Blitz gibt es vier Einstellmöglichkeiten: Blende, ISO-Wert, Abstand und Energie. Der Abstand bezeichnet dabei die Entfernung zwischen der Lichtquelle und dem Modell: Je näher Ihr Blitz – ggf. in einer Softbox – beim Modell steht, desto heller wird das auf das Modell fallende Licht sein. Davon wird selbstverständlich auch Ihre Belichtung beeinflusst. Entsprechend – und das sollte eigentlich inzwischen klar sein – wird auch ein Anheben oder Absenken der Energieeinstellung bei unserem manuellen Blitz Auswirkungen auf die Belichtung haben.

Vergleichen wir nun die Parameter, die die Umgebungsbelichtung beeinflussen, und jene, die sich auf die Blitzbelichtung auswirken, dann stellen wir zwei Gemeinsamkeiten fest: Blende und ISO-Wert. Demzufolge ist die Verschlusszeit der einzige unabhängige Parameter für die Umgebungsbelichtung. Insofern ist es, wenn wir die Balance zwischen manuellem Blitz und Umgebungslicht austarieren wollen, am sinnvollsten, mit der Einstellung der Verschlusszeit zu beginnen (denn schließlich würde ein Verstellen von Blende oder ISO-Empfindlichkeit Umgebungs- *und* Blitzbelichtung beeinflussen).

Innerhalb eines bestimmten Bereichs hat die Verschlusszeit keine Wirkung auf die Blitzbelichtung. Dies ist wichtig, denn so können wir Umgebungs- und Blitzlicht besser miteinander mischen. Die Verschlusszeit hat keinen Einfluss auf die Blitzbelichtung, weil der Blitz nur für einen ganz kurzen Moment leuchtet, während das Umgebungslicht von Dauer ist. Sie müssen lediglich dafür Sorge tragen, dass der gesamte Bereich Ihrer Aufnahme (also des Bilds, das auf den Sensor fällt) vom Licht Ihres Blitzes ausgeleuchtet wird. Zu jedem anderen Zeitpunkt vor und nach dem Lichtblitz, zu dem der Verschluss geöffnet ist, fällt nur Umgebungslicht auf den Sensor. Kreativ nutzen kann man dies durch ein Verzögern der Verschlusszeit, dem sogenannten »Drag Shutter«.

In unserer nächsten Bildfolge (Abbildungen 4.6 bis 4.10) posierte unser Modell vor der Skyline Manhattans und wurde mit einem manuellen Blitz beleuchtet. Als Hintergrundlicht kommt natürlich nur das Umgebungslicht zum Tragen – der Blitz hatte auf die Hintergrundbelichtung keine Auswirkungen.

Das einzige, was ich zwischen diesen Bildern änderte, war die Verschlusszeit, die ich für jede Aufnahme um jeweils eine 2/3-Blendenstufe verlängerte. Mit jeder neuen Einstellung der Verschlusszeit änderte sich auch die Helligkeit des Hintergrunds. Das liegt daran, dass wir mit der Verschlusszeit kontrollieren, wie viel Umgebungslicht aufgenommen wird; die Blitzbelichtung bleibt davon unberührt. Wie Sie feststellen werden, blieb die Belichtung unseres nur mit dem manuellen Blitz beleuchteten Modells bei der gesamten Serie unverändert. (*Hinweis:* Wenn man die Verschlusszeit immer mehr verlängert, erreicht man irgendwann den Punkt, an dem das Umgebungslicht für das Modell passend ist. Danach darf man die Blitzbelichtung nicht mehr ändern.)

Wie Sie den Hintergrund aufnehmen, ist hier eine Frage des Geschmacks. Bei der Feststellung der »korrekten« Belichtung gibt es eine ganze Menge Spielraum. Verwenden Sie den Belichtungsmesser Ihrer Kamera als Richtschnur, um festzustellen, wie viel Umgebungslicht Sie aufnehmen möchten. Eine Unterbelichtung von 1,5 bis 2 Blendenstufen zeichnet den Hintergrund normalerweise ausreichend scharf. Danach fügen Sie den Blitz als Hauptlichtquelle hinzu, um die Belichtung Ihres Modells zu optimieren. Das setzt natürlich voraus, dass Ihr Modell ohne Blitzlicht noch zu dunkel ist.

TTL-Blitz. Der TTL-Blitz ist etwas vollkommen anderes als der manuelle Blitz. Bei Letzterem haben wir die bekannten Kontrollparameter für die Blitzbelichtung (Blende, ISO-Wert, Abstand und Energie). Beim TTL-Blitzen hingegen hat keiner dieser Parameter einen Einfluss auf die Blitzbelichtung. Ihre Kamera und Ihr Blitz folgen den gewählten Werten für Blende, ISO-Kombination und Abstand und bieten Ihnen durch die automatische Einstellung der Ausgangsenergie Ihres Blitzes die mutmaßlich »korrekte« Belichtung.

Die von Kamera und Blitz verabredete konsistente Belichtung Ihres Motivs impliziert, dass wir mithilfe der drei weiteren Parameter – Blende, ISO-Wert und Verschlusszeit – das Umgebungslicht im übrigen Teil des Bilds kontrollieren können. Beim manuellen Blitz müssten Sie, wenn Sie eine Ihrer Einstellungen ändern wollten, mindestens eine weitere der anderen Einstellungen ändern, um die korrekte Belichtung für den manuellen Blitz einzustellen. Beim TTL-Blitz bleibt Ihre Belichtung gleich, weil Ihre Kamera und Ihr Blitz Ihnen noch immer das präsentieren, was sie für die »richtige« Belichtung halten. Schauen Sie hierzu auch nochmals die Aufnahmen mit unserem Modell Aleona in den Abbildungen 4.2 bis 4.5 an.

Beim manuellen Blitz ist die Verschlusszeit der einzige unabhängige Parameter für das Umgebungslicht. Um mehr Licht aufzunehmen, verzögern Sie die Verschlusszeit (»Drag Shutter«). Auch beim TTL-Blitz können Sie ISO-Wert und Blende ändern und so mehr Licht aufnehmen. Danach stellen Sie die Belichtungskorrektur nach Bedarf ein, um die TTL-Blitzbelichtung zu steuern. Techniken zum Abgleich von Blitz- und Umgebungslicht behandeln wir in Kapitel 6 ausführlicher.

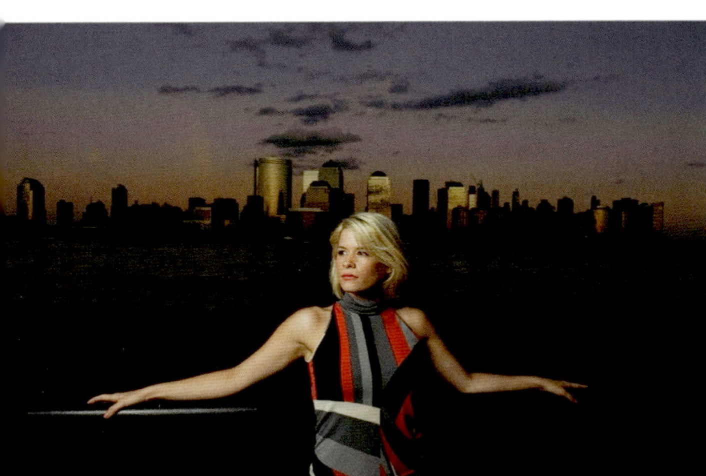

Abbildung 4.6:
(1/250 Sekunde, f/5.6, ISO 400)

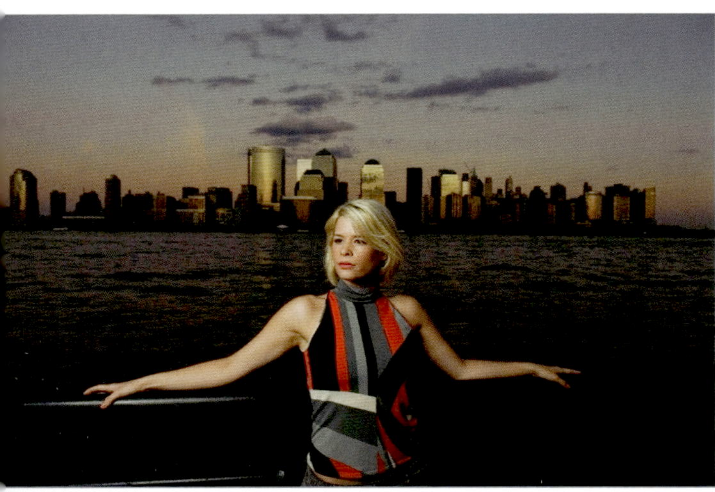

Abbildung 4.7:
(1/160 Sekunde, f/5.6, ISO 400)

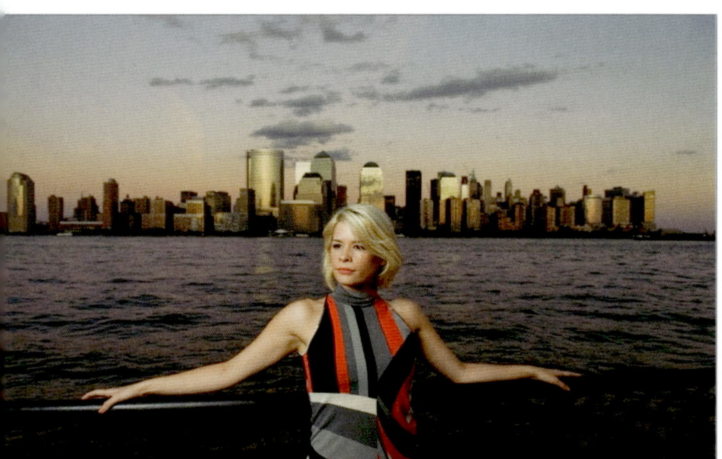

Abbildung 4.8:
(1/100 Sekunde, f/5.6, ISO 400)

Abbildung 4.9: *(1/60 Sekunde, f/5.6, ISO 400)*

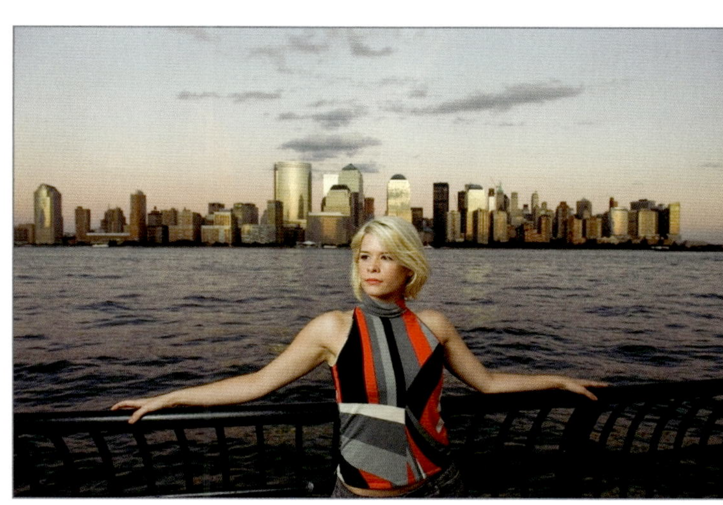

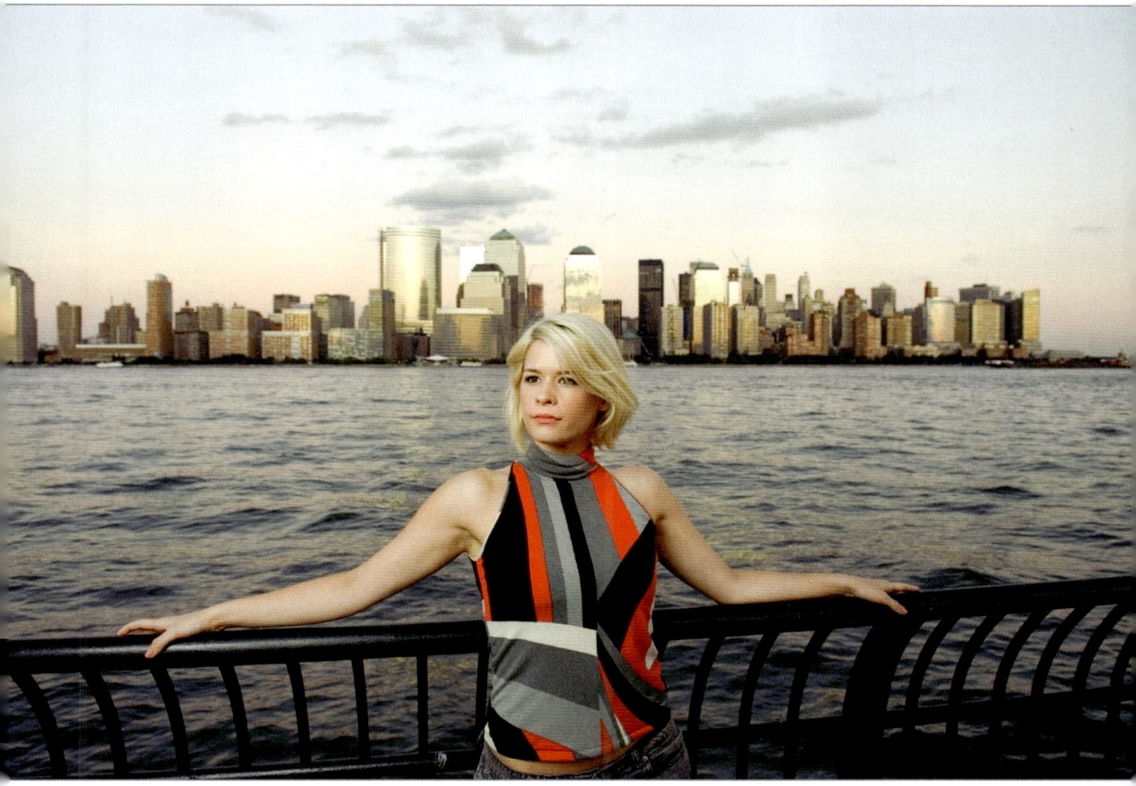

Abbildung 4.10: *(1/40 Sekunde, f/5.6, ISO 400)*

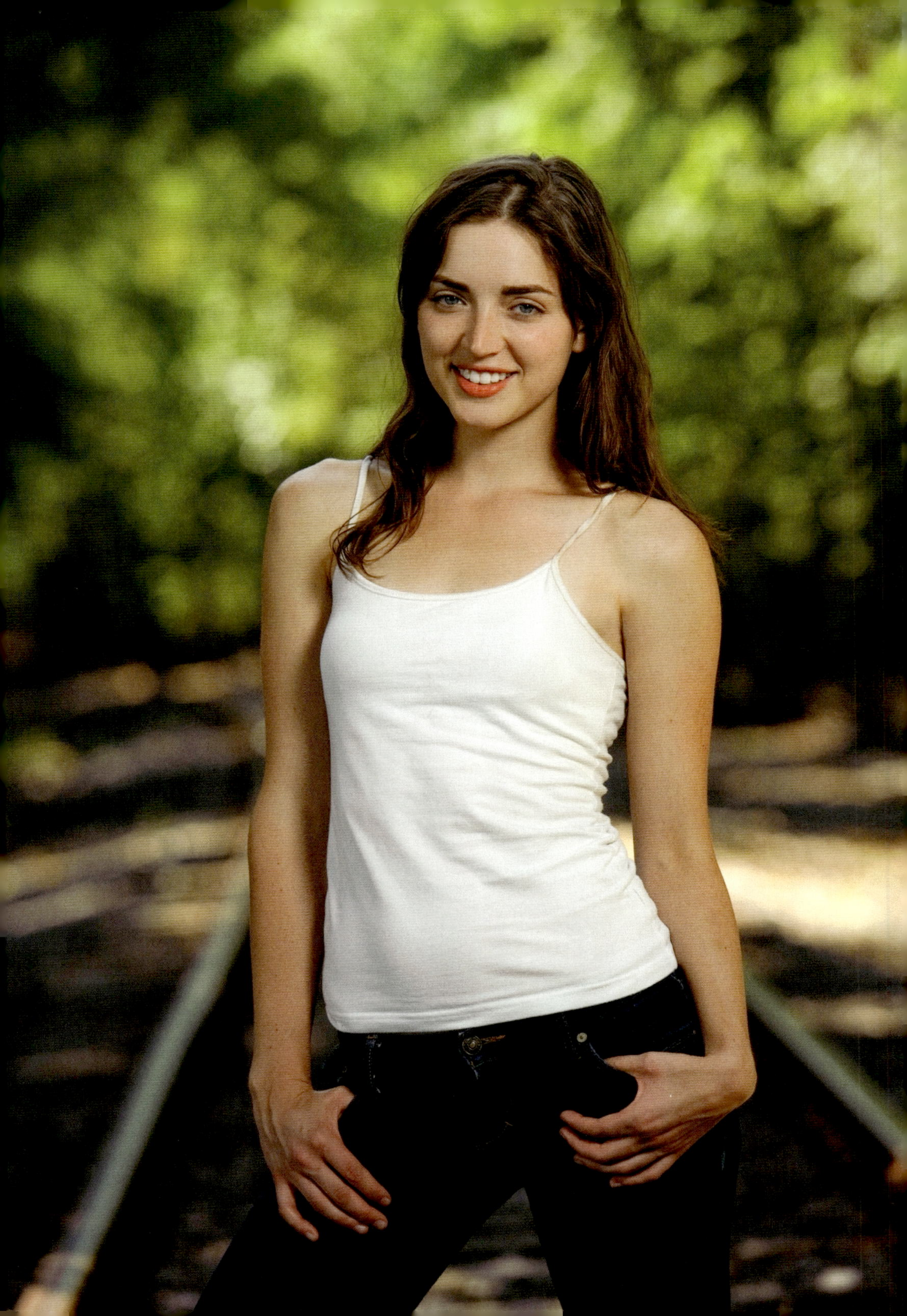

5 Blitz- und Umgebungslicht messen

Umgebungslicht messen

Sie können das Umgebungslicht mit vielerlei Methoden messen, ganz nach gewünschter Genauigkeit oder Einfachheit. Sie können sich entweder für eine dieser Methoden entscheiden oder mehrere von ihnen kombinieren.

- Handbelichtungsmesser
- Messfunktionen der Kamera
- Kamerahistogramm
- Überbelichtungswarnung im Kameradisplay
- Bild im Kameradisplay
- Sunny-16-Regel

Belichtungsmessung mit manuellem Blitz

Auch für die Messung beim manuellen Blitzen oder das Überprüfen der Belichtung gibt es mehrere Möglichkeiten. Man kann zwar beim manuellen Blitzen nach der Aufnahme die Belichtung mittels Histogramm etc. überprüfen. Eine Messung vor der Aufnahme ist mit der Kamera allerdings nicht möglich. Hierzu benötigen Sie einen externen Belichtungsmesser.

- Handbelichtungsmesser
- Kamerahistogramm
- Überbelichtungswarnung im Kameradisplay
- Bild im Kameradisplay

Belichtungsmessung mit TTL-Blitz

Von wenigen Ausnahmen abgesehen, können wir für den TTL-Blitz keinen Blitzbelichtungsmesser verwenden. Stattdessen müssen wir für annähernd korrekte Belichtungsergebnisse auf die interne TTL-Messung vertrauen. Sind Sie mit dem, was Kamera und Blitz als »richtig«

ausgeknobelt haben, nicht einverstanden, dann müssen Sie alle Änderungen über die Belichtungskorrektur vornehmen. Im Wesentlichen können wir erst *im Nachhinein* feststellen, ob unsere TTL-Blitzbelichtung gelungen war; anders als beim manuellen Blitz ist eine eigene Vorabmessung nicht möglich.

Der TTL-Blitz bietet den Vorteil des schnelleren Arbeitens, denn Kamera und Blitz entscheiden eigenmächtig über die Einstellungen. Allerdings kann das auch ein Problem sein. Da die TTL-Blitzmessung eine *automatische* Messung ist, wird die Kamera durch das Reflexionsverhalten von Modell und Hintergrund (d.h. durch die relativen Anteile von Schatten und Lichtern) und durch eventuell vorhandenes Gegenlicht beeinflusst. Diese Probleme treten beim manuellen Blitzen naturgemäß nicht auf.

Belichtungsmesser verwenden

Mit einem Belichtungsmesser können Sie das Umgebungslicht und das Licht eines manuellen Blitzes messen (wie gesagt: Beim TTL-Blitz geht das nicht). Mittlerweile macht niemand mehr einen Unterschied zwischen einem Belichtungsmesser und einem Blitzbelichtungsmesser – und ich halte es auch für ziemlich sinnlos, einen Belichtungsmesser zu verwenden, der keine Funktionen zur Blitzmessung bietet. In diesem Buch wird in der Regel der Begriff »Belichtungsmesser« verwendet – der Blitzbelichtungsmesser ist dann quasi »mitgemeint«.

Es gibt kaum etwas, das einfacher zu verwenden wäre als ein Belichtungsmesser. Bei einigen Modellen können Sie das reflektierte Licht messen, indem Sie das Gerät auf den gewünschten Bereich richten und dann die Lichtmenge messen, die vom Modell oder Hintergrund reflektiert wird (»Objektmessung«). Seine wahre Stärke spielt der Belichtungsmesser hingegen bei der »Lichtmessung« aus, d.h. er misst das Licht, das auf das Modell fällt. Dadurch lassen sich alle möglichen Probleme beseitigen – beispielsweise eine Beeinflussung der Kameramessfunktion durch das Reflexionsverhalten der Szene. Da Sie bei der Lichtmessung das Licht messen, das auf das Modell fällt, spielt es keine Rolle, ob dieses helle oder dunkle Kleidung trägt. Sie nehmen die Lichtmessung vor, indem Sie den Belichtungsmesser nahe am Modell platzieren und in Richtung der Kamera zeigen lassen. Dann drücken Sie eine Taste und lesen das Ergebnis ab. Dieses wird in der Regel in Form eines Blendenwerts angegeben, auf den Sie Ihre Kamera einstellen (die Verschlusszeit haben Sie ja vorgewählt).

Es gibt auch Belichtungsmesser mit eingebauten Funkauslösern, mit denen sich der Blitz auslösen lässt. Bei anderen müssen Sie zur Aktivierung der Messfunktionen eine Taste drücken: Der Belichtungsmesser wartet dann, bis ein heller Lichtimpuls erkannt wird. Nehmen wir also an, Sie haben Ihren Blitz und Ihre Softbox auf einem Stativ vor Ihrem Modell aufgestellt. Dann haben Sie den Blitz so eingerichtet, dass eine gewisse Lichtenergie abgegeben wird – sagen wir 1/2 Power. Wenn Sie jetzt den Blitz auslösen, können Sie dem Belichtungsmesser nachfolgend entnehmen, welche Blende für den gewählten ISO-Wert eingestellt werden sollte. Vergleichen Sie das mit der von Ihnen eingestellten Wunschblende und justieren Sie die Blitzenergie entsprechend nach oben oder unten.

Die Messfunktion Ihrer Kamera

Auch Ihre Kamera hat einen eingebauten Belichtungsmesser, mit dem durch das Objektiv die von Modell und Hintergrund reflektierte Lichtmenge gemessen wird. Die Messfunktion der Kamera ist sehr genau, lässt sich jedoch durch ein Motiv mit sehr hellen oder dunklen Bereichen aus dem Tritt bringen.

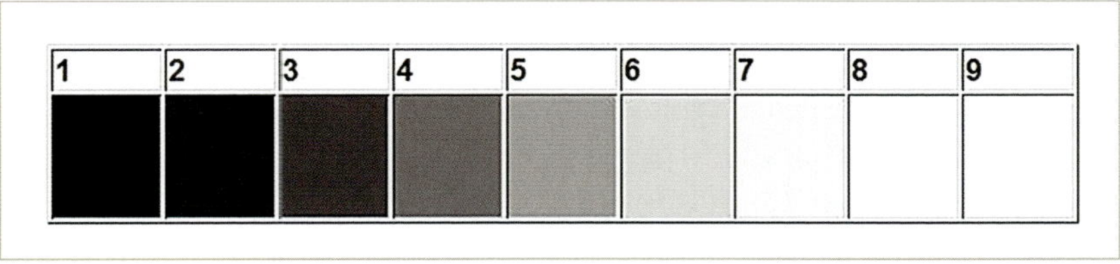

Abbildung 5.1: *Ihre Kamera wertet den Tonwertbereich des erfassten Bilds aus und gelangt auf diese Weise zu einem Ergebnis, das der richtigen Belichtung eines mittleren Grautons entspricht (Wert 5 auf dieser Skala).*

Das liegt daran, dass der Belichtungsmesser der Kamera alles Erfasste auswertet und einen Belichtungswert errechnet, der für eine Fläche mit mittlerem Reflexionsvermögen (z. B. eine mittelgraue Fläche) perfekt wäre – aber möglicherweise nicht für ein Motiv mit starken Helligkeitsunterschieden. Die Messfunktionen moderner Spiegelreflexkameras sind beeindruckend gut, denn sie analysieren verschiedene Bildbereiche und entscheiden dann anhand von Algorithmen, welchen Vorrang einzuräumen ist. Auf diese Weise führt die Kamera eine Gewichtung der Messergebnisse durch (man spricht hier auch von einer »Mehrfeld-« oder »Matrixmessung«). Allerdings versucht der Belichtungsmesser auch hier, die erkannten Helligkeitswerte zu einem Durchschnittsgrauwert zu verrechnen. Dies ist ein Aspekt, den wir verstehen müssen, wenn wir die in unsere Kameras integrierten Messfunktionen sinnvoll einsetzen wollen.

Wenn die Verteilung dunkler und heller Bereiche im Motiv vor uns weitgehend ausgewogen ist, dann erhalten wir von unserer Kamera ein relativ korrektes Messergebnis (etwa innerhalb von 1/3 Blendenstufe).

Umgebungslichtmessung über Weißtöne. Wenn es um das Messen eines konkreten Farbtons geht, leisten die kamerainternen Belichtungsmesser recht gute Arbeit. Ein Tonwert, der sich einfach messen lässt und der im Histogramm auch ziemlich genau auszumachen ist, sind weiße Bereiche auf dem Modell (z. B. Kleidung). In den Abbildungen 5.2 und 5.3 beispielsweise trägt Anelisa ein weißes Top. Wenn ich nun meine Kamera darauf richte und dafür sorge, dass es den *gesamten* Sucher ausfüllt, kann ich diesen Weißton mit ziemlicher Genauigkeit mit der Kamerabelichtungsfunktion ausmessen.

Natürliche Schwankungen

Die Farbtemperatur bei Blitzen variiert. Sie liegt meistens irgendwo zwischen den Weißabgleichspresets für »Tageslicht« und »Bewölkter Himmel« (oder »Blitz«) der Kamera. Wie immer kann es durchaus sinnvoll sein, die Aufnahmen im RAW-Dateiformat zu machen, denn auf diese Weise erhalten wir maximale Flexibilität bei der Korrektur des Farbabgleichs und von Belichtungsfehlern.

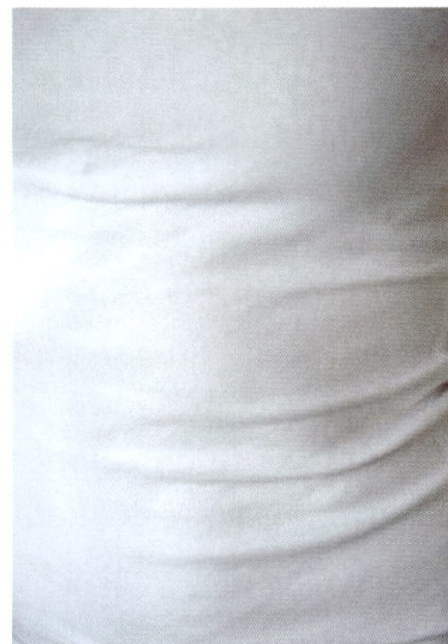

Abbildung 5.2 (oben): *Der Sucher wird mit dem weißen Oberteil vollständig ausgefüllt.*

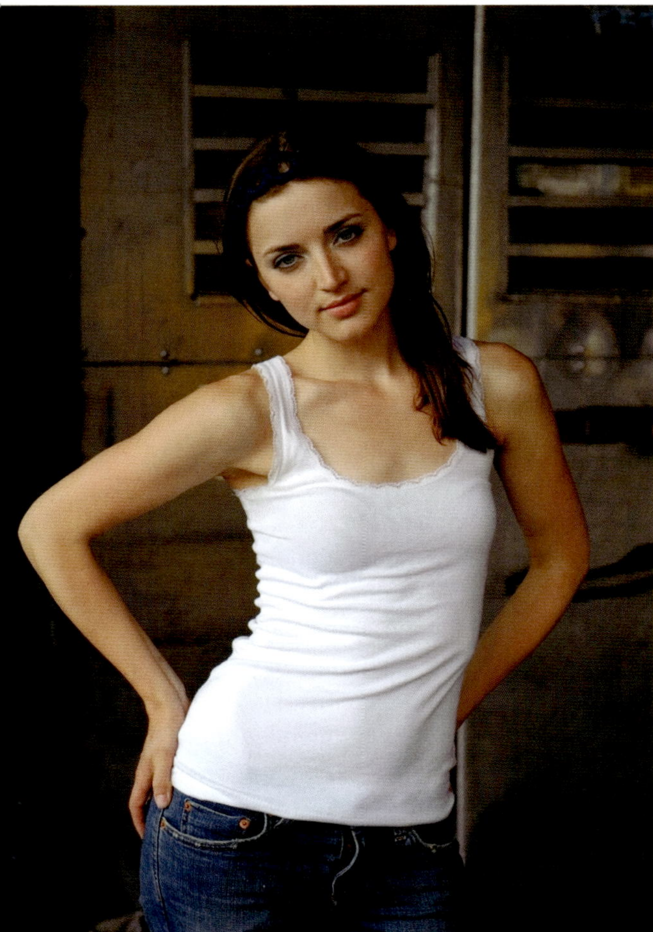

Abbildung 5.3 (links): *Eine korrekte Belichtung erreichen wir, indem wir den Weißton an die richtige Stelle verschieben.*

Wenn Sie eine gleichmäßig weiße Fläche als Maßgabe für die Belichtungseinstellung nutzen, dann sollten Sie beachten, dass die Messfunktionen und Histogramme verschiedener Kameras hier unterschiedlich reagieren. Bei der Canon 5D etwa weiß ich, dass ich die Belichtung um 1,7 Blendenstufen (also fünf Teilstufen an der Kamera) anheben muss. Bei der Nikon D3 beläuft sich die Anhebung auf eine Blendenstufe, das entspricht drei Teilstufen an der Kamera. (*Hinweis:* Bei Kameras werden Verschlusszeit, Blende und ISO-Werte in Drittelschritten eingestellt. Haben

Sie Ihre Kamera aus irgendeinem Grund auf Halbschritte eingestellt, dann stellen Sie die Schrittweite wieder auf Drittelschritte zurück. Außer Ihnen arbeitet jeder Fotograf mit Drittelschritten!)

Ihre Kamera sollte in der Lage sein, Ihnen ein Histogramm ähnlich dem in Abbildung 5.4 gezeigten darzustellen. Wie Sie sehen, befindet sich der hellste Wert am rechten Rand. Das ist exakt dort, wo der hellste Farbton unseres Modells erscheinen soll (denn es trägt ja schließlich Weiß). Wir haben hier also eine einfache Methode, die Umgebungsbelichtung mithilfe der Messfunktion und des Histogramms der Kamera recht genau zu bestimmen. Voraussetzung ist lediglich, dass Ihr Modell ein weißes oder zumindest möglichst helles Kleidungsstück trägt. Weniger nützlich ist dieser Ansatz, wenn Ihr Modell keine weißen oder ähnlich hellen Tonwerte aufweist.

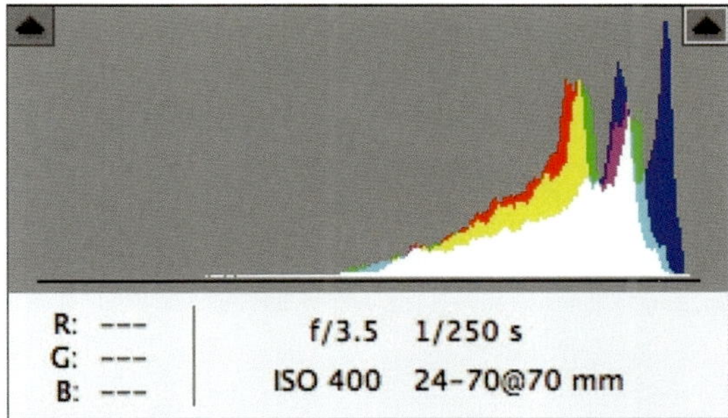

Abbildung 5.4: *Das Histogramm aus Adobe Camera Raw zeigt die Daten der Messaufnahme, bei der ausschließlich das weiße Top aufgenommen wurde.*

Belichtungsmessung über Weißtöne für manuellen Blitz. Dieselbe Messmethode können wir auch für die Belichtungsmessung bei Blitzlicht verwenden. Um dessen Stärke möglichst korrekt einzustellen, müssen wir lediglich den hellsten relevanten Farbton (zum Beispiel ein weißes Oberteil, das unser Modell trägt) im Histogramm an die gewünschte Stelle bringen.

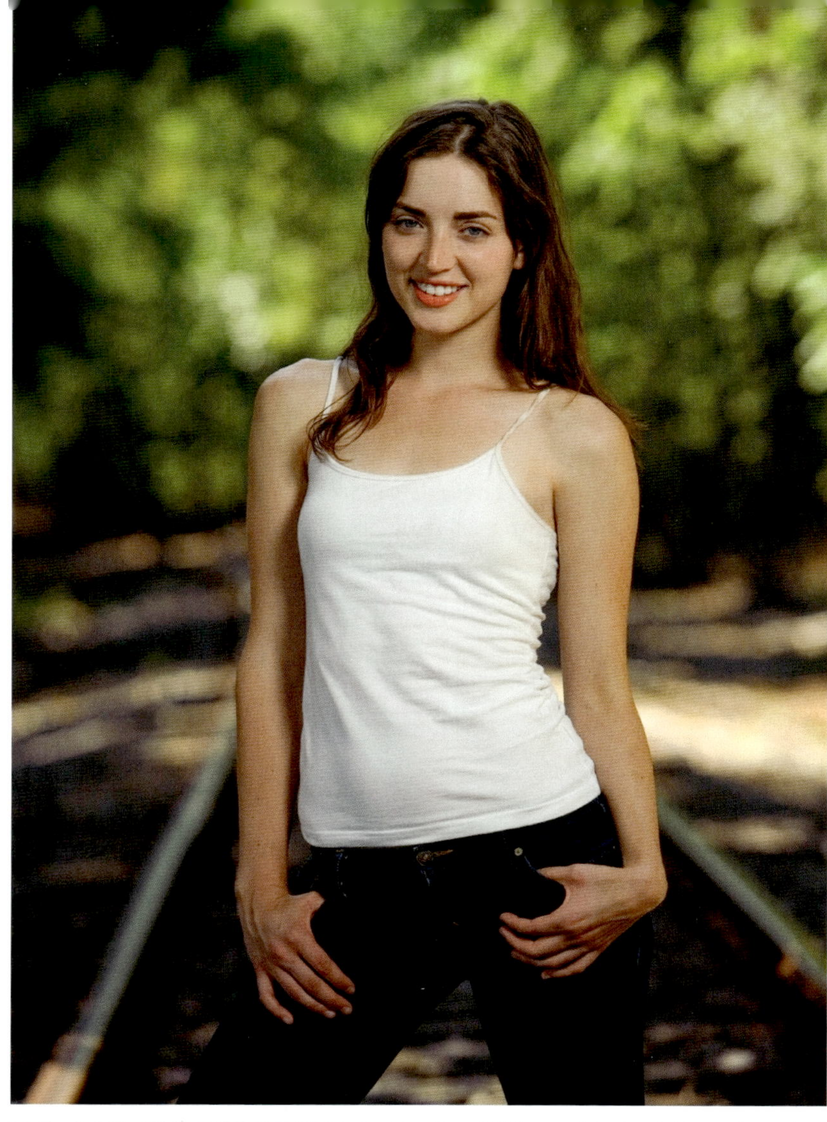

Abbildung 5.5 (oben): *Hier haben wir Anelisa mit einem manuellen Blitz in einer Softbox beleuchtet.*

Abbildung 5.6 (links): *Histogramm für Abbildung 5.5.*

Zur Belichtungsmessung für unseren manuellen Blitz stellt das Histogramm eine ziemlich genaue Messmethode dar, sofern wir die Messung mit einem klar abgegrenzten Bereich am Modell durchführen (erwähnte ich das weiße Oberteil?). Bei Abbildung 5.5 wurde unser Modell Anelisa mit einem manuellen Blitz in einer Softbox beleuchtet. Wie Sie inzwischen wissen sollten, wird die Belichtung beim manuellen Blitz mit der Blenden- und der ISO-Einstellung, dem Abstand der Softbox zum Modell und der Energieeinstellung am Blitz kontrolliert. Wir können die Blitzbelichtung mit jedem dieser vier Parameter beeinflussen. Bei dieser Aufnahme ist die Belichtung korrekt: Alles Weiße erscheint tatsächlich weiß und auch die Hauttöne sehen gut aus. Mal sehen, was das Histogramm sagt.

Das Histogramm sehen Sie in Abbildung 5.6. Es zeigt die Bildinformationen, die unsere Kamera erfassen kann. Auf der linken Seite befinden sich die dunkelsten Töne, rechts die hellsten. Die Form des Histogramms kann sich je nach fotografiertem Motiv erheblich unterscheiden. Einem allgemeinen Histogramm wie diesem können wir noch keine für uns relevanten Informationen entnehmen, da es für das Gesamtbild – Modell und Hintergrund – angefertigt wurde.

Betrachten wir jedoch lediglich den hellsten Teil unseres Modells (das weiße Top), dann erkennen wir rechter Hand einen Abfall im Histogramm (Abbildung 5.7). Das bedeutet, dass wir den hellsten Farbton an unserem Modell korrekt erfasst haben. Dieses Histogramm stammt von einer Nikon D3 und wenn es danach geht, sieht die Einstellung f/4 im Zweifelsfall ganz hervorragend aus.

Erhöhen wir nun die Belichtung, dann verschiebt sich das Histogramm. In Abbildung 5.8 befindet es sich direkt am Rand und zeigt einen beeindruckenden Zacken. Das ist ein klarer Hinweis auf eine Überbelichtung. Würden wir jetzt auf blinkende Lichter im Display umschalten, dann würden wir feststellen, dass das Bild tatsächlich überbelichtet ist. (*Hinweis:* In diesem Beispiel habe ich den Blendenwert geändert. Dasselbe Ergebnis hätten wir aber auch erzielen können, wenn wir den ISO-Wert entsprechend modifiziert, den Abstand zwischen Modell und Licht verringert oder die Energie des Blitzes angepasst hätten.)

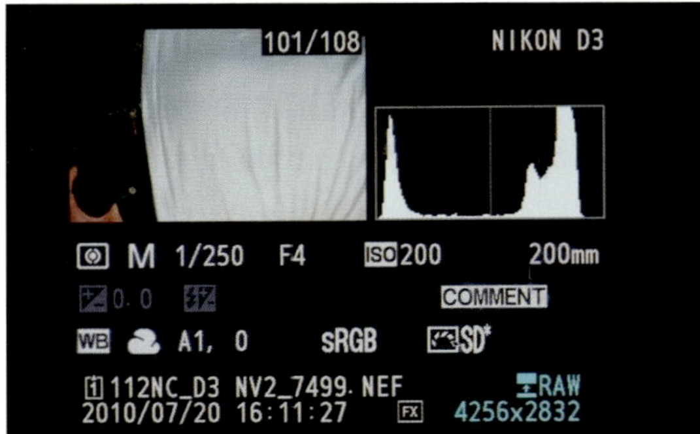

***Abbildung 5.7:** Histogramm für das weiße Oberteil.*

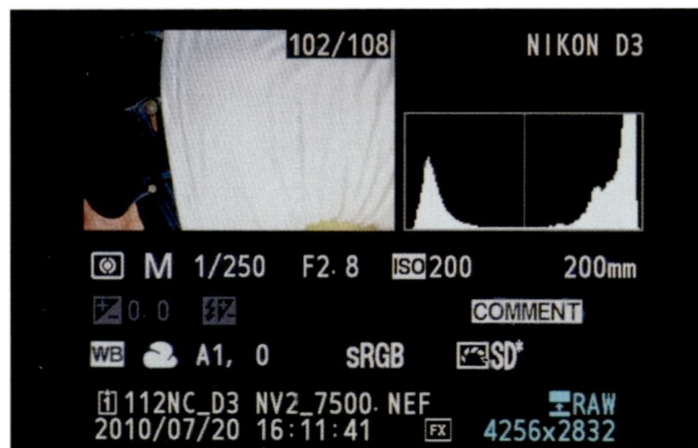

***Abbildung 5.8:** Durch Erhöhen der Belichtung wird das Histogramm nach rechts verschoben.*

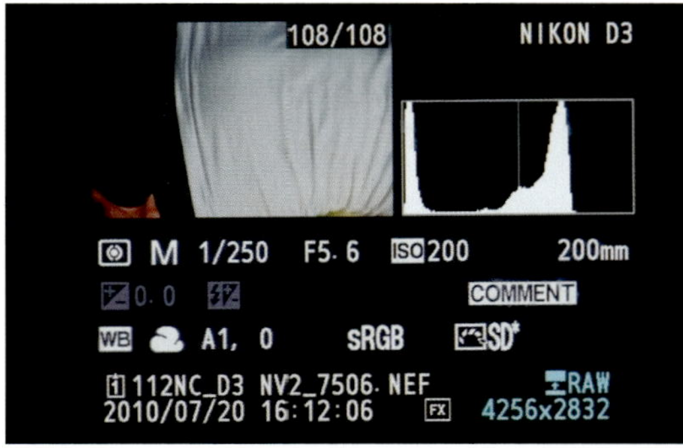

***Abbildung 5.9:** Durch Verringern der Belichtung wird das Histogramm nach links verschoben.*

Verkürzen wir die Belichtung jetzt (auch hier per Änderung der Blende), dann erkennen wir, dass die weißen Bereiche grau werden. Das in Abbildung 5.9 gezeigte Histogramm ist für einen hellen Ton deutlich zu weit nach links verschoben.

Bei Canon-Kameras können wir übrigens ganz genauso vorgehen. Die Abbildungen 5.10 bis 5.13 zeigen das Aussehen des Histogramms bei der Canon 5D. (Es geht um dasselbe Setup, bei dem Anelisa mit einer Softbox beleuchtet wird.) Wenn wir nun unsere Blendenwerte ändern, ändert sich auch die Belichtung und das Histogramm verschiebt sich. Die Einstellung f/4 sieht gut aus, ebenso wie die Einstellung f/3.5; das fertige Bild – mit f/2.8 geschossen – könnte dagegen auf manchem Monitor etwas zu hell wirken. Wenn wir dem Histogramm entnehmen können, dass unsere Weißtöne nicht überbelichtet (und natürlich auch nicht unterbelichtet) sind, haben wir die optimalen Einstellungen. Im Kameradisplay erhalten wir für einen Belichtungswert von f/2.8 durch blinkende Lichter den Hinweis, dass Überbelichtung droht. (Der Umfang dieser Überbelichtung liegt allerdings innerhalb des Rahmens, bei dem eine JPEG-Datei in der Postproduktion noch korrigiert werden kann. Bei RAW-Dateien gibt es übrigens überhaupt kein Problem, weil die erforderlichen Informationen vorhanden sind.)

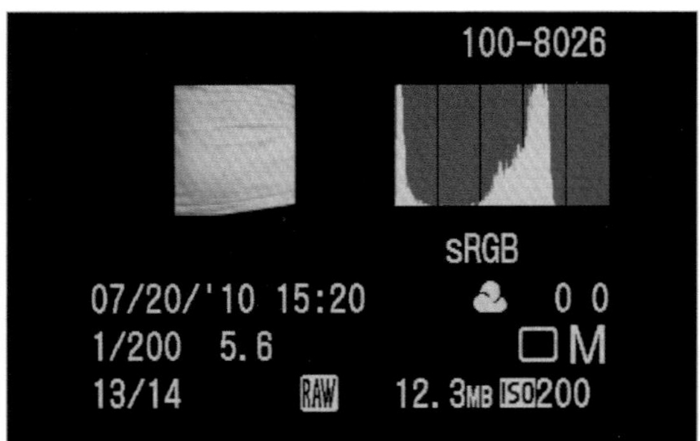

Abbildung 5.10: *Canon-Histogramm für das Bild von Anelisa bei f/5.6.*

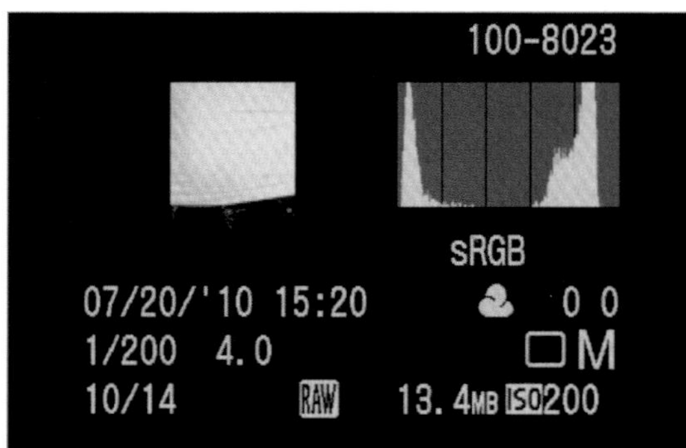

Abbildung 5.11: *Canon-Histogramm für das Bild von Anelisa bei f/4.0.*

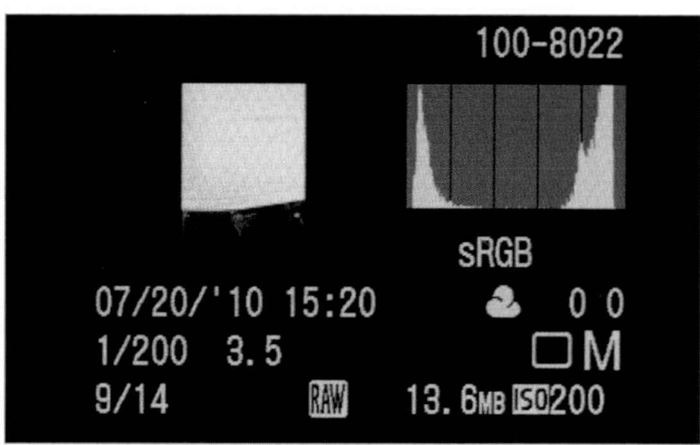

Abbildung 5.12: *Canon-Histogramm für das Bild von Anelisa bei f/3.5.*

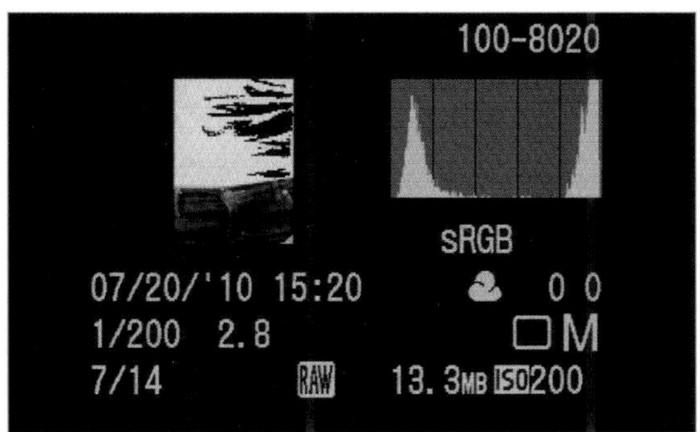

Abbildung 5.13: *Canon-Histogramm für das Bild von Anelisa bei f/2.8.*

Auch in diesem Beispiel haben wir die Belichtung über die Blende korrigiert. Natürlich hätten wir auch hier durch Anpassung der anderen drei Parameter – ISO-Wert, Abstand zwischen Lichtquelle und Modell oder Blitzenergie – dasselbe Ergebnis erzielt.

Mithilfe dieser Strategie können wir testweise mehrere Belichtungen ausprobieren, bei denen wir nur den *relevantesten* Farbton betrachten. Die passende Belichtung haben wir gefunden, wenn das Histogramm zum rechten Rand hin abfällt. Diese Technik ist übrigens ebenso exakt wie die Verwendung eines Blitzbelichtungsmessers.

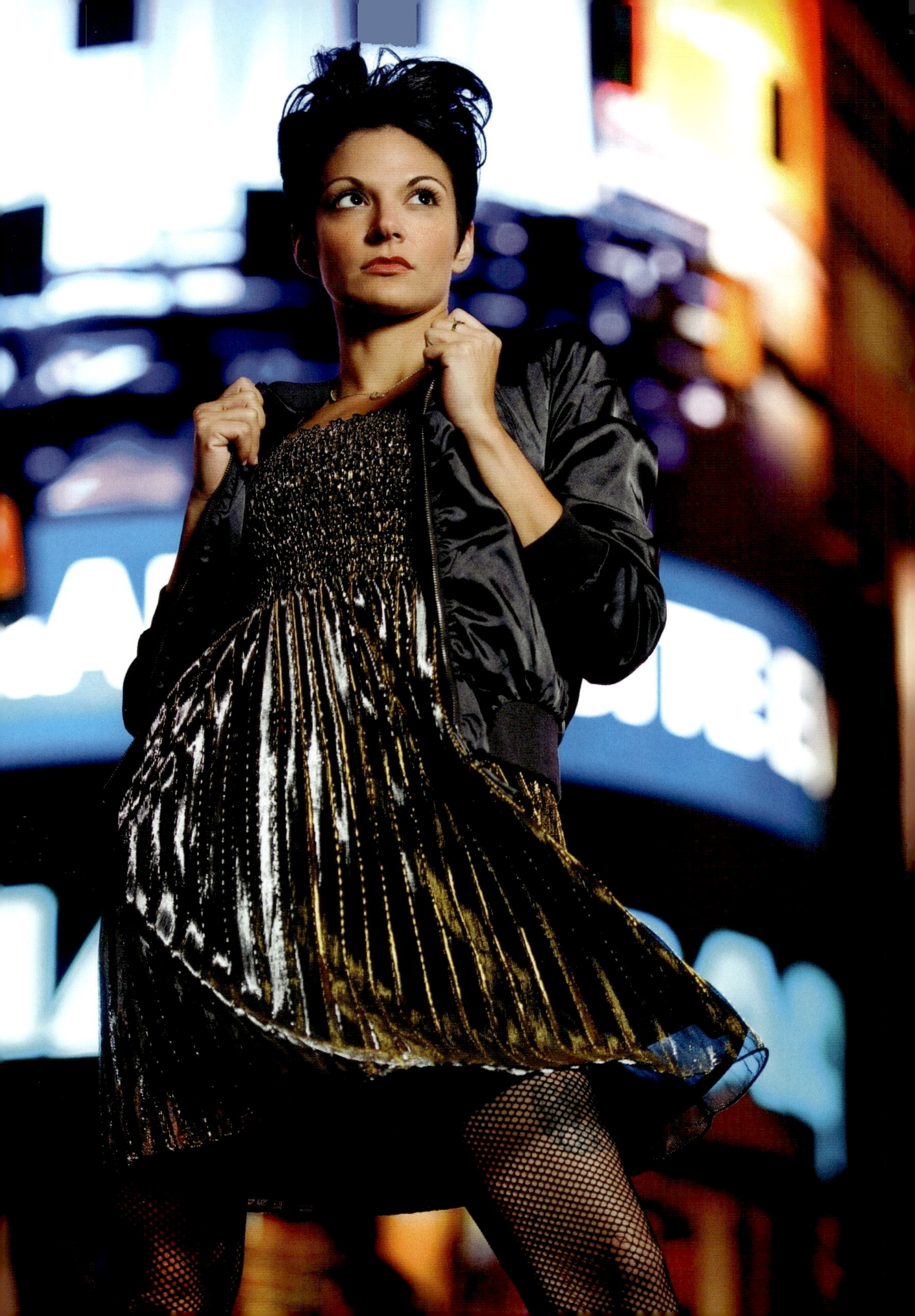

6 Blitz- und Umgebungslicht ausbalancieren

Grundsätzlich gibt es zwei Möglichkeiten, wie wir einen Blitz in Verbindung mit dem Umgebungslicht nutzen können: Entweder können wir das vorhandene Licht mit einem leichten Füllblitz ergänzen oder wir überblitzen das vorhandene Licht, d. h. der Blitz wird zur Hauptlichtquelle. Zwischen diesen Szenarien gibt es eine ganze Reihe von Möglichkeiten. Tatsächlich bewegt sich ein Großteil dieses Kapitels in diesem Zwischenbereich, in dem der Blitz das vorhandene Licht gerade eben genug unterstützt. Zunächst allerdings wollen wir uns mit den beiden Grundszenarios befassen.

Zwei Grundszenarien

Sie brauchen nur einen Füllblitz. Sie haben unabhängig vom Hintergrund die passende Umgebungsbelichtung für Ihr Modell bereits gefunden? Fein. Dann müssen Sie zum Auffüllen für den Blitz lediglich eine Belichtung von zwei oder drei Stufen weniger als die Umgebungsbelichtung einstellen.

Haben Sie sich für die Verwendung eines manuellen Blitzes entschieden, dann führen Sie für diesen eine Messung durch und erhalten so die Belichtung, die zwei oder drei Stufen unter der für den Hintergrund festgelegten Belichtung liegt. Haben Sie beispielsweise f/4 bei ISO 100 eingestellt, dann müssen Sie die Einstellungen am Blitz so vornehmen, dass Ihr Blitzbelichtungsmesser für eine korrekte Belichtung eine Blende von etwa f/2 ausgibt. Beim Fotografieren mit f/4 ist unser manueller Blitz (mit f/2) dann schwächer und agiert nur als Fülllicht.

Beim Einsatz von TTL müssten wir eine Belichtungskorrektur im Bereich von etwa –2 oder –3 EV einstellen. Außerdem müssen wir beim TTL-Blitz im Hinterkopf behalten, dass die Tonalität oder das Reflexionsvermögen unseres Modells Auswirkungen auf die Blitzbelichtung hat.

Sie brauchen einen Blitz als Hauptlichtquelle. Ein anderer Ansatz zur Verwendung von Blitzen ist die gezielte Unterbelichtung des Umgebungslichts um vielleicht eine Stufe, um dann mithilfe des Blitzes die korrekte Belichtung wiederherzustellen. Auf diese Weise schaffen wir durch gerichtetes Licht eine großartige Wirkung, denn der Blitz ist unsere Hauptlichtquelle.

Beim manuellen Blitz besteht der einfachste Ansatz darin, mithilfe eines Belichtungsmessers die korrekte Blitzbelichtung zu ermitteln.

Beim TTL-Blitz müssen Sie dagegen den Belichtungskorrekturwert im Bereich von 0 EV festlegen. Ist der Hintergrund etwas heller, dann können Sie auf +1,0 EV oder noch höher gehen – vielleicht auf +1,7 EV. Wie wir in Kapitel 4 gesehen haben, sollten Sie die Belichtungseinstellungen passend für das gewünschte Erscheinungsbild des Hintergrunds festlegen. Zwar ist mit dem TTL-Blitz ein schnelleres und einfacheres Arbeiten möglich, doch sind in diesem Fall die Ergebnisse weniger gut vorherzusagen als beim manuellen Blitz. Verwenden Sie die Vorschaufunktion Ihrer

Kamera, um die Ergebnisse anzuzeigen und die Blitzbelichtungskorrektur einzustellen, und nutzen Sie dann den Spielraum der RAW-Datei, um mögliche Einbußen abzufangen.

Der einfachste Ansatz

Das Ausbalancieren von Blitz- und Umgebungsbelichtung ist ein Problem, mit dem viele der weniger erfahrenen Fotografen zu kämpfen haben. Der Ausgangspunkt scheint dabei auch die größte Hürde zu sein: Wie entscheidet man sich für eine Belichtung sowohl für das Umgebungs- als auch für das Blitzlicht?

Ist das Umgebungslicht einigermaßen ausgewogen und gleichmäßig, ist der für mich einfachste Ansatz, das Umgebungslicht um einen bestimmten Betrag unterzubelichten und dann mithilfe des Blitzes die passende Gesamtbelichtung zu erzielen. Und um welchen Betrag sollen wir das Umgebungslicht unterbelichten? Wie man so schön sagt: Es kommt darauf an. Meist ist eine Stufe ausreichend, aber auch bei zwei Stufen funktioniert es oft. Bestimmt haben Sie in Mode- und Musikmagazinen schon einmal Aufnahmen gesehen, bei denen das Modell in einem See aus Licht steht, der von einer dunklen Stadtlandschaft umgeben ist. Für Letztere wurde das Umgebungslicht um zwei bis drei Stufen unterbelichtet. Wir haben also einen ganz erheblichen Spielraum – machen Sie sich also nicht zu viele Gedanken!

Genau diese Technik haben wir auch bei einem Blitzworkshop mit dem Modell Anelisa eingesetzt, das in einem urbanen Setting stattfand (Abbildungen 6.1 bis 6.3). Zwar hätte ich hier auch einen manuellen Blitz verwenden können, hatte mich aber aus Gründen der Flexibilität für TTL entschieden. Aufgrund der dunkleren Farbtöne auf dem Foto musste ich die Blitzbelichtung etwas zurücknehmen. Bei Abbildung 6.1 war der Blitz komplett ausgeschaltet, d. h. Sie sehen nur das um etwa eine Stufe unterbelichtete Umgebungslicht. In Abbildung 6.2 habe ich den Blitz (mit einer Softbox) hinzugegeben, um eine dynamischere Lichtsetzung zu schaffen und die Züge unseres Modells klar auszuleuchten. Abbildung 6.3 ist eine Making-of-Aufnahme, die verdeutlichen soll, wie die Softbox aufgestellt

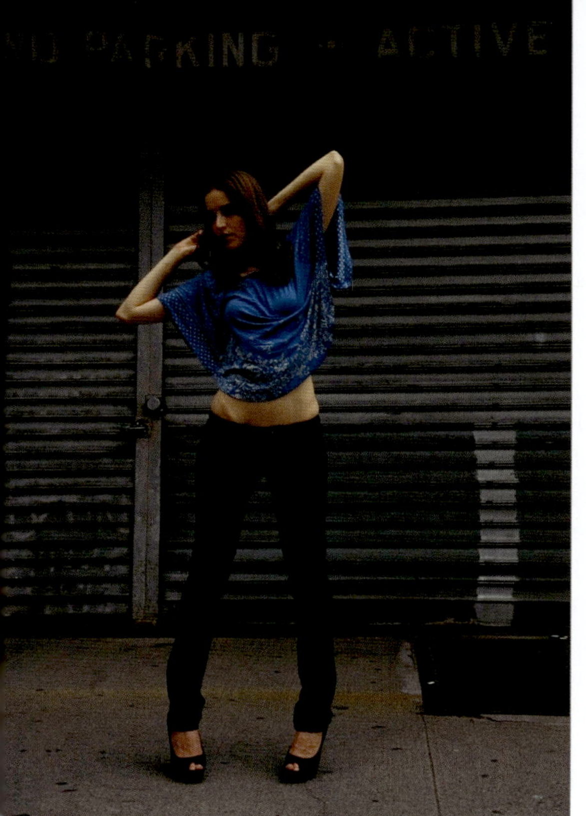

Abbildung 6.1: *(1/200 Sekunde bei f/3.5, ISO 200, nur Umgebungslicht)*

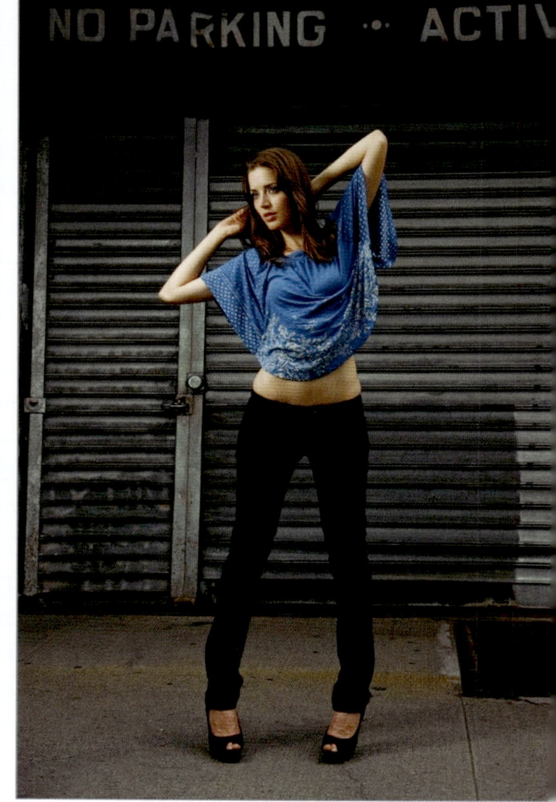

Abbildung 6.2: *(1/200 Sekunde bei f/3.5 und ISO 200, TTL-Blitz bei –0,7 EV)*

wurde. Sie gibt Ihnen auch einen besseren Eindruck vom insgesamt verfügbaren Umgebungslicht.

Das Unterbelichten des Umgebungslichts um eine Stufe und das Ausgleichen mit dem Blitz ist nur eines von vielen möglichen Szenarios – ein Blitzrezept. Auch wenn dieser Ansatz für Sie nicht in jeder Situation funktionieren wird, bietet er doch einen guten Ausgangspunkt.

Betrachten wir nun ein Beispiel, bei dem wir diese Technik ein bisschen anders einsetzen mussten. Als ich mit dem Modell Jessica ein paar Aufnahmen am Times Square machte, leuchteten die Neonlichter im Hintergrund so stark, dass eine Prognose hinsichtlich der Blitzstärke praktisch unmöglich wurde. Indem ich sie in den Schatten stellte, konnte ich mit einem Blitz in einer Softbox die korrekte Belichtung einstellen (Abbildung 6.5). Abbildung 6.4 zeigt zum Vergleich ein Bild ohne Blitz:

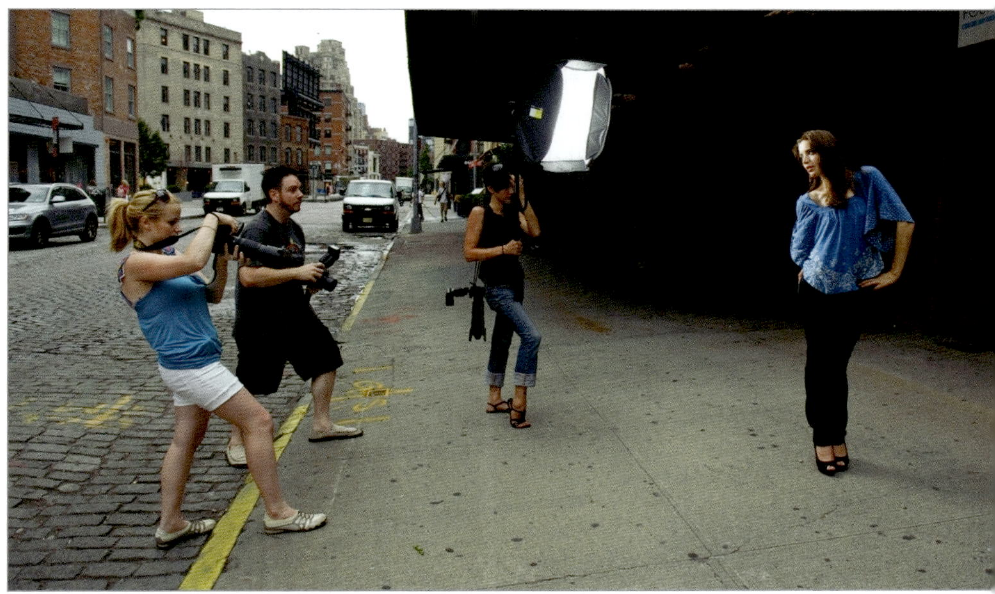

Abbildung 6.3: *Die Making-of-Aufnahme zeigt, wie die Softbox aufgestellt war.*

Hier bekommt man einen Eindruck davon, wie sich die Helligkeit im Hintergrund ständig änderte. Ohne Blitz hätten wir in dieser Situation keine Chance auf ein ausreichend belichtetes Modell gehabt.

Weil es am Times Square so viel Licht gibt, hätten wir auch mit einer weiteren Blende und einem höheren ISO-Wert gut belichtete Bilder hinbekommen – auch ganz ohne Blitzeinsatz. Abbildung 6.6 beispielsweise haben wir mit dem Nikkor AF-S VR-Objektiv (200 mm, f/2) und nur mit Umgebungslicht aufgenommen. Ich habe das Modell Lauren dabei ganz gezielt so aufgestellt, dass gerade so viel Licht auf ihr Gesicht fiel, dass ich gerade aus der Hand fotografieren konnte. (Auf dem Times Square gilt: kein Stativ ohne Genehmigung.)

Für Abbildung 6.8 habe ich Jessica so positioniert, dass sie relativ zum helleren Hintergrund im Dunkeln steht (Abbildung 6.7). So konnte ich meinen Blitz benutzen, ohne mir viele Gedanken über das Umgebungslicht machen zu müssen, das sonst unschöne Farbflecken auf das Modell hätte werfen können.

Bei der Grundeinstellung für die Belichtung war hier lediglich wichtig, dass der Hintergrund hell genug war. Ich habe keine Ahnung, wie weit man bei diesen Neonlampen mit einem Handbelichtungsmesser kommt. Deswegen habe ich mit der in die Kamera integrierten Messfunktion den Hintergrund an einer Stelle gemessen, an der es weder zu viele dunkle noch übermäßig helle Bereiche gab. Ich wollte mir erst einmal einen allgemeinen Eindruck von meinen Einstellungen verschaffen. Danach machte ich ein paar Testaufnahmen (ohne Blitz), bis ich mit dem, was mir die Kameravorschau als Hintergrund zeigte, zufrieden war. Hierbei musste ich mich ausgehend von den ungefähren Messwerten der Kamera Schritt für Schritt vortasten.

Abbildung 6.4: *(1/250 Sekunde bei f/2.8, ISO 200, nur Umgebungslicht)*

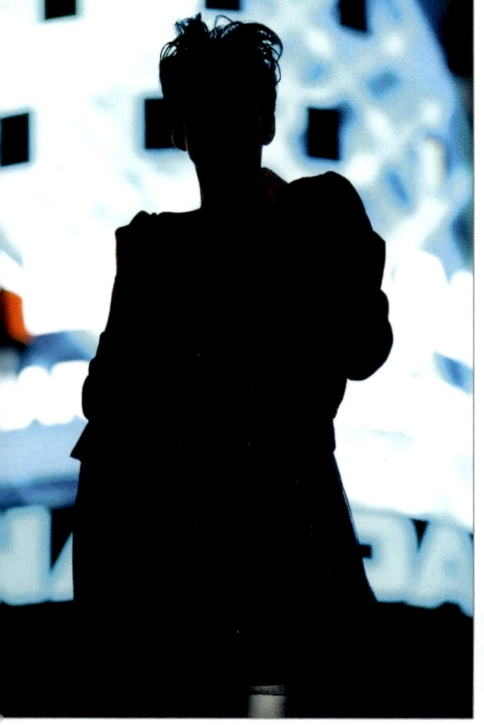

Abbildung 6.5: *(1/250 Sekunde bei f/2.8 und ISO 200, TTL-Blitz bei –0,3 EV)*

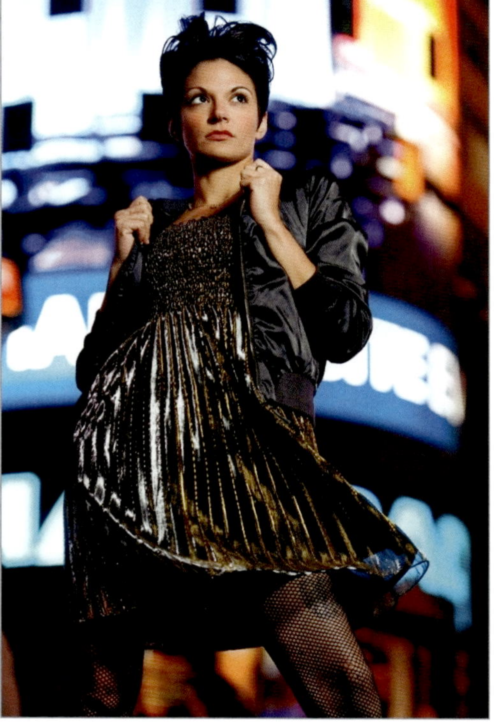

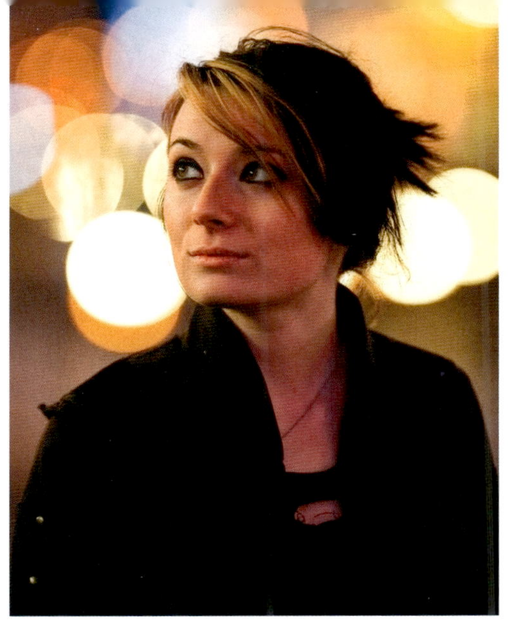

Abbildung 6.6: *(1/200 Sekunde bei f/2, ISO 800, nur Umgebungslicht)*

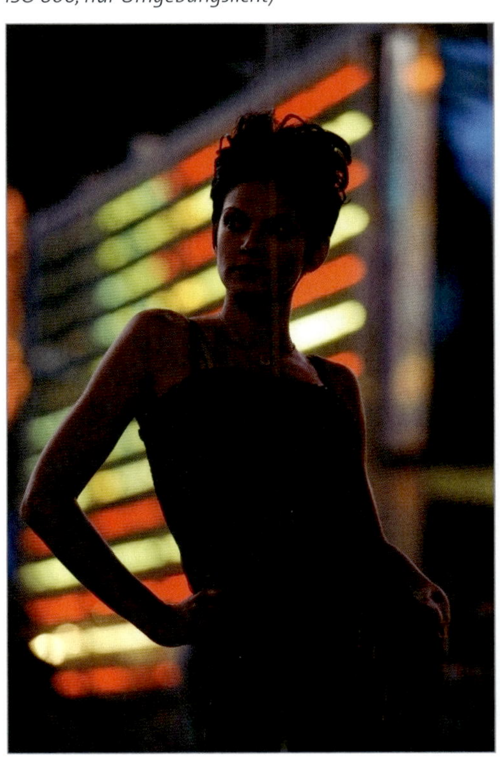

Abbildung 6.7: *(1/160 Sekunde bei f/3.2, ISO 800, nur Umgebungslicht)*

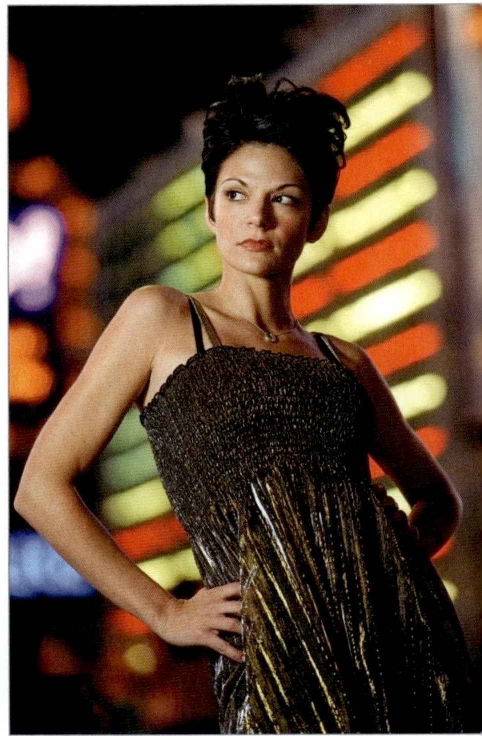

Abbildung 6.8: *(1/160 Sekunde bei f/3.2 und ISO 800, TTL-Blitz bei –0,3 EV)*

Als Nächstes kam der Blitz dazu. Ich brauchte eine Blitzbelichtung von f/3.2 bei ISO 800. Hierbei hatte ich zwei Möglichkeiten:

1. Ich hätte – statt einfach nur zu raten und dann auf Basis des Kameradisplays zu schätzen – die Blitzbelichtung meines manuellen Blitzes mit einem Handbelichtungsmesser ermitteln können.
2. Ich hätte den TTL-Blitz verwenden können. TTL hätte mich nah an die korrekte Belichtung herangeführt und dann hätte ich die Belichtung in kleinen Schritten anheben oder absenken können – je nachdem, was ich im Display gesehen hätte. Damit wäre ich ein bisschen mehr aufs Geratewohl vorgegangen als beim ersten Ansatz mit manuellem Blitz und Blitzbelichtungsmesser. Es hätte aber funktioniert und man kommt so relativ schnell zur korrekten Belichtung. Außerdem ist man hierbei unter Umständen etwas flexibler als beim Fotografieren mit manuellem Blitz, wenn man etwa Position oder Winkel ändern möchte.

Hier stand mir also ein breites Spektrum an Möglichkeiten zur Verfügung. (Zur Erinnerung: Wenn man den Abstand zwischen Lichtquelle und Modell ändert, ändert sich beim manuellen Blitzen auch die Belichtung.) Da das Modell vor einem beleuchteten Hintergrund im Schatten stand, gab es eine ganze Reihe von Einstellungen, die funktioniert hätten. Auch Bilder, bei denen der Hintergrund vielleicht eine Stufe heller oder dunkler gewesen wäre, hätten ansprechend ausgesehen.

Ein ähnlicher Ansatz hätte auch für so etwas wie das in Abbildung 6.9 Gezeigte funktioniert. Hier sollte der Abendhimmel ebenso zu erkennen sein wie ein Minimum an Details bei den Gebäuden und Bäumen im Hintergrund.

Bei Außenaufnahmen verwenden Sie zunächst einmal die Umgebungsbelichtung als Basisbelichtung. Ob Sie den Hintergrund unterbelichten oder ihn heller erscheinen lassen, ist Ihnen überlassen. Trotzdem bleibt dies Ihr Ausgangspunkt, wenn es darum geht, ein ausgewogenes Verhältnis zwischen Blitz- und Umgebungslicht zu schaffen.

Abbildung 6.9: *Links neben der Kamera stand eine mittelgroße Softbox. Ich habe hier einen Qflash T5D-R eingesetzt, aber ein Speedlight in der Softbox hätte in diesem Fall genauso gut funktioniert. (1/250 Sekunde bei f/3.5 und ISO 500, TTL-Blitz)*

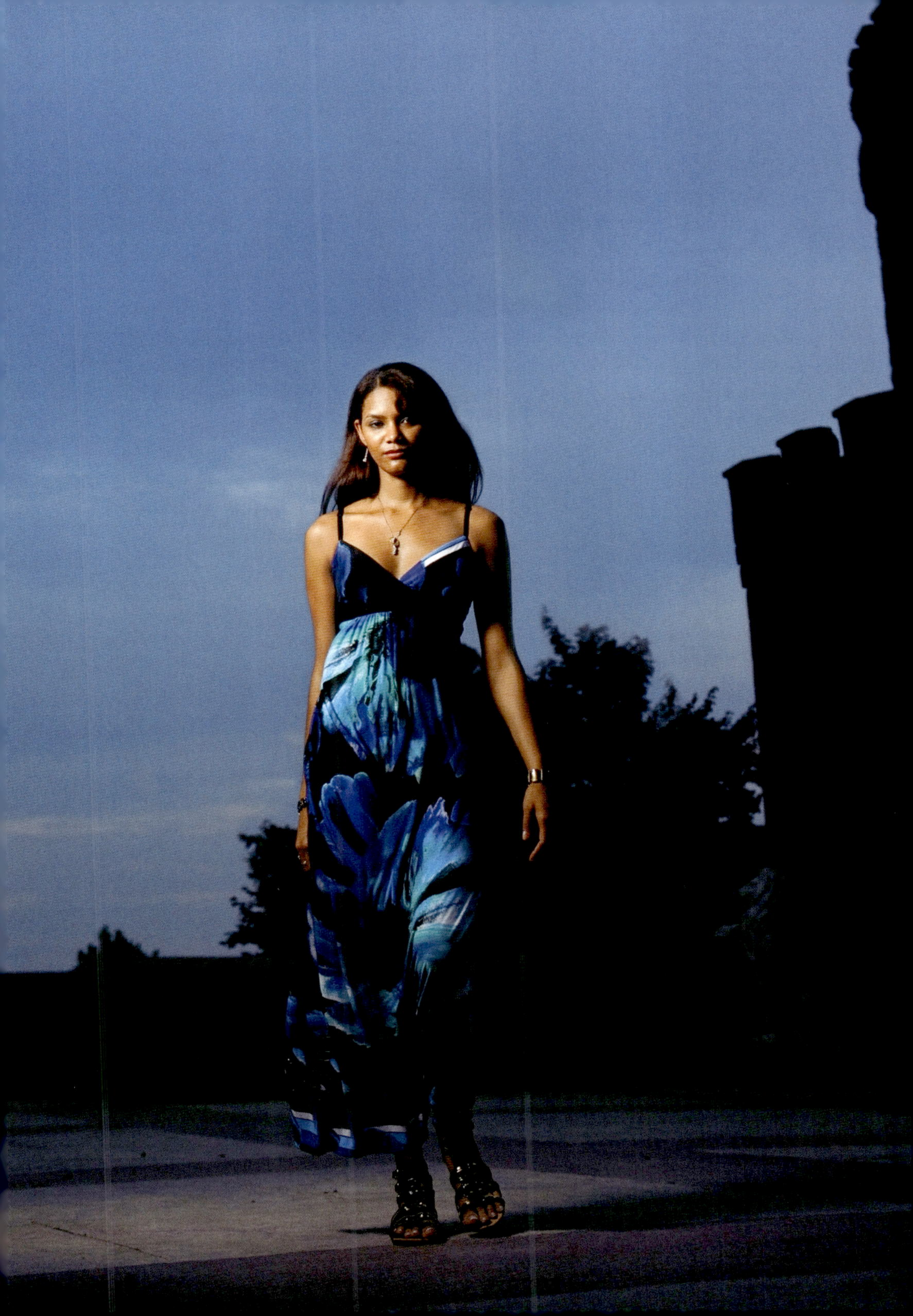

Im Hinblick auf Abbildung 6.9 bedeutet dies, dass Sie beim Einstellen Ihrer grundlegenden Kameraparameter den Hintergrund berücksichtigen müssen. Als Nächstes müssen Sie dann die Belichtung für den Hintergrund einstellen und nachfolgend mit dem Blitz (wahlweise im manuellen oder im TTL-Modus) passend für Ihr Modell belichten. Da ich mich für die Belichtung mit TTL-Blitz entschieden hatte, folgte die Blitzbelichtung meinen Einstellungen für Blende und ISO-Wert. Hätte ich den manuellen Blitz verwendet, dann hätte ich die Blitzenergie mithilfe eines Belichtungsmessers so festlegen müssen, dass sie den Blenden- und ISO-Einstellungen für den Abstand entspricht, in dem ich meinen Blitz aufgestellt hatte.

Auch hier ist der springende Punkt, dass sich mit unterschiedlichsten Einstellungen eine gute Belichtung für den Hintergrund hätte erzielen lassen. Zwar hätten die Bilder sich voneinander unterschieden, aber jedes einzelne hätte funktioniert. Das verschafft Ihnen unendlich viel Freiheit!

Grundeinstellungen finden

»Was hatten Sie denn da eingestellt?« Diese Frage wird mir häufig zu den unterschiedlichsten Bildern gestellt. Ziemlich oft lautet dann die überraschende Antwort: Die Einstellungswerte sind überhaupt nicht wichtig.

Das heißt, manchmal sind sie es schon, aber meistens ist es die verwendete *Methode* zum Erreichen der korrekten Belichtung für Umgebungs- und Blitzlicht, die die entscheidende Rolle spielt. Das »Wie?« ist weitaus wesentlicher als eine Auflistung scheinbar zufällig gewählter Werte.

Für das Bild in Abbildung 6.10 habe ich manuell geblitzt: zwei Blitze, jeweils in einer Softbox. Diese standen sehr nah zusammen, allerdings wurde jeweils ein Blitz auf jedes der Modelle gerichtet. Weil ich den manuellen Blitz verwendete, gab es die üblichen vier Faktoren zur Kontrolle der Blitzbelichtung: ISO-Wert, Blendeneinstellung, Blitzenergie (hier fest auf 1/2 festgelegt, um die Blitzfolgezeit nicht zu lang werden zu lassen) und der Abstand zum Modell. Da der Blitz sich in einer auf einem Einbeinstativ montierten Softbox befand (vielen Dank an meine Assistentin), konnte ich die Stärke des Blitzlichts kontrollieren, indem ich den Abstand zu unseren Modellen variierte. Im konkreten Fall war dies die einfachste Möglichkeit, das vom Blitz gespendete Licht unabhängig vom Umgebungslicht zu beeinflussen.

Am Anfang jedoch stand einmal mehr die Umgebungsbelichtung. Der Himmel war noch ziemlich hell, weswegen mir ISO 100 am sinnvollsten erschien. Hätte ich mehr Schärfentiefe benötigt, dann hätte ich auch einen höheren ISO-Wert wählen können. Da sich der ISO-Wert sowohl auf die Umgebungs- als auch auf die Blitzbelichtung auswirkt, wäre jeder sinnvolle ISO-Wert akzeptabel gewesen – wichtig war nur, dass die Blende sich immer noch auf einen vernünftigen Wert einstellen ließ.

Wie wir in einem früheren Kapitel bereits festgestellt haben, ist der Wirkungsgrad unseres Blitzes am höchsten, wenn wir bei Synchronisationszeit fotografieren. Bei vielen Kameras ist dies 1/250 Sekunde, weswegen auch ich mich für diese Einstellung entschied. Bitte prüfen Sie, ob dies auch bei Ihrer Kamera der Fall ist. (*Hinweis:* Die Verschlusszeit ist unser unabhängiger Kontrollparameter für das Umgebungslicht, denn sie hat keine direkte Auswirkung auf die Blitzbelichtung. Wenn es draußen sehr hell ist, ist die Verwendung der Synchronisationszeit meistens der Schlüssel, um ein ausgewogenes Verhältnis zwischen Blitz- und Tageslicht zu erzielen.)

Nun wählte ich eine geeignete Blende aus, um eine zum Himmel passsende Belichtung zu bekommen. Hier erhielt ich durch geringfügiges Unterbelichten einen dramatischen Himmel. Jetzt hatte ich die passende Umgebungsbelichtung gefunden!

Zuletzt wurde der Abstand zwischen Softbox und Modell so justiert, dass die Blitzbelichtung wie gewünscht wirkte.

Im Grunde genommen lässt sich aus dieser Vorgehensweise ganz einfach eine Faustregel bilden. Draußen ist es sehr hell? Dann stellen Sie die Blitzsynchronisationszeit ein. Alternativ legen Sie einen ISO-Wert von 100 fest (bei manchen Spiegelreflexkameras auch ISO 200). Nun suchen Sie über die Blendeneinstellung die korrekte Umgebungsbelichtung, die zu diesen anderen beiden Einstellungen passt. Abschließend gelangen Sie durch passende Festlegung von Blitzenergie und Abstand zur richtigen Blitzbelichtung. Mit dieser Methode wird es Ihnen in vielen Situationen gelingen, Ordnung in die auf den ersten Blick verwirrende Anhäufung von Zahlen und Einstellungen zu bringen, mit denen Sie es zu tun haben.

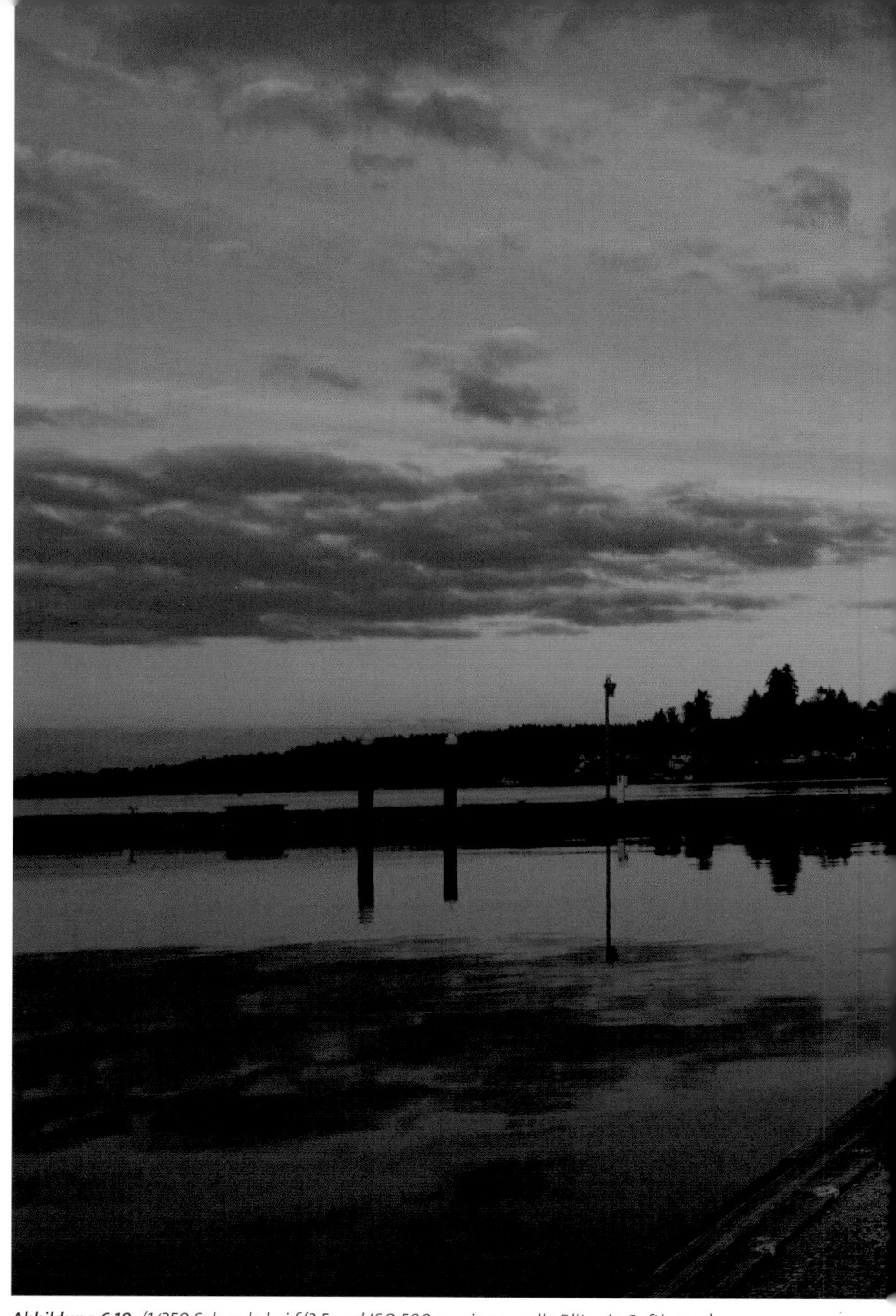

Abbildung 6.10: *(1/250 Sekunde bei f/3.5 und ISO 500, zwei manuelle Blitze in Softboxen)*

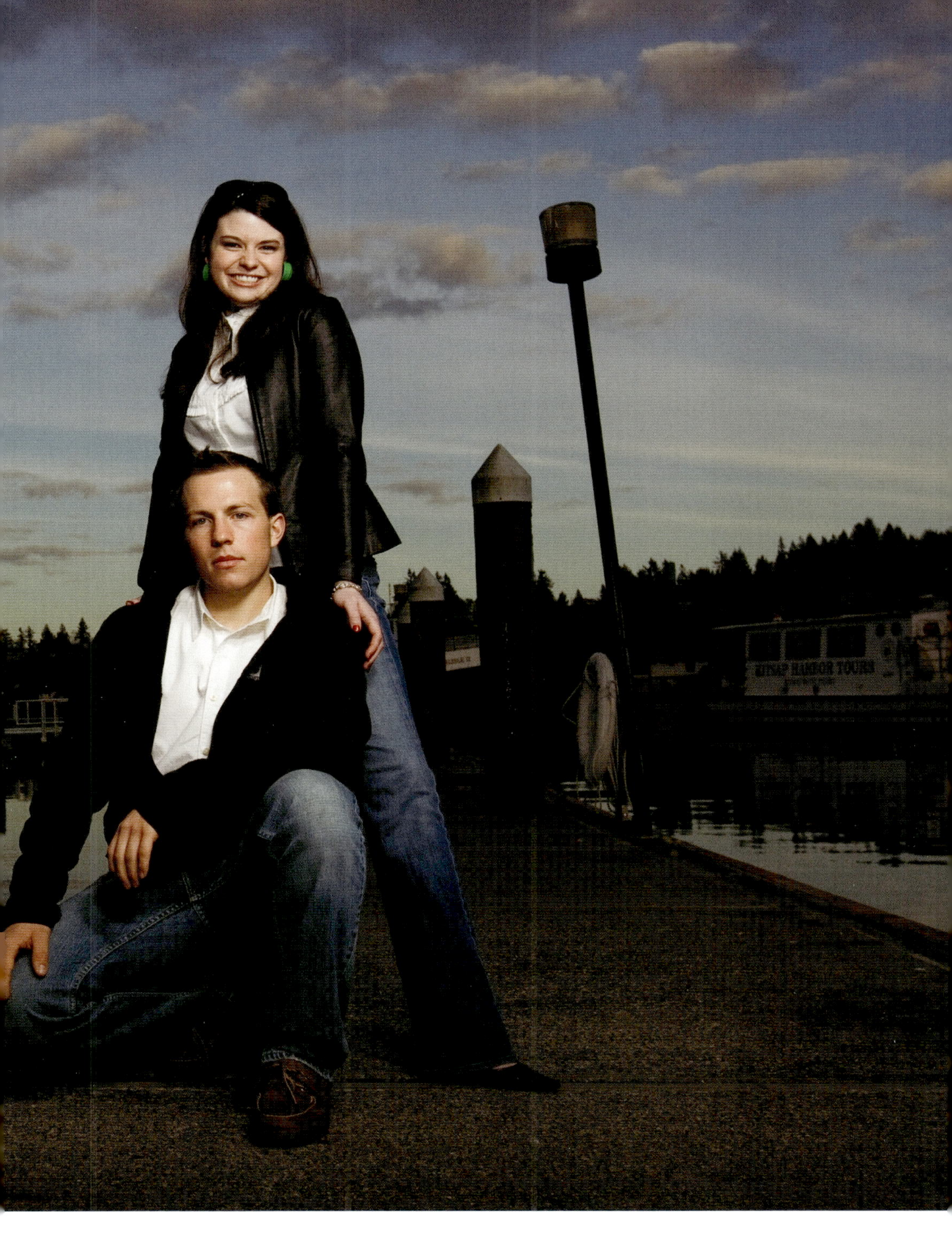

Konzepte vertiefen

Zur Vertiefung vieler Konzepte, die wir bislang besprochen haben, möchte ich mir mit Ihnen noch ein bestimmtes Bild ansehen und analysieren, welche Möglichkeiten sich uns bieten – in der Hoffnung, dass das alles Sinn ergibt. Wir verwenden als Beispiel ein einfaches Porträt (Abbildung 6.11), damit alle Aspekte, die wir berücksichtigen und in Einklang bringen müssen, leicht nachzuvollziehen sind.

Ansprechender Hintergrund. Am Anfang einer Aufnahme steht bei mir oft die Suche nach einem interessanten, komplementären oder auch neutralen Hintergrund, vor dem ich mein Modell so platzieren kann, dass das Ergebnis ansprechend wirkt. Wie weiß ich jetzt, ob es wirklich gut aussieht? Nun, das ist natürlich eine Frage der Interpretation – auch deswegen ist jeder Fotograf einzigartig. Eine gute Strategie besteht darin, alles zu beseitigen, was störend wirkt oder nicht zum Gesamtmotiv beiträgt. Achten Sie in Ihrem Sucher auf die Randbereiche. Was nicht auf der Aufnahme landet, ist ebenso wichtig wie das, was am Ende zu sehen sein wird. Meistens ist es am besten, die Komposition einfacher zu gestalten, indem Sie unnötige Elemente beseitigen.

Gleichmäßige Lichtsetzung. Wenn ich unter freiem Himmel mit einem Modell oder einem Paar arbeite, dann setze ich sie immer in ein gleichmäßiges Licht. Meine Aufgabe ist umso einfacher, je weniger harte Schatten zu sehen sind und je weniger Lichtsprenkel auf die Gesichter fallen. Wenn Sie zu den wagemutigen Menschen gehören und eine ganz bestimmte Vision verfolgen (und deswegen starke Lichtkontraste nicht nur brauchen, sondern auch mit diesen umgehen können), dann tun Sie sich keinen Zwang an. Einfacher ist es jedoch, wenn wir das Licht, das auf unser Modell fällt, kontrollieren können. Und je einfacher die Möglichkeiten sind, die uns zur Verfügung stehen, desto leichter wird es, eine geeignete Balance zwischen Blitz- und Umgebungslicht zu finden.

Belichtungsmessung. Wenn unser Modell im Schatten steht, fangen wir bei der Belichtung mit dem Hintergrund an. Oft können wir Handbelichtungsmesser einsetzen, aber bei einem derart heterogenen Hin-

Abbildung 6.11 (gegenüberliegende Seite): *Ein einfaches Porträt zur Analyse von Blitz- und Umgebungslicht.*

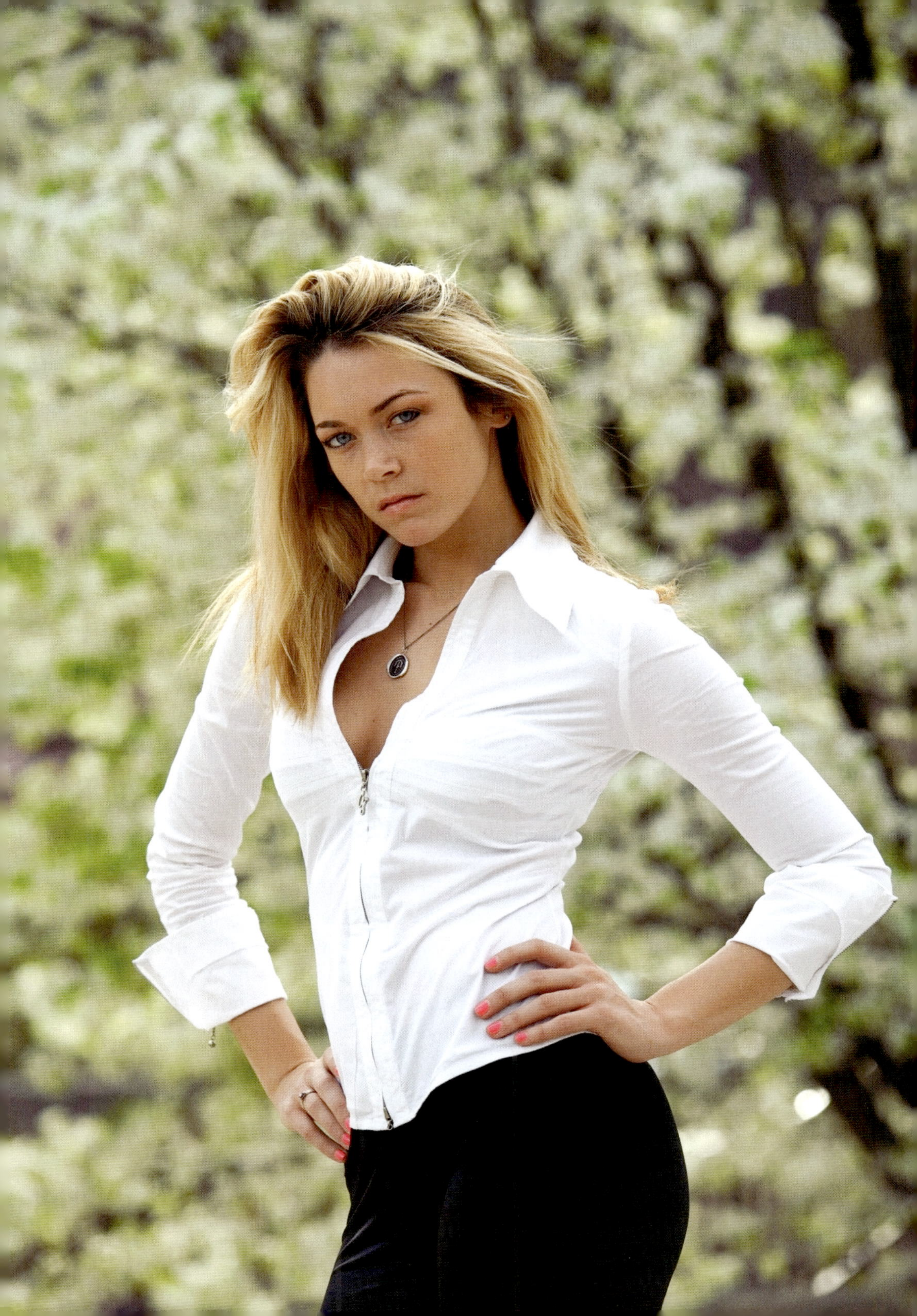

tergrund wie dem in Abbildung 6.11 gezeigten mit dem sonnendurchfluteten Blattwerk wäre das unmöglich. Wesentlich einfacher ist es hier, sich die Messfunktionen der Kamera zunutze zu machen. Jetzt müssen Sie noch entscheiden, wie Ihr Hintergrund dargestellt werden soll. Wollen Sie ihn geringfügig überbelichten? Wie wäre es mit einer frischen sommerlichen Anmutung? Wünschen Sie eine helle und farbenfrohe Wirkung? Oder wollen Sie am Ende doch so stark überbelichten, dass die Details verloren gehen (was sich bei einem ablenkenden Hintergrund durchaus anbieten könnte)? Sie könnten den Hintergrund natürlich auch unterbelichten. Ihre Entscheidung. Ehrlich.

Bei Abbildung 6.11 warf ich zunächst einen Blick durch den Sucher und ließ mir von der Messfunktion dabei eine Überbelichtung um +0,7 anzeigen. Alternativ hätte ich die Belichtung auch bei 0 belassen oder den Hintergrund noch heller machen können. Oder ihn unterbelichten. In diesem Fall wollte ich jedoch einen Hintergrund, der etwas heller sein sollte als beim Nullwert. Hierbei hätten viele Einstellungen funktioniert. Die Grenze ist erst erreicht, wenn Sie Gefahr laufen, Einstellungen zu wählen, die unweigerlich zu einer Überbelichtung Ihres Modells führen würden (aber das ist ja klar, oder?).

Im vorliegenden Fall brauchte ich am Ende nur noch einen ganz leichten Füllblitz für mein Modell – einen sanften Lichthauch, um die zu erahnenden Schatten aus dem Gesicht zu vertreiben. Am Ende landete ich bei einem manuellen Blitz mit einer Verschlusszeit von 1/250 Sekunde, f/4 und ISO 100. Mein Blitz saß in einer Softbox und wurde über einen PocketWizard-Funkempfänger ausgelöst.

Blitzsynchronisationszeit. Warum ich mich für die Blitzsynchronisationszeit entschied, sollte inzwischen klar geworden sein: So konnte ich bei meinem Blitz den maximalen Wirkungsgrad erzielen, ohne in den HSS-Modus zu wechseln. (Außerdem verwendete ich meine PocketWizard Plus II. Diese älteren Geräte erlauben weder eine TTL-Ansteuerung per Funk noch HSS – ich hätte also gar keine kürzere Verschlusszeit wählen können.)

Füllblitz am helllichten Tag

Diese Session mit Denise und Phil (Abbildung 6.12) ist ein gutes Beispiel dafür, was man mit Modellen bei hellem Umgebungslicht alles anfangen kann. Hier habe ich den Blitz wirklich gebraucht, um einige Details im Schatten herauszuarbeiten. In solchen Situationen messe ich die Belichtung auf das Modell – der Hintergrund ist hier nicht so wichtig.

Mit der integrierten Messfunktion meiner Kamera ermittelte ich zunächst die Grundbelichtung für das Umgebungslicht. Diese Belichtung unterzog ich einer genauen Prüfung, um festzustellen, wie genau das weiße Kleid von Denise sich in meinem Histogramm ausmachen würde (und auch um festzustellen, ob die Kamera problematische Lichter erkannt hatte). Ich hätte auch die Sunny-16-Regel als Ausgangspunkt verwenden können (wobei ich darauf hätte achten müssen, dass der Sonnenstand bereits niedrig war) und dann zur Überprüfung das LCD der Kamera zurate ziehen müssen.

Abbildung 6.12: *(1/250 Sekunde bei f/10 und ISO 200, manueller Blitz in einer Softbox neben der Kamera)*

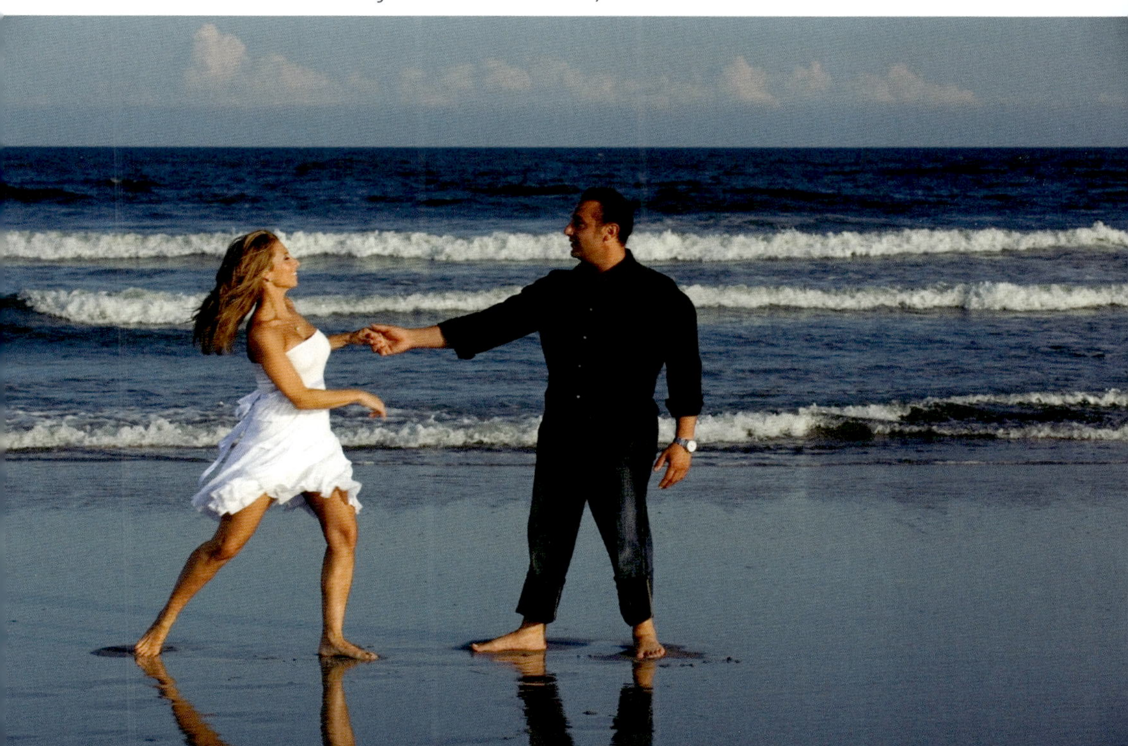

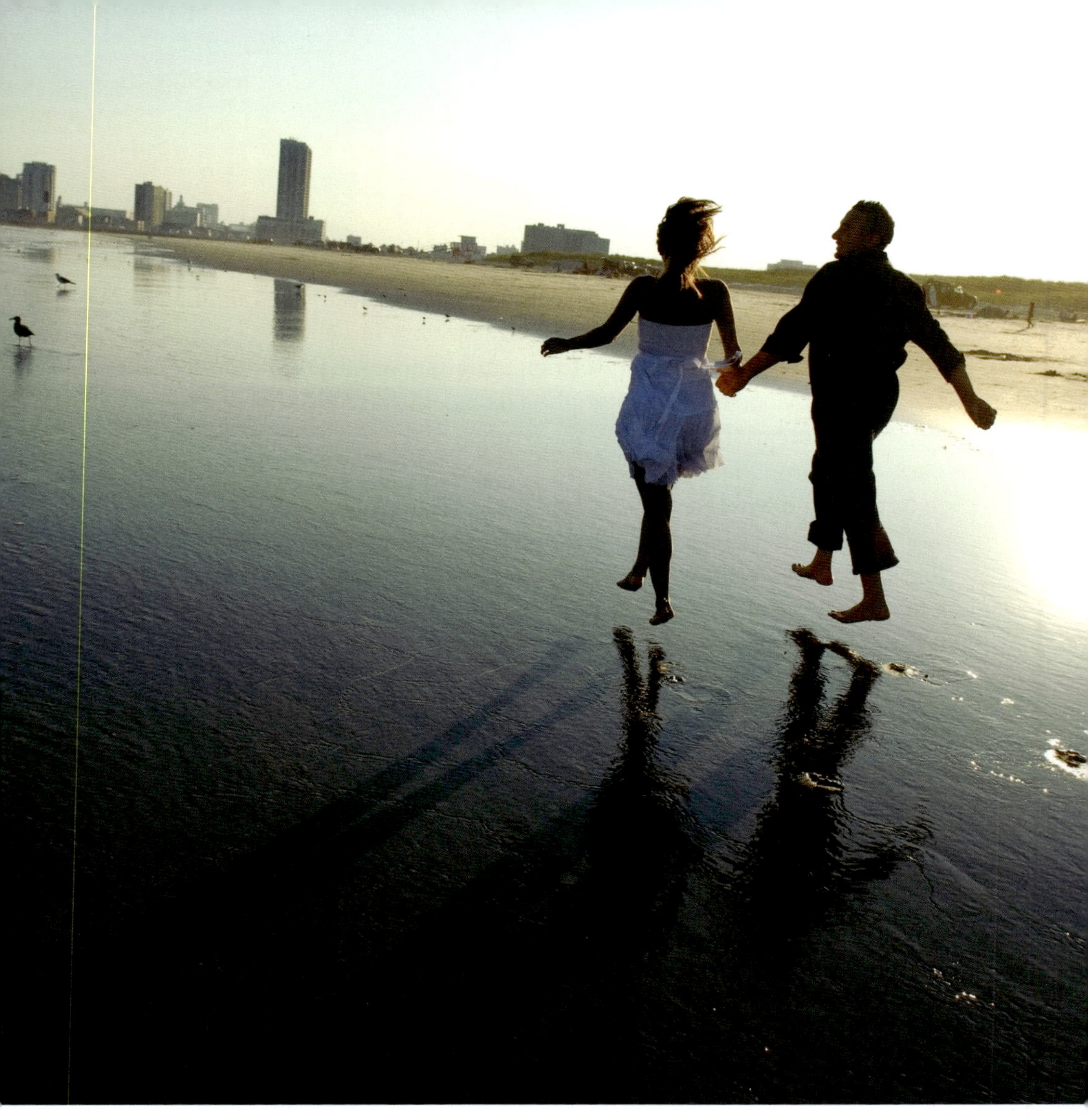

***Abbildung 6.13:** Dieses Foto wurde mit 1/1000 Sekunde bei f/6.3 und ISO 200 aufgenommen. Wenn wir mit diesen Werten ein bisschen jonglieren, werden wir feststellen, dass sie ziemlich nah an jenen sind, die wir mit der Sunny-16-Regel ermitteln würden – bei hellem Licht sicher ein guter Ausgangspunkt. Hier wurde kein Blitz eingesetzt.*

Wären meine Modelle bereits gut ausgeleuchtet und die Belichtung entsprechend eingestellt worden, dann hätte die gleiche Lichtstärke vom Blitz (d. h. die »nominell« korrekte Belichtung bei schwachem Umgebungslicht) zur Folge gehabt, dass *doppelt so viel* Licht wie für eine passende Belichtung erforderlich vorhanden gewesen wäre. Deswegen habe ich hier nur einen Füllblitz hinzugefügt und diesen auf eine Stufe (oder auch mehrere) niedriger als das Umgebungslicht eingestellt. Hier kam als Blitz ein Qflash in einer Softbox zum Einsatz, die links neben der Kamera stand. Eine Überbelichtung trat nicht auf, weil die Blitzbelichtung niedriger war als die Umgebungsbelichtung.

Das Foto in Abbildung 6.13 (ebenfalls mit Denise und Phil) wurde dagegen nur mit Umgebungslicht gemacht. Hier habe ich zwar keine gezielte Belichtung auf meine Modelle vorgenommen, aber darauf geachtet, dass sie sich durch ihre Aufstellung vom Hintergrund abheben. Die Belichtung war für die Gesamtszene ausgelegt, nicht für einen bestimmten Farbton. Ich wollte vermeiden, dass die in meinen Sucher fallende Sonne zu einer Änderung der Belichtung führt. Deswegen blieb ich beim manuellen Belichtungsmodus und bewertete die Ergebnisse im Kameradisplay.

Glühlampenlicht mit Gels

Bei Innenaufnahmen ist das Umgebungslicht meistens künstlicher Natur. Um hierzu ein ausgewogenes Verhältnis zu finden, versehe ich meinen Blitz meistens mit einem Farbfilter. Bei Glühlampenlicht verwende ich einen CTS-Voll- oder einen 1/2-CTS-Filter, um die Farbtemperatur meines Blitzes (etwa 5400 K) an das wärmere Umgebungslicht (ca. 2900 K) anzupassen. Sie können auch CTO-Filter verwenden, die als Set erhältlich sind.

Befindet sich das Modell im Schatten vor einem strahlend hellen und gut ausgeleuchteten Hintergrund, dann können Sie das Blitzlicht mit einem 1/2-CTS-Filter der Farbtemperatur von Glühlampen annähern und gleichzeitig die Wärme des Umgebungslichts zumindest in Teilen beibehalten. Und wenn Ihr Modell sowohl von Glühlampen als auch mit einem Blitz beleuchtet wird, dann ist ein CTS-Vollfilter unentbehrlich, um unstimmige Farbstiche zu verhindern.

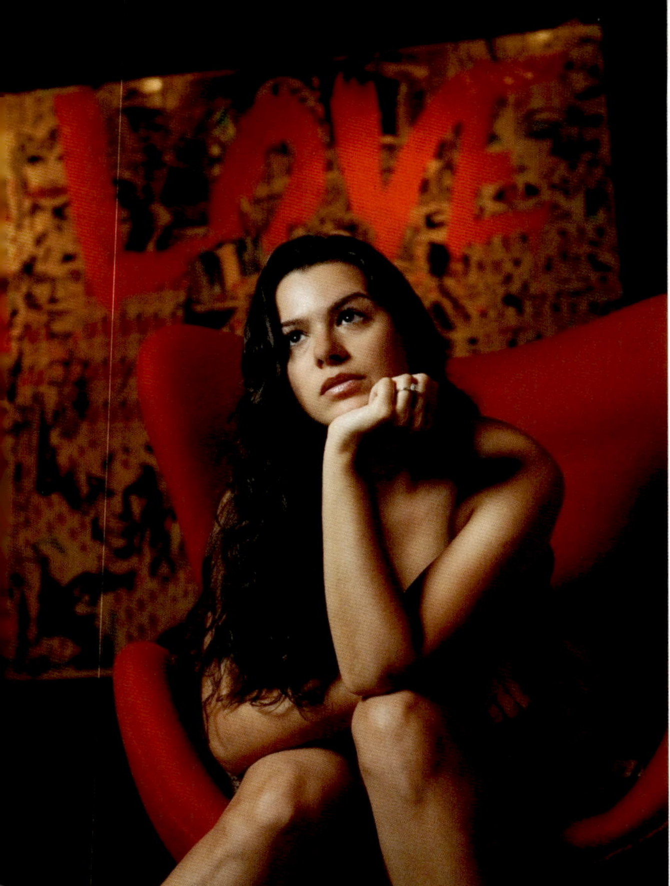

***Abbildung 6.14 (links):** Aufnahme mit Blitz ohne Filter. Beachten Sie den orangefarbenen Farbstich im Hintergrund. (1/250 Sekunde bei f/5.6 und ISO 200, manueller Blitz, ausgelöst mit PocketWizards)*

***Abbildung 6.15 (gegenüberliegende Seite):** Bei dieser Aufnahme wurde der Blitz mit einem Filter versehen. (1/250 Sekunde bei f/5.6 und ISO 200, manueller Blitz, ausgelöst mit PocketWizard)*

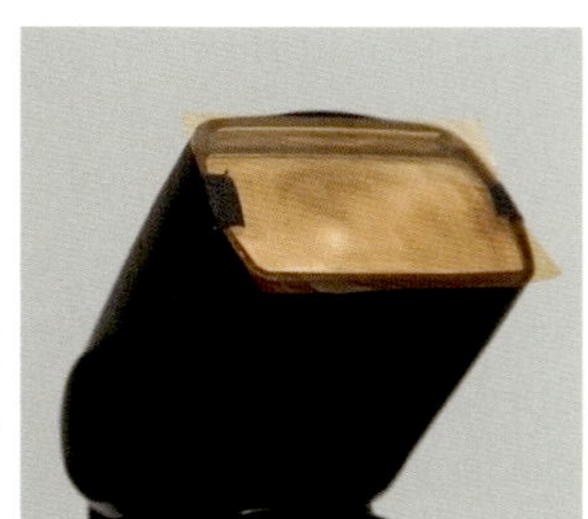

***Abbildung 6.16:** Blitzkopf mit angeklebtem 1/2-CTS-Filter.*

Für mein Porträt von Oktavia (Abbildungen 6.14 und 6.15) wünschte ich mir einen neutralen Hintergrund ohne den auffälligen orangefarbenen Farbstich, den das Kunstlicht erzeugt. Das Bild in Abbildung 6.14 machte ich mit einem Blitz ohne Filter. Der Farbstich im Hintergrund ist auffällig. Abbildung 6.15 wurde dagegen mit einem CTS-Vollfilter vor dem Blitzkopf aufgenommen, wodurch sich die Farbtemperatur von 5400 auf 2900 K verringerte. Zusätzlich setzte ich den Weißabgleich meiner Kamera auf Glühlampenlicht (»Tungsten«). Der Blitz befand sich in einer Softbox, die neben der Kamera auf einem Stativ stand.

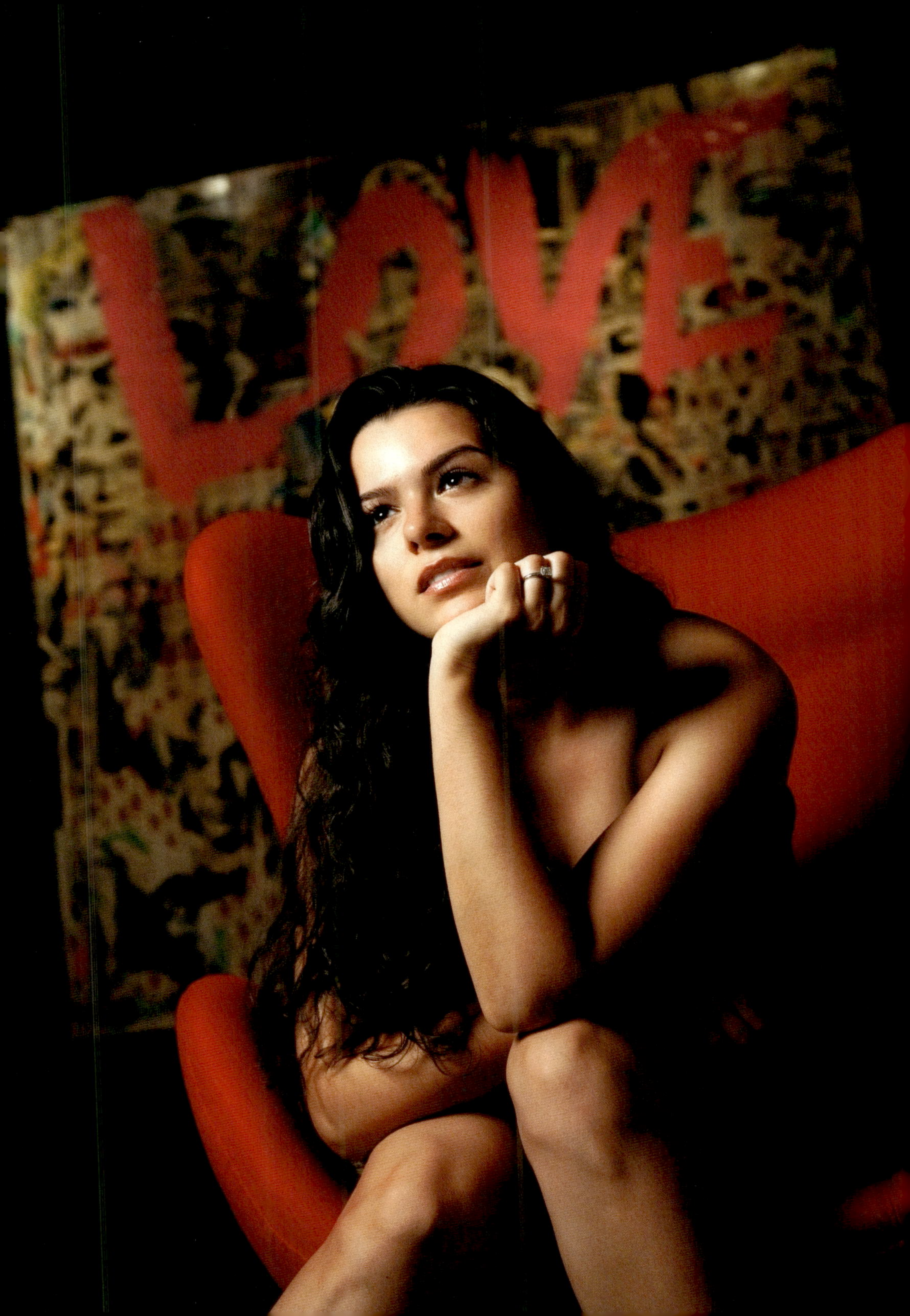
LOVE

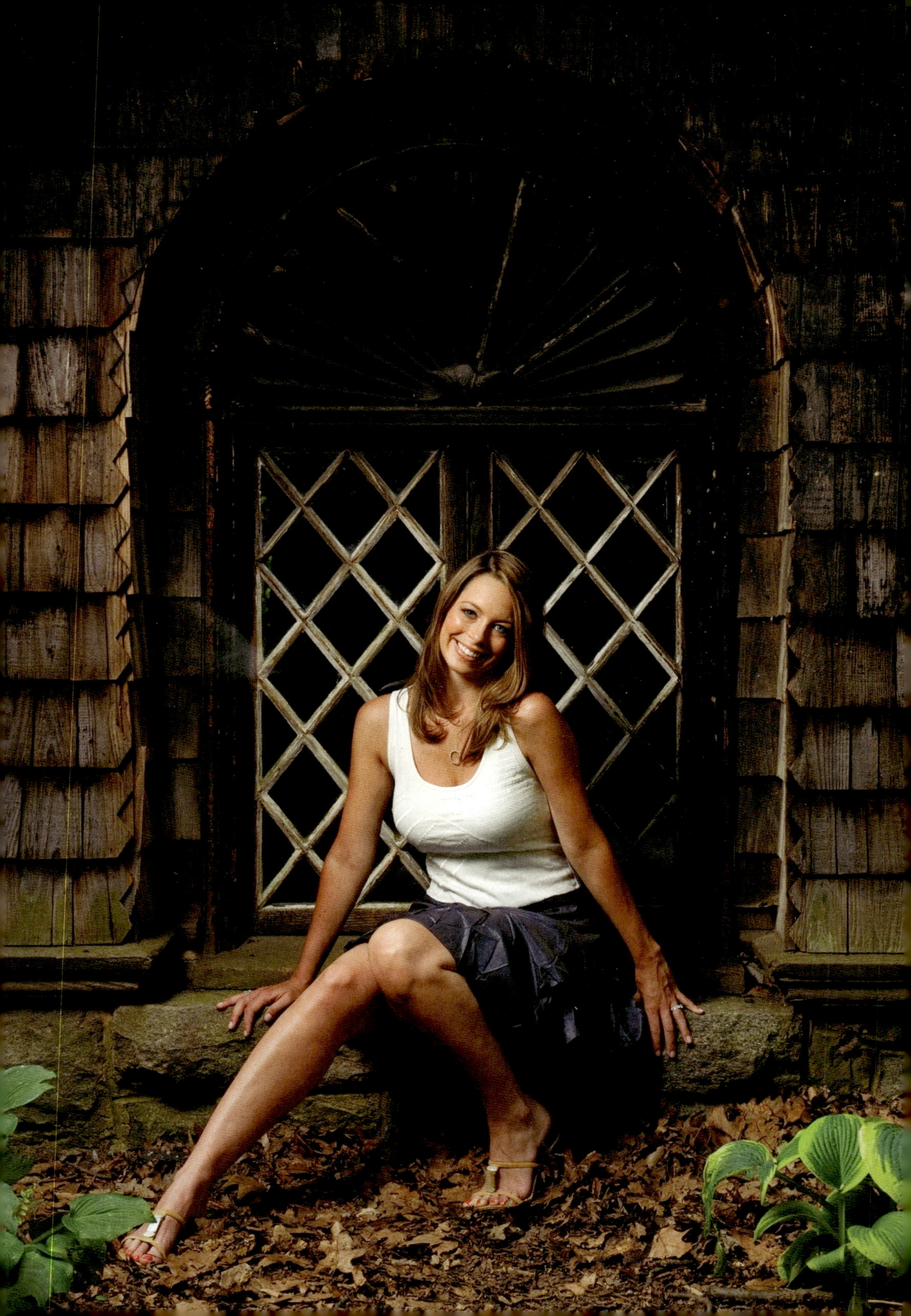

7 Blitz positionieren

So stellen Sie eine Softbox auf

Eine Softbox wird normalerweise in einem Winkel von 45° oder 60° links oder rechts neben der Kamera aufgestellt. Die Lichtquelle steht dabei in der Regel etwa 30° über dem Kopf des Modells. So fällt genügend Licht in die Augen und der Lichtwinkel wirkt optisch vertraut (denn das natürliche Sonnenlicht kommt ja von schräg oben). Im Wesentlichen sollten Sie vor allem darauf achten, dass der aus der Softbox austretende Lichtkegel auf Kopf und Schultern des Modells trifft.

Zum Glück ist eine Softbox eine dankbare Lichtquelle. Was Höhe und Winkel angeht, haben Sie eine Menge Spielraum. Eigentlich ist es sogar so, dass eine Lichtquelle bei der Aufstellung umso unkomplizierter ist, je größer sie ist. Im Vergleich dazu müssen Sie, wenn Sie etwa einen entfesselten Blitz ohne Diffusor verwenden, bei der Platzierung wesentlich sorgfältiger vorgehen.

Abbildung 7.1: *Als Licht kam hier ein Blitz in einer auf einem Einbeinstativ montierten Softbox zum Einsatz. (1/250 Sekunde bei f/8 und ISO 200, TTL-Blitz bei –0,3 EV)*

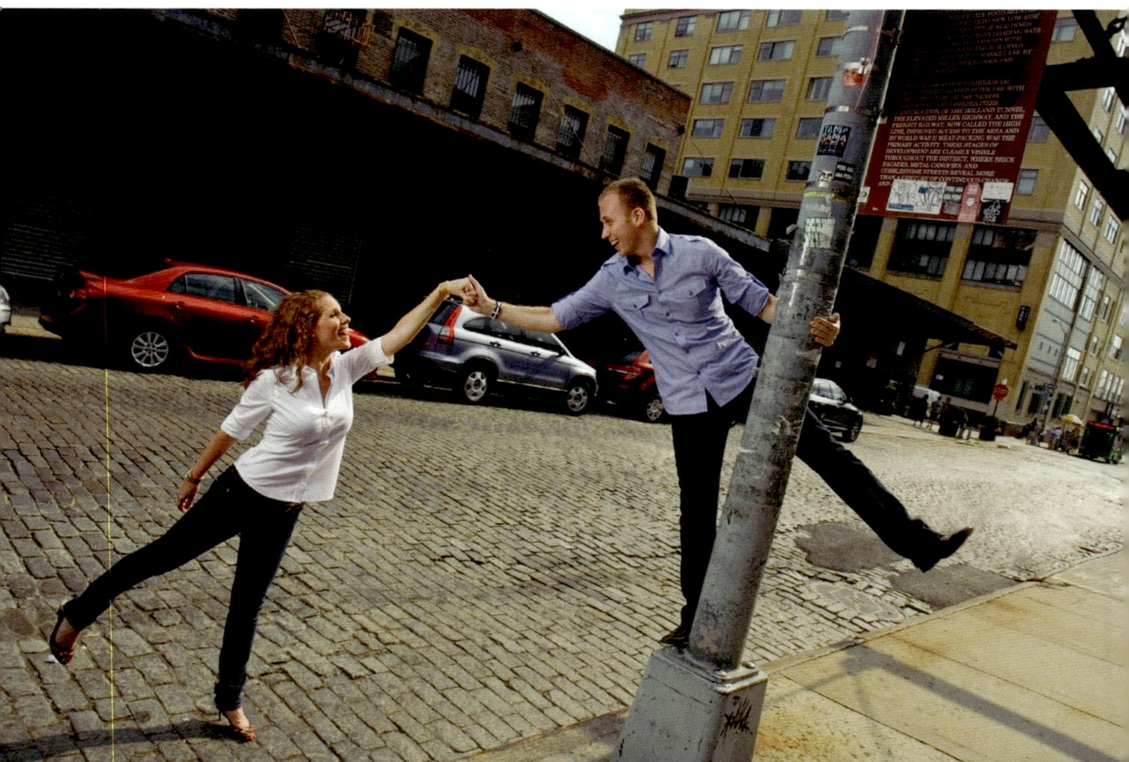

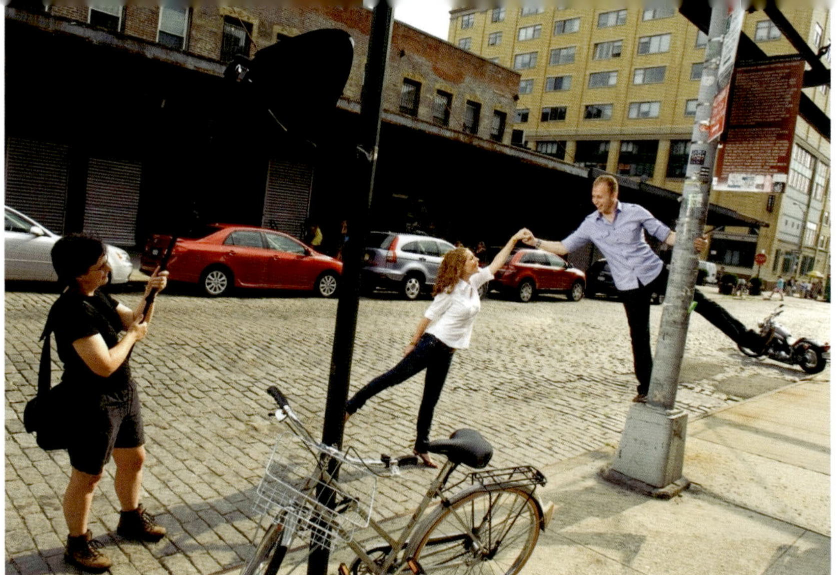

Abbildung 7.2: *Die Making-of-Aufnahme zeigt den Aufbau für Abbildung 7.1.*

Betrachten wir ein Beispiel. Bei einer Fotosession mit Christina und David (Abbildung 7.1) musste ich das Licht an das helle Sonnenlicht anpassen. Um also das Maximum aus meinem Blitz herauszuholen, stellte ich die Belichtungszeit auf die Synchronisationszeit. Das Tageslicht war aber so hell, dass es meinen Blitz in der Softbox an den Rand seiner Möglichkeiten brachte. Ich verwendete einen funkgesteuerten TTL-Blitz. Dabei befand sich der Master-Blitz auf meiner Kamera und war auf den in der Softbox montierten Slave gerichtet. In Abbildung 7.2 ist die Anordnung der Softbox, die von einer Assistentin auf einem Einbeinstativ gehalten wird, gut zu erkennen. Bei der Aufnahme des endgültigen Bilds stand ich rechts neben dem Fahrrad. (*Hinweis:* Ich habe das Bild danach noch ein wenig bearbeitet, um störende Hintergrundelemente wie das Motorrad zu entfernen.)

Wenn ich eine einzelne externe Lichtquelle (wie den in den Abbildungen 7.3 bis 7.5 verwendeten Blitz mit Softbox) mit dem Umgebungslicht kombiniere, dann muss ich auch das Modell (hier: Camille) so aufstellen, dass es in einem sinnvollen Winkel vom Blitzlicht getroffen wird. Grundsätzlich achte ich immer darauf, dass das Blitzlicht die Gesichtszüge zeigt, die eigentlich im Schatten liegen, und vermeide, dass die Augenhöhlen dunkel sind.

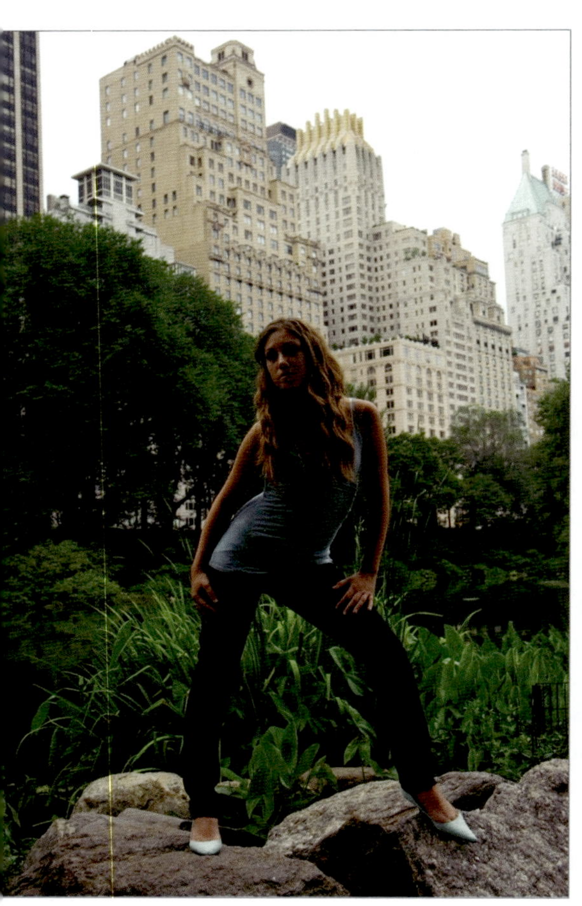

***Abbildung 7.3:** Dieses Bild – aufgenommen nur mit Umgebungslicht – zeigt die Ausrichtung des vorhandenen Lichts (von der Kamera links kommend).*

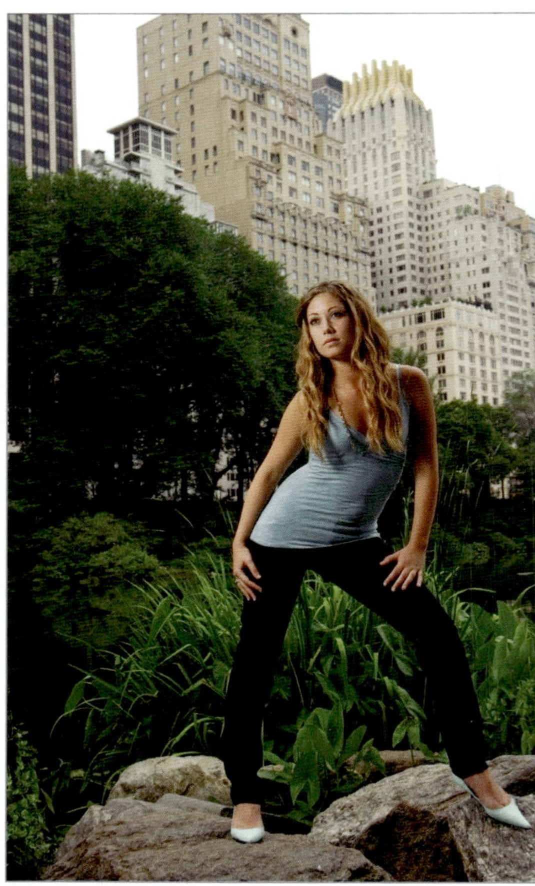

***Abbildung 7.4:** Links neben der Kamera wurde eine Softbox platziert. Das Blitzlicht mischte sich mit dem natürlichen Licht und beseitigte die Schatten.*

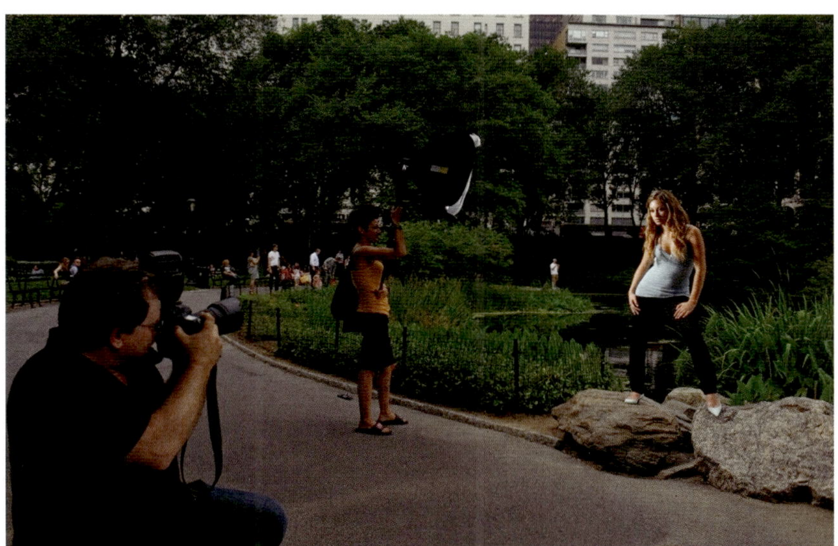

Abbildung 7.5: *Der Aufbau für das endgültige Bild.*

Licht feathern

Im obigen Beispiel habe ich meine Lichtquelle so platziert, dass der Sweetspot der Softbox auf dem Gesicht des Modells lag. Manchmal jedoch müssen wir die Softbox noch genauer positionieren, um ihr Licht besser kontrollieren zu können. Die nächsten Bilder (Abbildungen 7.6 bis 7.9 und Abbildungen 7.10 bis 7.13) zeigen Situationen, in denen ich das Licht der Softbox »gefeathert« habe.

Bei der in Abbildung 7.6 bis 7.9 gezeigten Session ging es darum, die Blendwirkung auf dem Metalltor im Hintergrund zu vermeiden. Hätte ich die Softbox wie üblich aufgestellt, wäre ihr Licht direkt in die Kamera reflektiert worden (Abbildungen 7.6 und 7.7).

Durch Abwinkeln der Softbox (Abbildungen 7.8 und 7.9) erreichte ich, dass der Großteil des Lichts, der auf das Modell traf, vom Rand des von der Softbox erzeugten Lichtkegels stammte - das nennt man »feathern«. Nur so konnte ich sicherstellen, dass das Licht nicht so auf das Tor traf, dass es in die Kamera reflektiert wurde. (*Hinweis:* Dass wir nun den Schatten sehen, den die Softbox wirft, ist das kleinere Problem.)

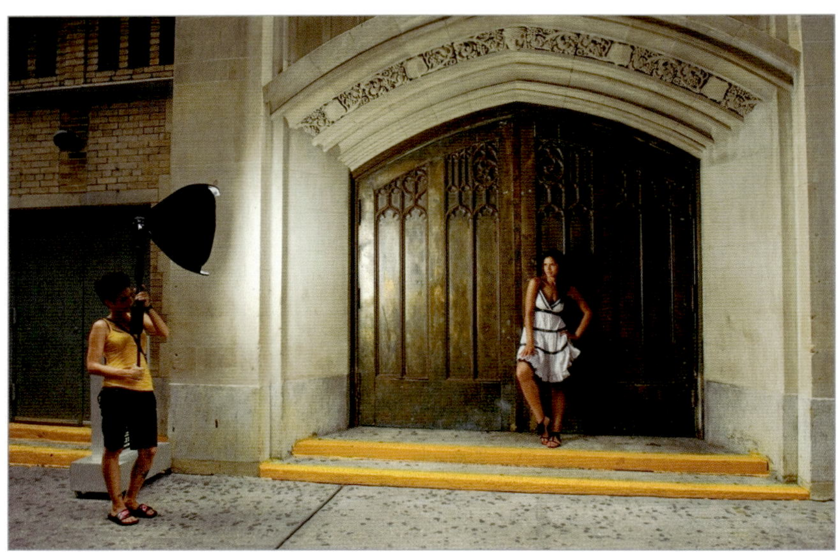

Abbildungen 7.6 und 7.7: *Starke Reflexion des Blitzlichts auf dem Metallhintergrund.*

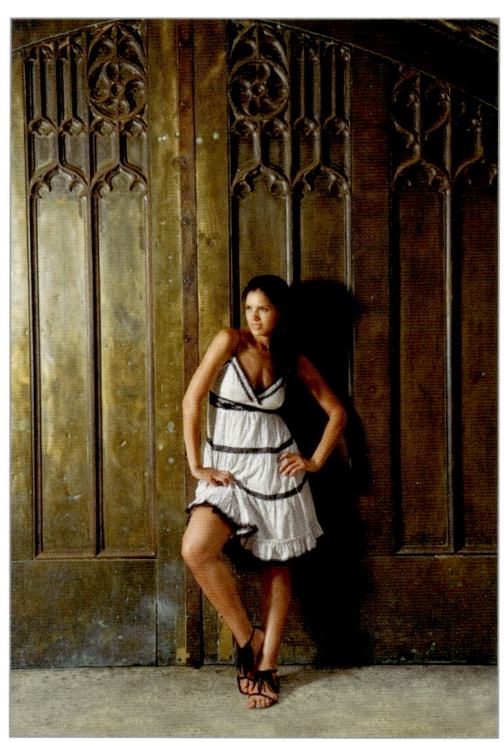

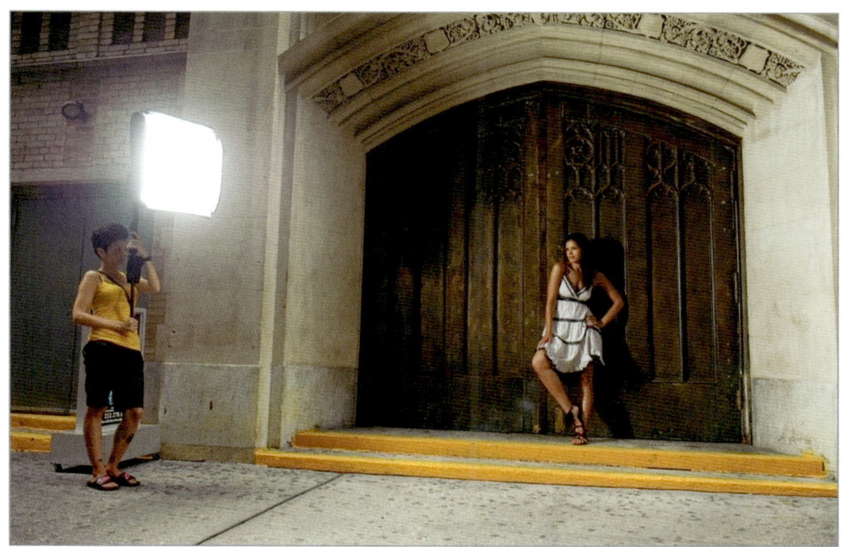

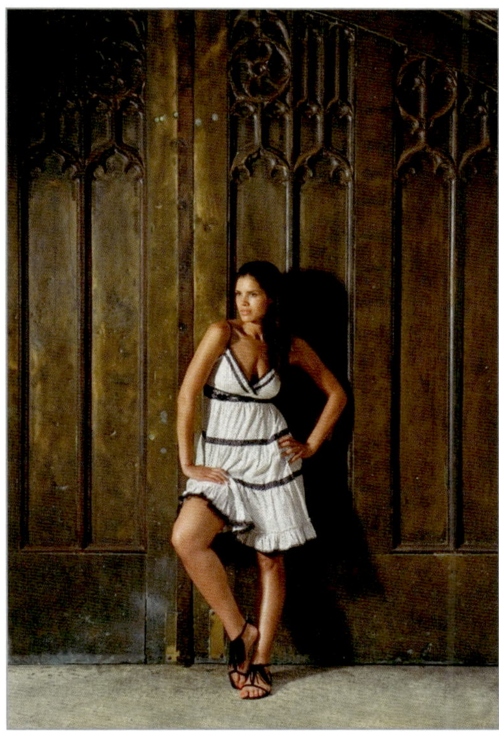

Abbildungen 7.8 und **7.9:** *Durch Feathern des Blitzlichts konnte die grelle Reflexion beseitigt werden. (1/200 Sekunde bei f/4 und ISO 400, TTL-Blitz bei +0,7 EV)*

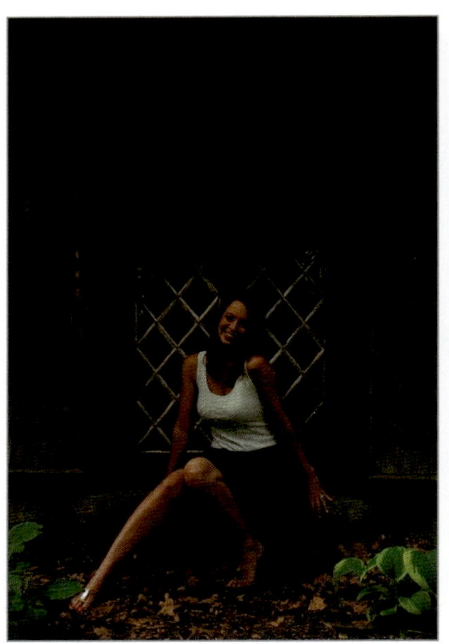

***Abbildung 7.10:** Die Szene ohne Blitz.*

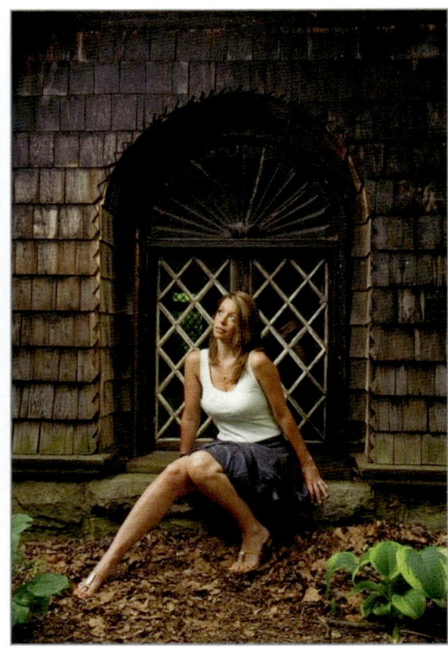

***Abbildung 7.11:** Wird der Blitz wie üblich auf das Modell gerichtet, dann trifft zu viel Licht auf das Gebäude im Hintergrund.*

***Abbildung 7.12:** Die Making-of-Aufnahme zeigt die Aufstellung der Softbox für das finale Bild.*

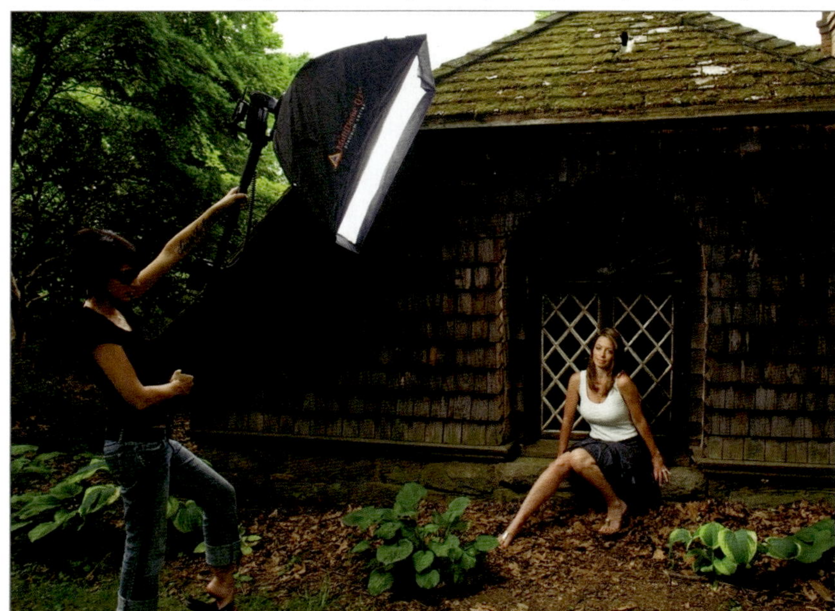

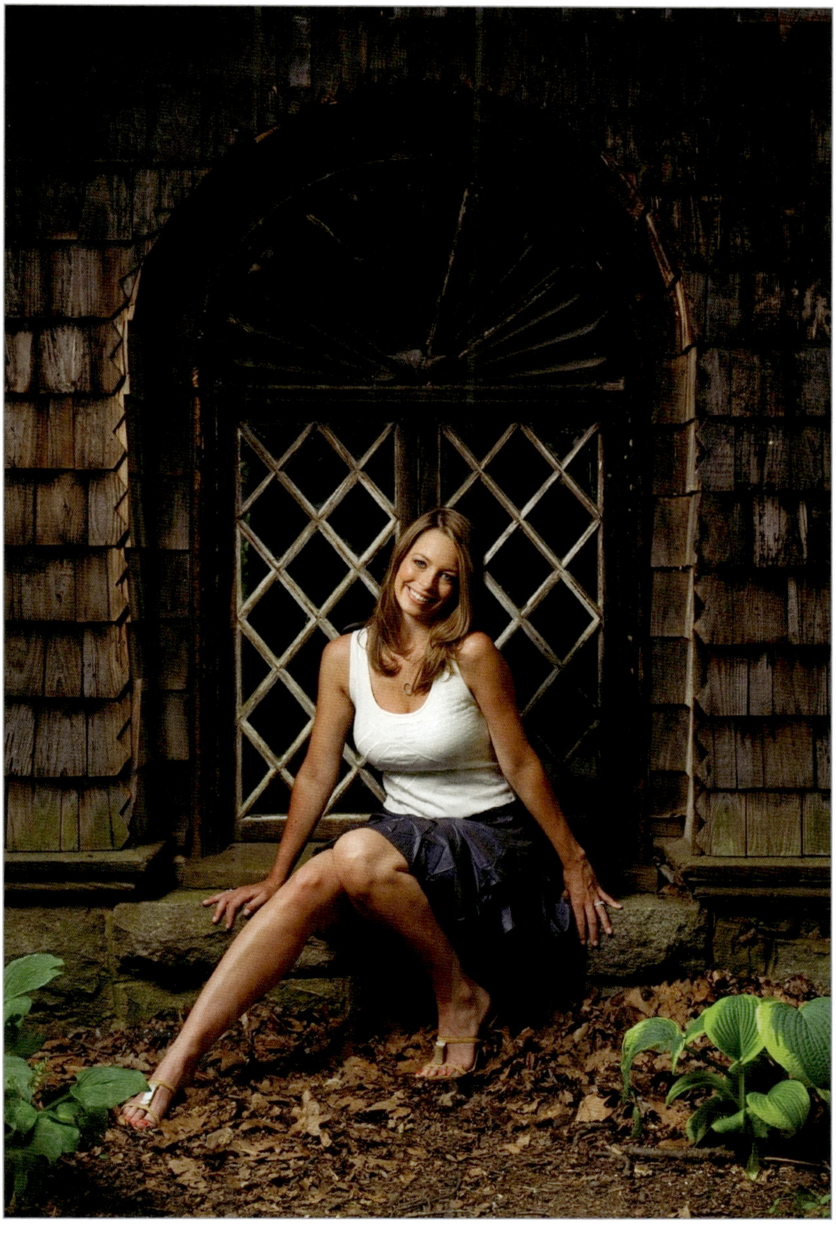

Abbildung 7.13: *Durch Feathern des Lichts bleibt die Aufmerksamkeit beim Modell und auf seinem Gesicht entsteht ein ansprechendes Lichtmuster. (1/125 Sekunde bei f/5.6 und ISO 200, TTL-Blitz bei -0,7 EV)*

Im zweiten Beispiel (Abbildungen 7.10 bis 7.14) habe ich das Licht meiner Softbox gefeathert, damit nicht zu viel Licht auf den oberen Teil der Holzstruktur fällt. Ich wollte das Licht stärker auf unser Modell Stacy konzentrieren und so gezielt Akzente setzen. Die Abbildungen zeigen das Vorgehen: Ich habe die Softbox einfach von der Wand weggedreht, dabei aber darauf geachtet, dass immer noch genügend Licht auf das Modell fällt.

Entfesselten Blitz für ein Porträt aufstellen

Es gibt grundsätzlich zwei Möglichkeiten, eine Softbox oder einen Schirm als Hauptlichtquelle für Ihr Modell aufzustellen. Die erste ist das sogenannte »broad light« (hierfür gibt es keinen deutschsprachigen Ausdruck). Hierbei trifft das Licht vor allem auf die Gesichtshälfte, die der Kamera zugewandt ist (dies ist aus Sicht der Kamera die breitere Gesichtshälfte, daher der Name). Der zweite Ansatz ist das »short light«, bei dem das Licht vor allem auf die der Kamera abgewandte, aus der Kameraperspektive also schmalere (»kürzere«) Gesichtshälfte trifft.

Diese grundlegende Lichtsetzung lässt sich in den Gesichtszügen unseres Modells in Abbildung 7.14 und 7.15 gut ablesen. In Abbildung 7.14 (»broad light«) wurde der Blitz in der Softbox rechts neben der Kamera aufgestellt, weswegen die der Kamera zugewandte Gesichtshälfte beleuchtet wird. Dagegen wurde der Blitz in Abbildung 7.15 (»short light«) zur Linken der Kamera platziert. Hier wird die abgewandte Gesichtshälfte beleuchtet. Im Allgemeinen wirkt das »short light« interessanter und dynamischer. Außerdem macht es schlanker als das »broad light« und die verbreitete Meinung ist, dass es femininer wirkt. Umgekehrt gilt »broad light« als Methode der Wahl, wann immer Ihr Modell männlich wirken soll.

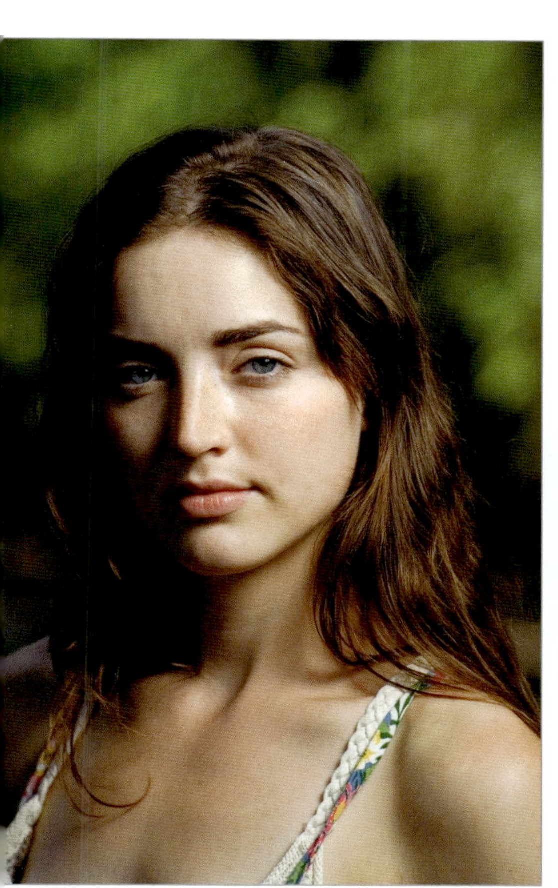

Abbildung 7.14: *»Broad Light« (1/250 Sekunde bei f/5.6 und ISO 200, manueller Blitz, ausgelöst mit PocketWizards)*

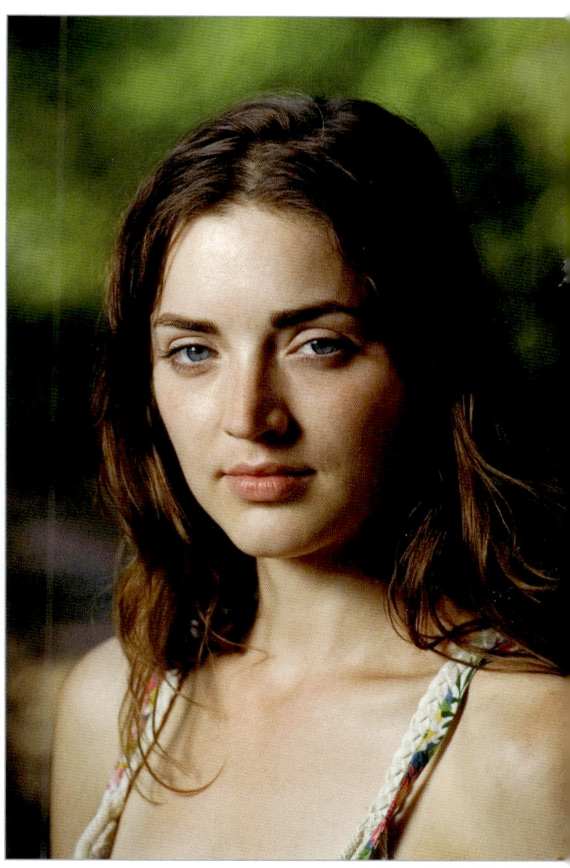

Abbildung 7.15: *»Short Light«. (1/250 Sekunde bei f/5.6 und ISO 200, manueller Blitz, ausgelöst mit PocketWizards)*

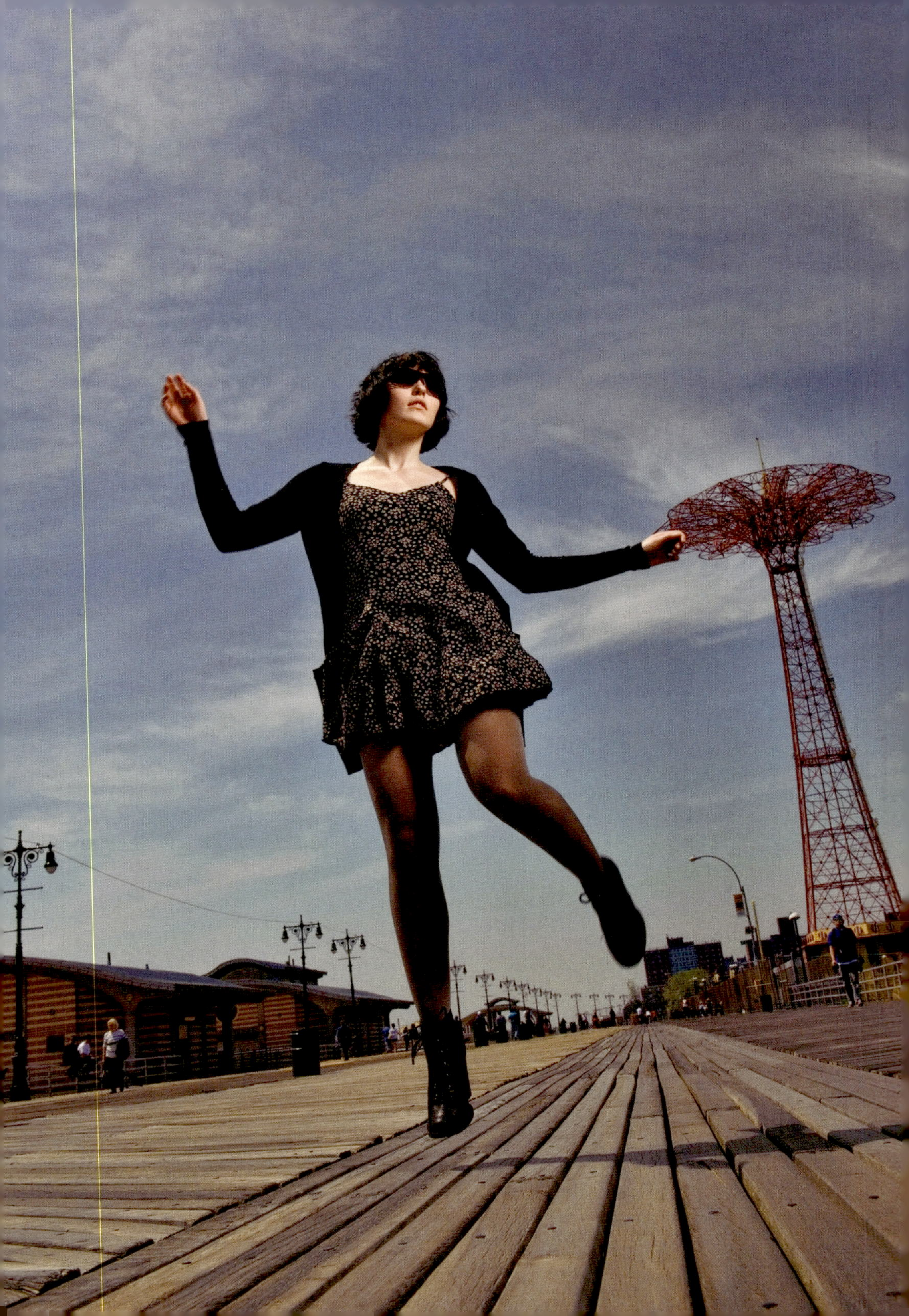

8 Die Sonne überblitzen

Eine der wohl schwierigsten Lichtsituationen für Fotografen ist das Arbeiten in hartem Sonnenlicht. Dessen weniger schmeichelhafte Eigenschaften können wir kompensieren durch die Aufstellung des Modells, unsere eigene Position in Bezug zum Modell und durch den Einsatz eines entfesselten Blitzes.

Nur mit Sonnenlicht arbeiten

Die Fotos in den Abbildung 8.1 und 8.2 entstanden bei einem Shooting mit Kristy und Tom. Hier habe ich das grelle Sonnenlicht zu meinem Vorteil genutzt, also nicht versucht, mit einem entfesselten Blitz Ausgewogenheit herzustellen. Wichtig ist hier vor allem, wie man die Modelle relativ zur Lichtquelle (also zur Sonne) aufstellt.

Für Abbildung 8.1 hatte ich das Pärchen aufgefordert, grob in Richtung der Sonne, nicht jedoch direkt hinein zu sehen. So werden die Gesichtszüge gut ausgeleuchtet, auch wenn der Kontrast ziemlich stark ist. Die andere Möglichkeit war das Fotografieren gegen die Sonne, wodurch ein Lichtkranz um die Modelle entstand. In Abbildung 8.2 stand die Sonne schon recht tief, was mir durchaus zupass kam. Die entstehenden Blendenflecken trugen ebenfalls zur Stimmung des Fotos bei. Bei beiden Aufnahmen war das vorhandene Licht nicht ideal, aber durch sorgfältige Aufstellung von Kamera und Modellen konnte ich es zu meinem Vorteil nutzen.

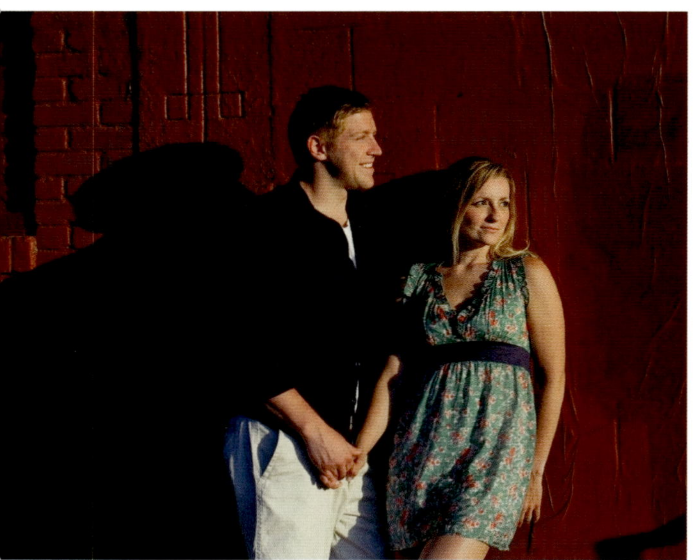

Abbildung 8.1: *Die Modelle sehen in Richtung des Lichts. So werden ihre Gesichter gut ausgeleuchtet.*

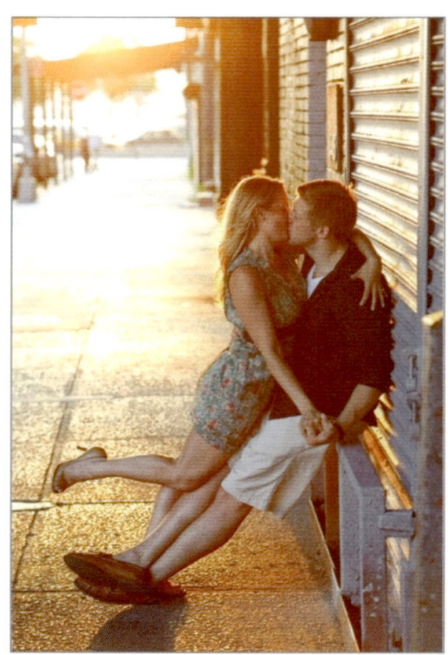

Abbildung 8.2: *Durch Fotografieren gegen das Licht entsteht ein stilisierter, aber durchaus ansprechender Look.*

Blitz hinzufügen

Leider ist es nicht immer möglich, helles Sonnenlicht sinnvoll zu nutzen. In solchen Fällen kann die Hinzunahme eines entfesselten Blitzes dazu beitragen, starkes und ungleichmäßiges Licht auszubalancieren.

Um das ungleichmäßige Sonnenlicht in Abbildung 8.3 auszugleichen, musste ich mindestens so viel Licht zugeben, wie auf die hellsten Stellen Sonnenlicht fiel. Die Belichtung hatte ich auf 1/250 Sekunde bei f/13 und ISO 200 eingestellt. Offensichtlich – man beachte den hellen Lichtfleck an der Schulter – standen wir ganz knapp vor der Überbelichtung. Hätte ich eine weitere Blende, einen höheren ISO-Wert oder eine längere Verschlusszeit gewählt, dann wären die Details in den von der Sonne beschienenen Bereichen verloren gegangen.

Für das Bild in Abbildung 8.4 habe ich einen Slave-Blitz in einer Softbox auf einem Einbeinstativ verwendet. Dieser Blitz wurde von einem auf der Kamera montierten Master angesteuert, dessen Ausgabe aber abgeschaltet war, sodass er die finale Belichtung nicht beeinflusste. Im Idealfall müssen wir, wenn wir flächiges, ungleichmäßiges oder grelles Umgebungslicht in den Griff bekommen wollen, eine Unterbelichtung von etwa drei Stufen einstellen. Von da ab dominiert die Blitzbelichtung die Szenerie vollständig.

In Abbildung 8.4 unterstützte die Pose des Modells das Kaschieren des restlichen Sonnenlichts dadurch, dass das Gesicht im Schatten, die Schulter jedoch in der Sonne lag. In Abbildung 8.6 dagegen sehen wir das ungleichmäßige Licht unterhalb des Kinns, wodurch merkwürdig anmutende Schatten entstehen. Obwohl ich eine der beiden Abdeckungen vorn in der Softbox entfernt hatte, gelangte immer noch nicht genügend Licht hindurch, um das Sonnenlicht zu überstrahlen. Anders gesagt: Meine Einstellungen für Blende und ISO-Wert sorgten dafür, dass immer noch ein Großteil des Tageslichts aufgenommen wurde.

Und wie bekommt man nun genügend Blitzlicht auf das Modell? An dieser Stelle müssen wir einmal mehr die vier Faktoren unter die Lupe nehmen, mit denen wir bei manuellem Blitz die Belichtung steuern: Blende, ISO-Wert, Abstand zwischen Blitz und Modell und Blitzenergie. In dieser Gleichung wird der Blendenwert im Grunde genommen durch unseren

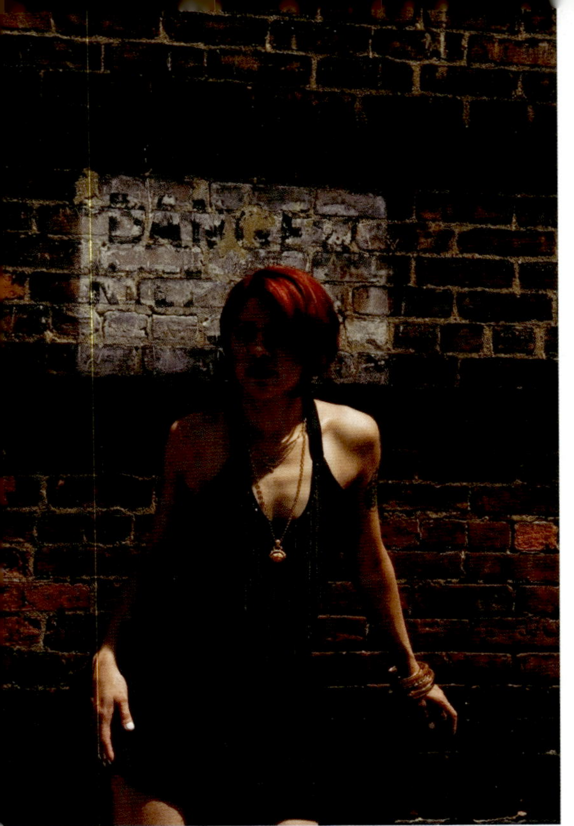

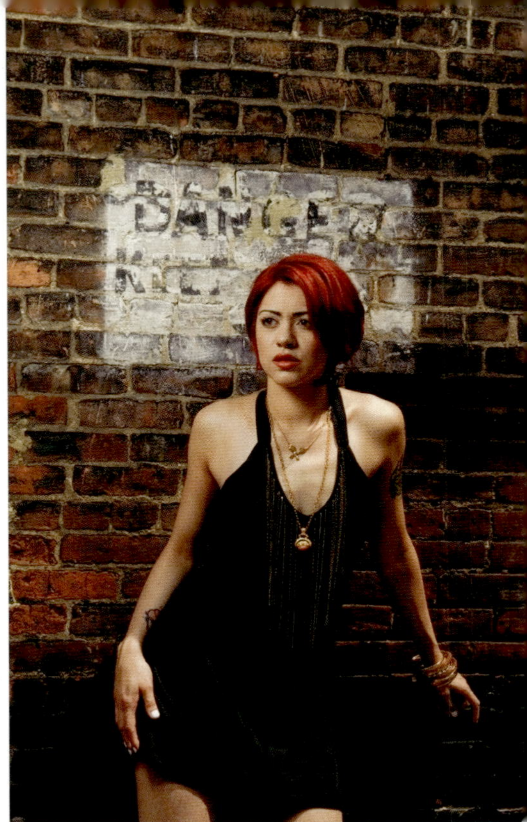

Abbildung 8.3: *Das Umgebungslicht, das auf das Modell fiel, war heterogen – und unansehnlich. (1/250 Sekunde bei f/13 und ISO 200)*

Abbildung 8.4: *Mit dem Blitz habe ich das Licht ausbalanciert.*

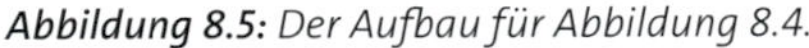

Abbildung 8.5: *Der Aufbau für Abbildung 8.4.*

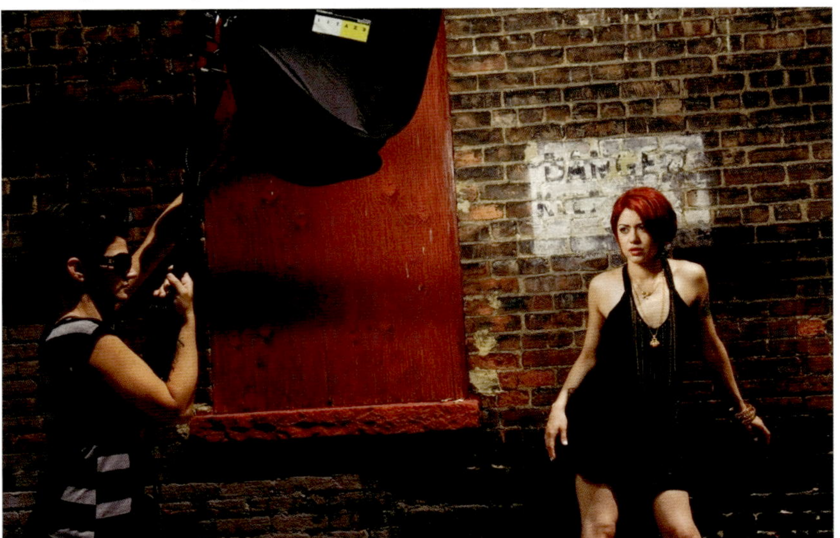

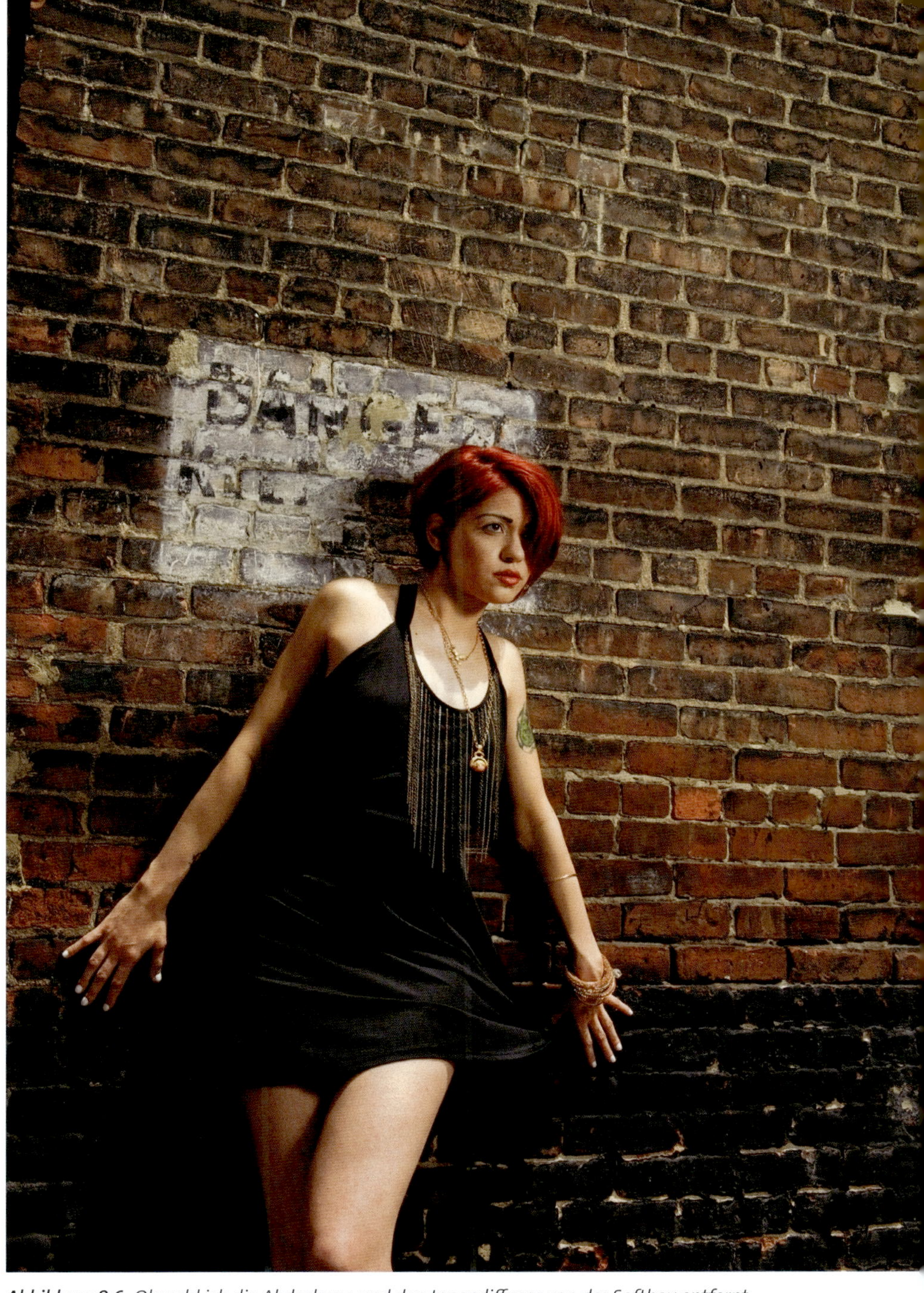

***Abbildung 8.6:** Obwohl ich die Abdeckung und den Innendiffusor von der Softbox entfernt hatte, brachte der Blitz immer noch nicht genügend Energie, um das Sonnenlicht vollständig zu überstrahlen.*

Wunsch bestimmt, das helle Umgebungslicht um einen bestimmten Wert unterzubelichten. Ähnlich ist auch der ISO-Wert durch das helle Tageslicht vorgegeben – sei er auf ISO 100 oder ISO 200 festgelegt. Um also das Tageslicht in den Griff zu bekommen, müssen wir entweder den Blitz näher an das Modell stellen oder die Blitzenergie erhöhen. Steht unser Blitz allerdings bereits auf Vollleistung, dann bleibt uns nur noch die Möglichkeit, ihn näher an das Modell heranzuschieben. (*Hinweis:* Natürlich können wir immer noch unseren Blitzkopf einzoomen. Allerdings müssen wir dann damit leben, dass das Licht zu den Rändern unserer Aufnahme hin abfällt.)

Die Aufnahmen in Abbildung 8.7 bis 8.9 habe ich mit dem Modell Lea bei sehr hellem Tageslicht auf der Brooklyn Bridge gemacht. Mein Ziel war es dabei, das Modell als Teil der urbanen Landschaft einzubinden, weswegen ich weitwinklig fotografierte, damit die gesamte Szenerie Luft zum Atmen erhielt. Bei Außenaufnahmen verwende ich normalerweise eine Softbox oder einen anderen Lichtformer, um mein Blitzlicht diffuser zu gestalten. Hier dagegen wollte ich einmal etwas anderes als meine Standardmethode ausprobieren. Dies war auch deswegen nötig, weil ich genügend Energie benötigte, um das Tageslicht zu überblitzen (denn ich hatte ausser meinem Quantum-Blitz nichts Größeres dabei).

Abbildung 8.7: *Hier konnten wir die Sonne nur mit einem Blitz ohne Lichtformer überstrahlen. (1/250 Sekunde bei f/18 und ISO 200, direkter manueller Blitz)*

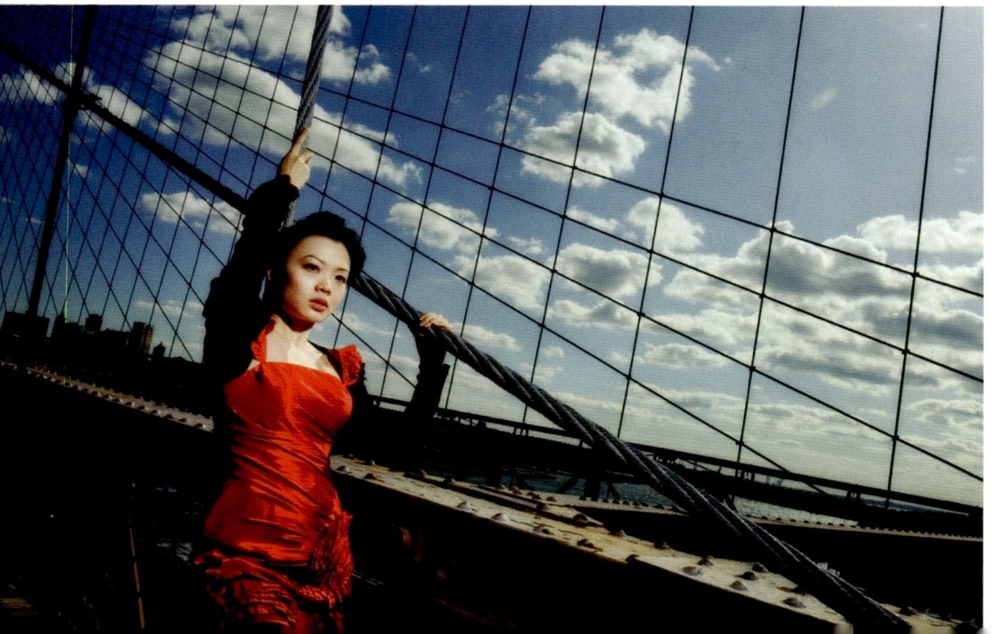

Abbildung 8.7 wurde mit 1/250 Sekunde bei f/18 und ISO 200 aufgenommen. Eine solche Blende ist nicht machbar, wenn man einen Blitz oder einen Qflash mit einer Softbox verwendet. Hier müssen wir schweres Geschütz auffahren, etwa einen wirklich leistungsstarken Blitz oder auch einen Studioblitz. Aus diesem Grund hatte ich mich bei diesem Foto für einen direkten Blitz entschieden. Indem ich diesen von der Kamera trennte und so aufstellte, dass das auf das Modell fallende Sonnenlicht verstärkt – und sogar überstrahlt – wurde, gelang mir dieser ziemlich spektakuläre Look. Mit einem Speedlight hätte ich dieses Resultat genauso einfach erzielen können. Hätte ich einen größeren Blitz eingesetzt (z. B. einen SB-900 oder 580EX II), dann hätte einer Einstellung wie f/16 bei ISO 200 einem Arbeitsabstand von etwa 3 Metern zwischen Blitz und

Abbildung 8.8: *(1/250 Sekunde bei f/18 und ISO 200, direkter manueller entfesselter Blitz)*

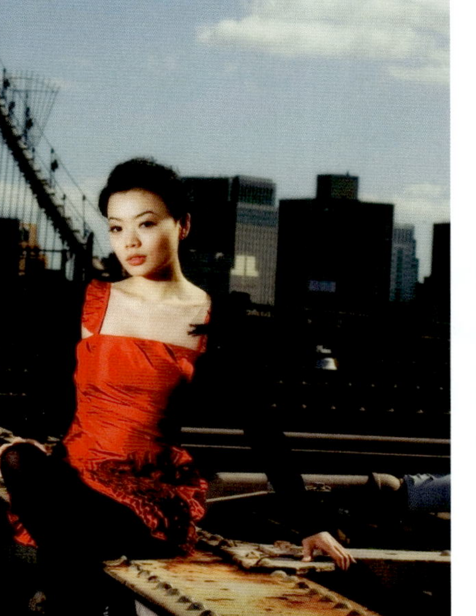

Abbildung 8.9: *(1/250 Sekunde bei f/16 und ISO 200, direkter manueller entfesselter Blitz)*

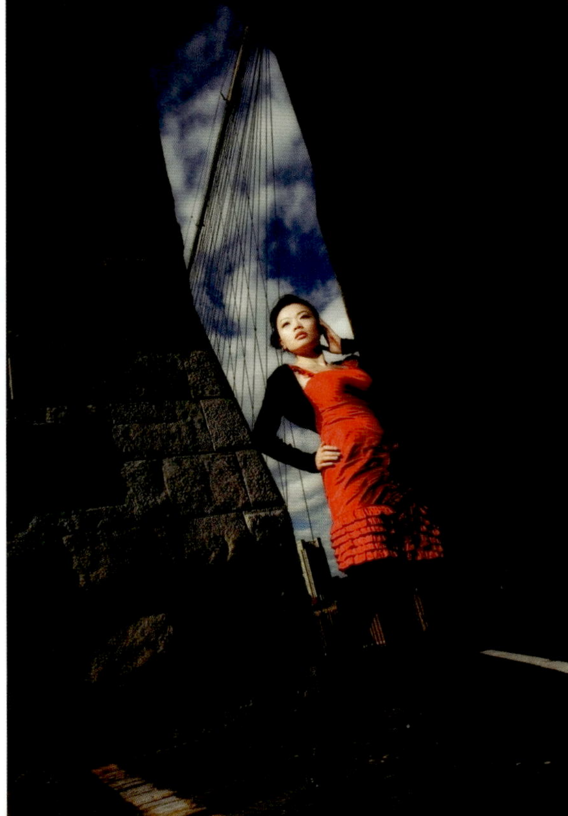

Modell entsprochen. Damit kann man schon etwas anfangen. Abbildungen 8.8 und 8.9 zeigen einige Variationen aus derselben Session, die mit demselben Setup entstanden.

Das urbane Setting in den Abbildungen 8.10 und 8.11 hatte mich wegen der Wände mit ihren kräftigen Farben fasziniert, die für Bauarbeiten aufgestellt worden waren. Das Licht war extrem hell und die Schatten waren tief – ein Kontrast, wie er stärker kaum hätte sein können. Damit genügend Licht vom Blitz auf unser Modell Addriana fiel, musste meine Assistentin den Blitz ganz hoch halten. Durch Verwenden eines *direkten* entfesselten Blitzes anstelle einer lichtstreuenden Softbox gelang es mir, genügend Licht auf das Modell zu werfen und das Sonnenlicht so zu überblitzen.

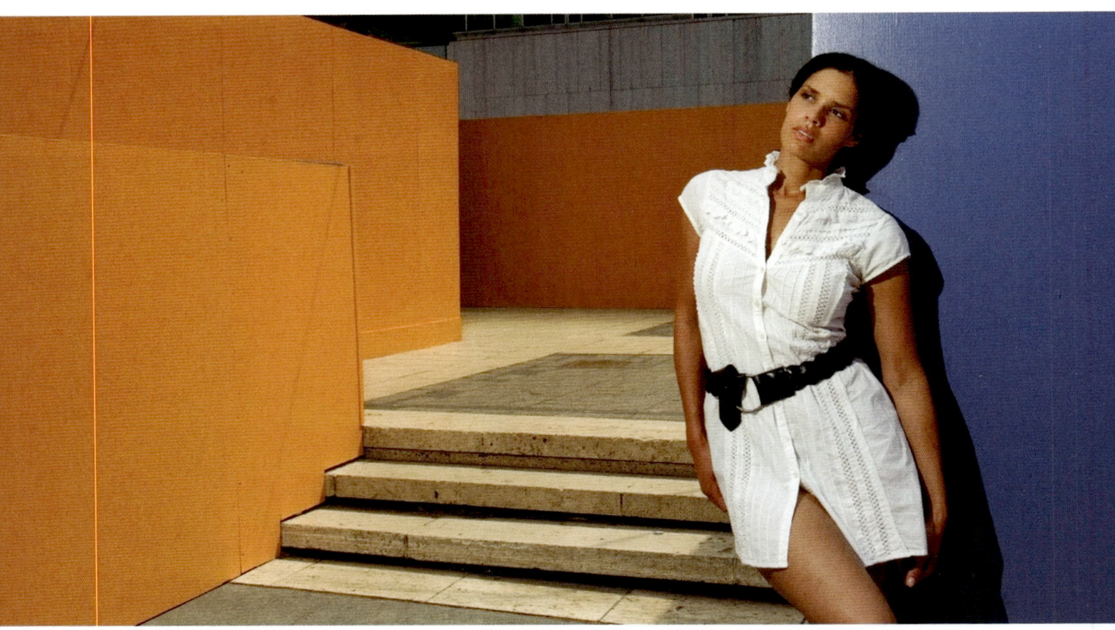

Abbildungen 8.10 und 8.11 (gegenüberliegende Seite): *(1/250 Sekunde bei f/10 und ISO 200, TTL-Funkblitz bei +1 EV)*

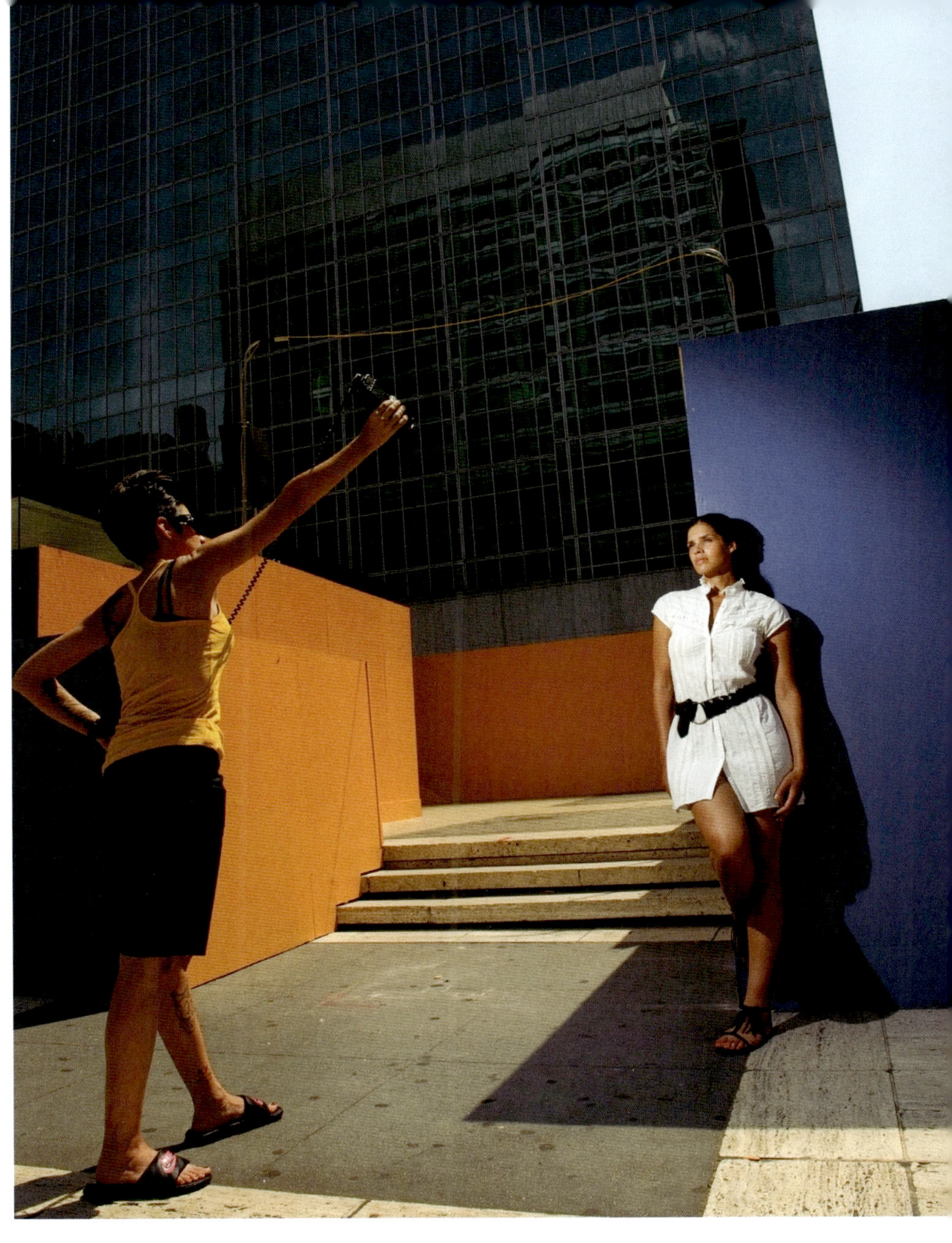

Abbildung 8.12 zeigt ein weiteres Beispiel, bei dem ich alles an Energie aus meinem Blitz herausholen musste, um mich erfolgreich mit der hellen Sonne am Himmel messen zu können. Da ich wusste, dass ich hierbei aber auch wirklich das letzte Quäntchen Energie aus meinem Blitz würde herauspressen müssen (wegen des großen Bildwinkels), nutzte ich den manuellen Blitzmodus. Der Rest war lediglich eine Frage des Abstands, den ich zwischen Blitz und Modell einhalten musste, damit die Belichtung passte.

Abbildung 8.12: *(1/250 Sekunde bei f/16 und ISO 100, direkter manueller entfesselter Blitz)*

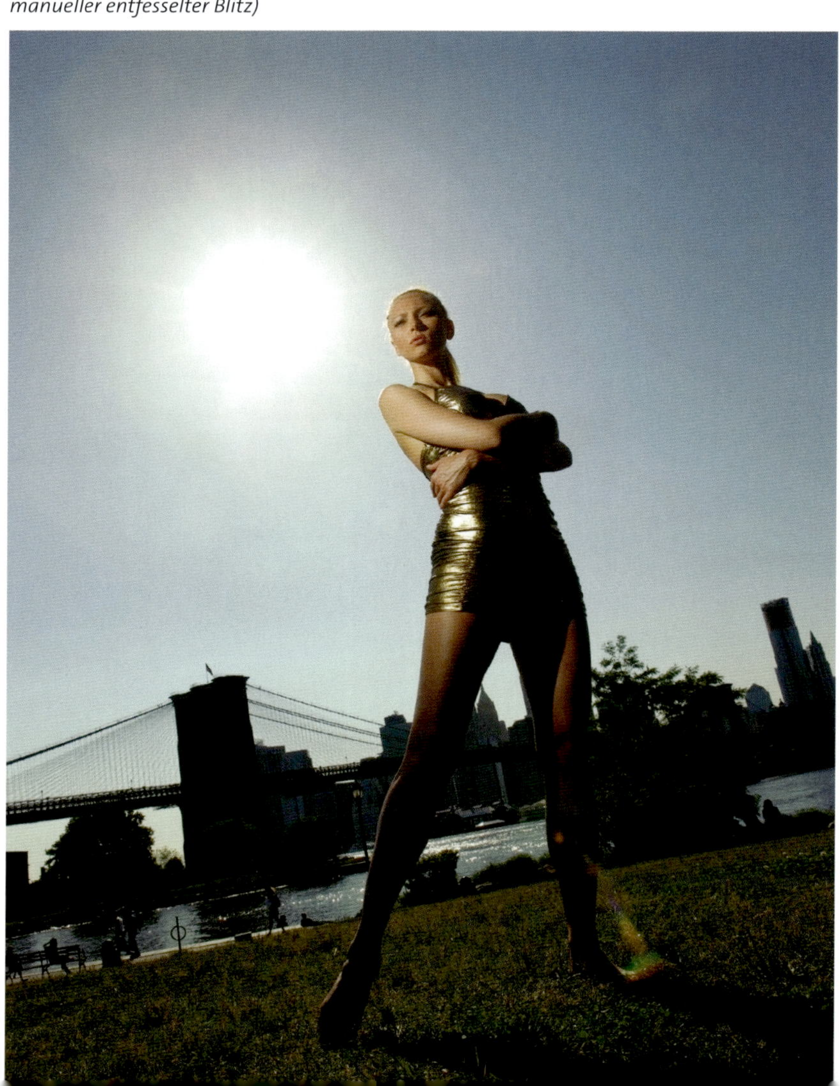

Alternativ können Sie beim Arbeiten in sehr hellem Licht auch einfach auf leistungsstärkere Modelle zurückgreifen. Für das Lichtsetup in Abbildung 8.13 habe ich ein echtes Kraftpaket – den Profoto AcuteB 600R – verwendet, den ich immer dann einsetze, wenn ich es mit wirklich hellem Sonnenlicht zu tun bekomme. Er liefert mir 600 Ws – und damit etwa

Abbildung 8.13: *Das Modell wurde mit einem Beauty Dish rechts neben der Kamera beleuchtet. Die Belichtung lag bei 1/250 Sekunde mit f/11 und ISO 200. Weil aber das Modell sich durch den Sprung auf die Kamera zubewegt, musste ich sie beim Bearbeiten der RAW-Datei um –1,5 EV korrigieren.*

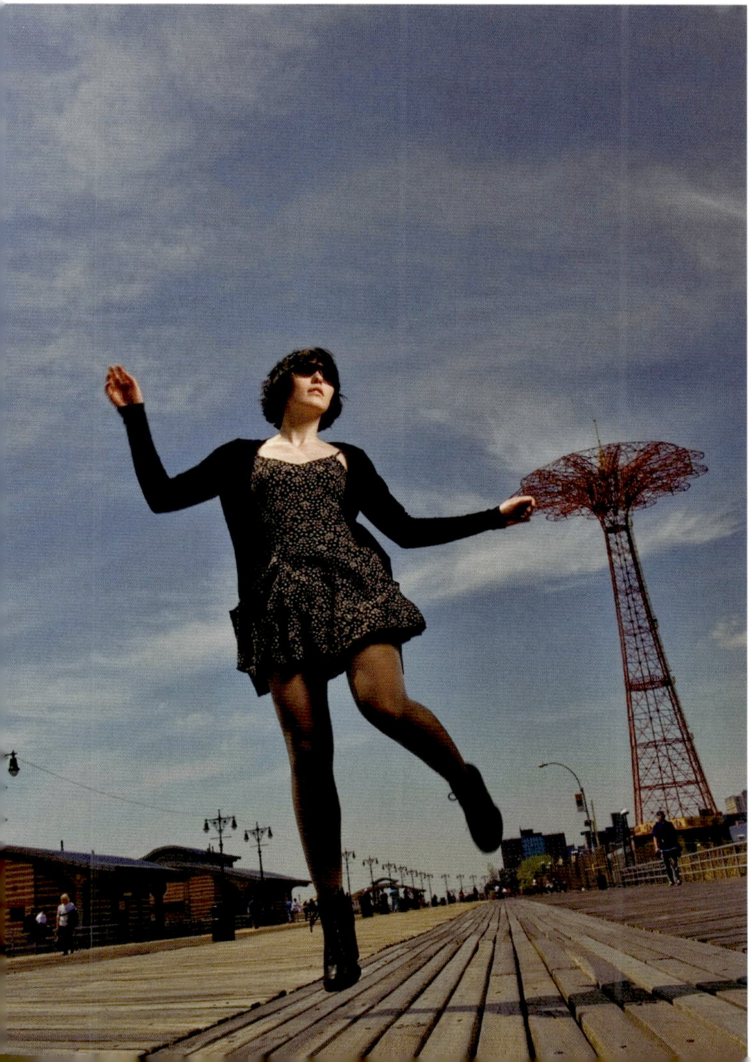

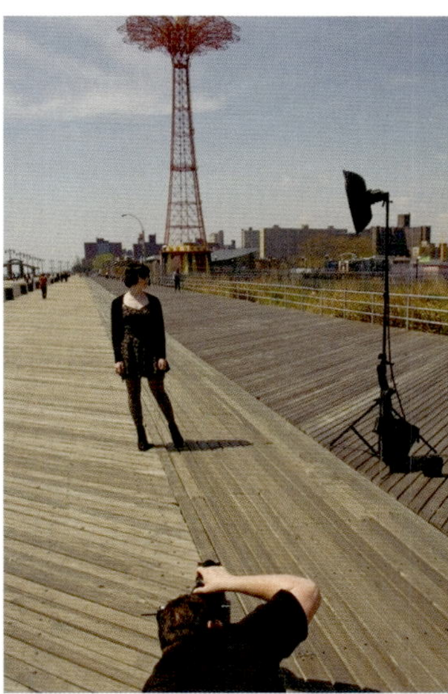

Abbildung 8.14: *Making-of-Aufnahme für Abbildung 8.13. Auf dem Boden liegt übrigens Frank Doorhof. Und die Bohlen waren voller Splitter. Das war echt kein Spaß.*

zehnmal mehr als ein Aufsteckblitz. Als Lichtformer kam ein Profoto Beauty Dish zum Einsatz. Damit bekomme ich nicht nur ein sensationelles Aussehen hin, sondern der Beauty Dish ist auch ein sehr wirksamer Lichtformer, weil er das Licht konzentriert. Damit habe ich einen Teil der harten Schatten in den Griff bekommen. (*Hinweis:* Anfangs hatte mir eigentlich nicht gefallen, dass die Hand des Modells den im Hintergrund zu sehenden *Parachute Jump* »berührte«. Außerdem hätte ich mir etwas mehr Abstand zwischen den Füßen und dem Boden gewünscht, und auch wie der Fuß das Hochhaus im Hintergrund berührt, sagte mir nicht besonders zu. Als ich die Aufnahme aber im Nachhinein noch einmal betrachtete, kam mir ein Superhelden-Thema in den Sinn, bei dem das Modell sozusagen die Strukturen im Hintergrund überragt.)

Abbildung 8.15 ist ein weiteres Beispiel, in dem ich ein wirklich leistungsstarkes Setup für das Licht on location aufgefahren habe. Deswegen konnte ich tatsächlich eine Softbox für meinen Blitz verwenden. Bei der Session an diesem Tag war das Sonnenlicht auf Coney Island wirklich hart und deswegen musste ich den harten Schatten mit einem Blitz zu Leibe rücken.

Die Sunny-16-Regel besagt, dass man bei Sonnenlicht mit den Werten f/16, ISO 100 und 1/125 Sekunde eine gute Belichtung erhält. Diese Belichtung ist gleichbedeutend mit f/11, ISO 100 1/250. Daher war mir klar, dass ich entweder direkt mit einem konventionellen Blitz arbeiten oder einen leistungsstarken Studioblitz mit Softbox einsetzen musste. Für dieses Bild verwendete ich das Profoto AcuteB 600R-Kit mit einer Profoto-Softbox (60 cm × 90 cm), das rechts neben mir aufgestellt war. Das war für ein On-Location-Shooting ein Setup mit durchaus beträchtlicher Power und trotzdem musste ich damit auf Vollleistung gehen, um durch die doppelte Frontabdeckung der Softbox auch wirklich f/11 bei ISO 100 zu erhalten.

Ich stellte die Softboxen und den Blitz so auf, dass sie aus der gleichen Richtung strahlten wie das Sonnenlicht – und auf diese Weise auch ebenso viel Licht dazu gaben. Meine Absicht war dabei, die vom Sonnenlicht verursachten Schatten zu beseitigen. Hierdurch wiederum wurde der Hintergrund um eine Stufe unterbelichtet, was die Sättigung des Himmels verstärkte. (*Hinweis:* Ein Graufilter wäre hier eine naheliegende Lösung. Lesen Sie einfach weiter.)

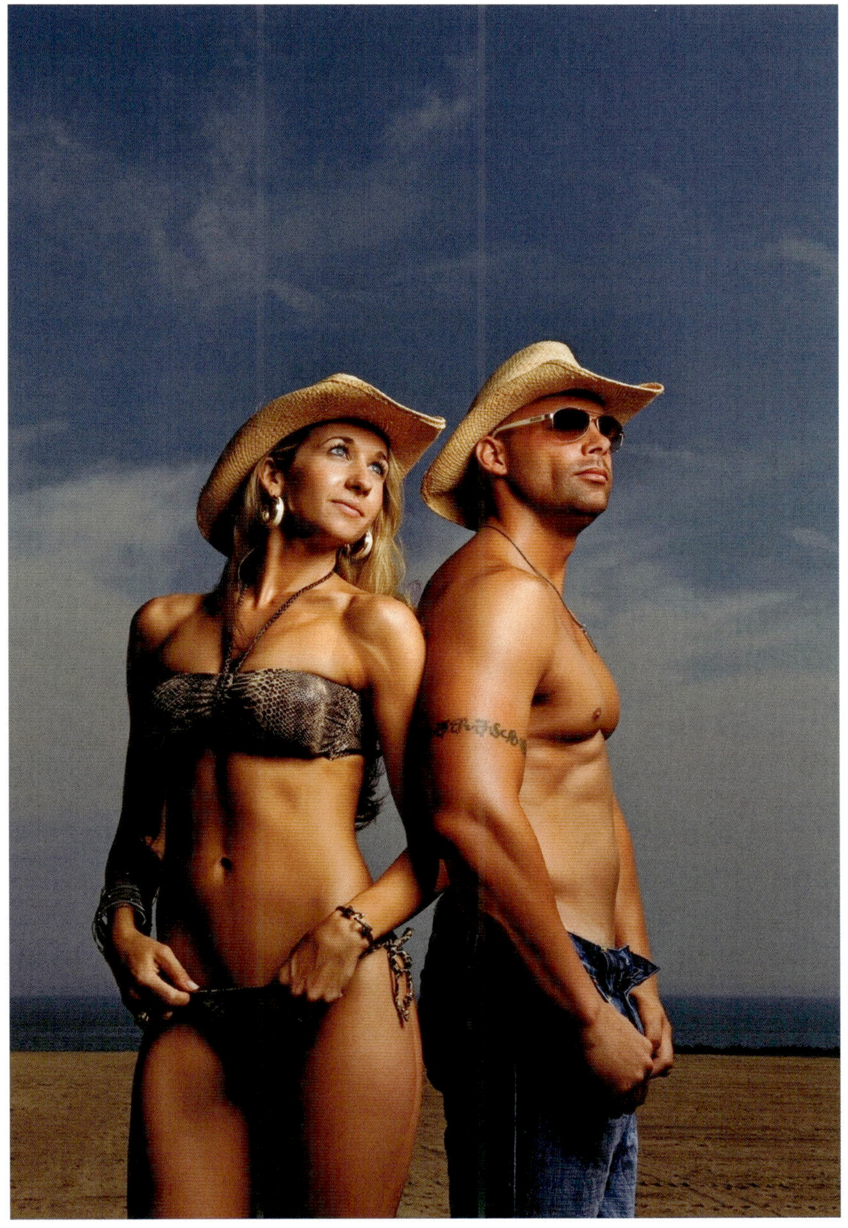

Abbildung 8.15: *(1/250 Sekunde bei f/22 und ISO 160, entfesselter Blitz mit Softbox)*

Und ja, ich kann die Auswirkungen der Beugung beim Fotografieren mit f/22 durchaus sehen. Das Ganze ist erkennbar viel weicher als bei f/8. Was allerdings all die Staubflocken angeht, die bei f/22 beschwingt durchs Bild tanzen: *Das* war ein Problem! Ich habe in Photoshop ohne Ende gestempelt, um den Sensorstaub in den Griff zu bekommen. (Und dabei hatte ich immer gedacht, ich wäre pedantisch, was die Sauberkeit meines Sensors angeht.) Ich entfernte aber nicht nur Staubflocken, sondern auch ein paar Menschen im Hintergrund und die Softbox, die sich in der Sonnenbrille von Mark gespiegelt hatte.

Schärfentiefe mit Graufiltern steuern

Wenn wir bei hellem Umgebungslicht arbeiten und deswegen die Blitzsynchronisationszeit einstellen (um die Blitzenergie zu maximieren), dann sind wir auch gezwungen, eine geschlossene Blende zu verwenden. Hierdurch entsteht eine größere Schärfentiefe, was aber von uns womöglich gar nicht gewollt ist. Es gibt allerdings zwei Möglichkeiten, trotzdem kurze Verschlusszeiten und offene Blenden zu ermöglichen. Erstens können wir einen Graufilter (auch Neutraldichte- oder kurz ND-Filter genannt) vor das Objektiv setzen. Die zweite Möglichkeit ist, die High-Speed-Synchronisation zu aktivieren – aber das schmälert die Blitzenergie natürlich erheblich.

Abbildung 8.16 zeigt eine Aufnahme, die mit 1/250 Sekunde bei f/11 und ISO 200 gemacht wurde. Bei f/11 wird der Hintergrund, wie unschwer zu erkennen, relativ scharf wiedergegeben. Durch Verwendung eines Graufilters mit Verlängerungsfaktor 8 (Abbildung 8.17) konnte ich eine deutlich offenere Blende nutzen, wodurch der Hintergrund wesentlich weicher und ansprechender wurde. Das war deswegen möglich, weil das Licht, das in das Objektiv fiel, um drei Stufen reduziert wurde.

Die zweite Möglichkeit zur Umsetzung der gewünschten Schärfentiefe ist HSS. Die in Abbildung 8.18 (nächste Seite) gezeigte Aufnahme entstand bei gleichem Blitzabstand (mit Softbox) bei einer 1/2000 Sekunde, f/4 und ISO 200. Dadurch wurde der Blitz in den HSS-Modus umgestellt und statt eines einzigen energiereichen Lichtblitzes ein sehr kurzes Dauerlicht erzeugt. Folge: Die Ausgangsleistung des Blitzes sank beträchtlich.

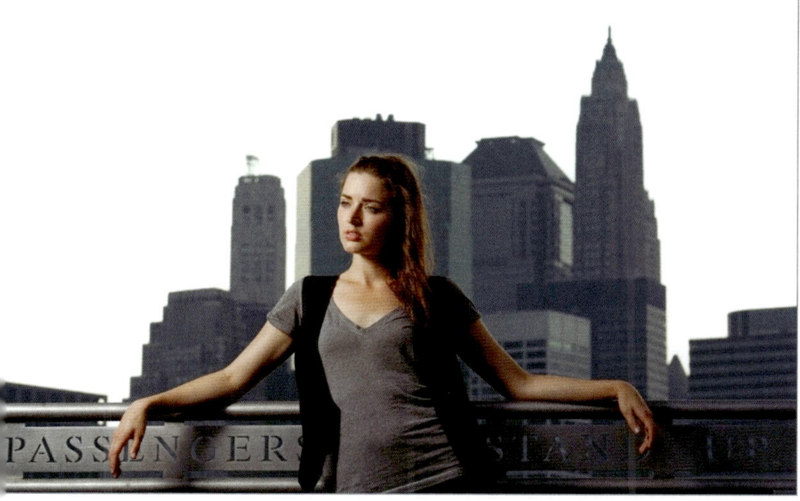

Abbildung 8.16: *Das Bild bei f/11.*

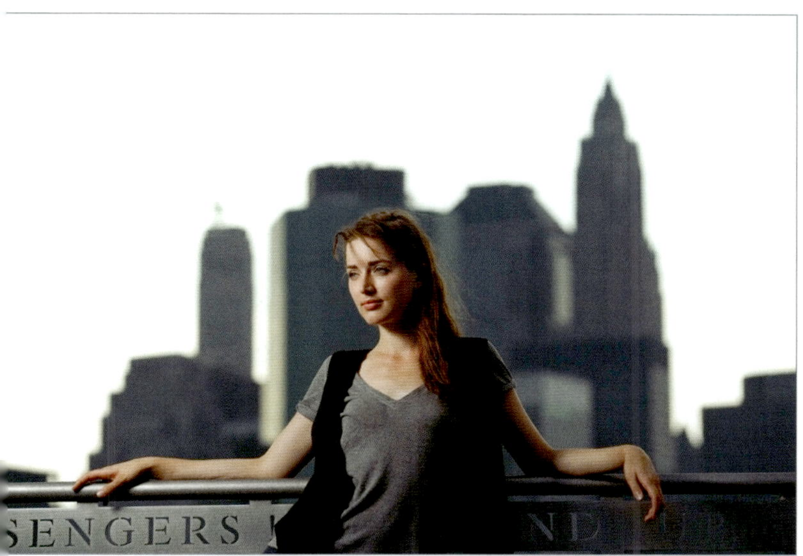

Abbildung 8.17: *Die Aufnahme mit f/4 (ermöglicht mit freundlicher Unterstützung eines Graufilters mit Verlängerungsfaktor 8).*

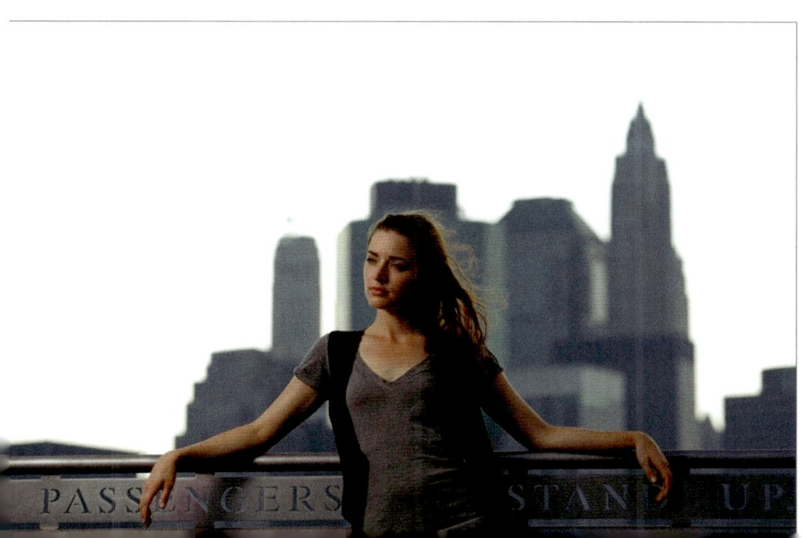

Abbildung 8.18: *Der Wechsel auf HSS ermöglichte die gewünschte Schärfentiefe, jedoch auf Kosten einer erheblich niedrigeren Blitzenergie.*

Damit drängt sich natürlich eine Frage auf: Reduziert der Graufilter denn dann nicht auch die Blitzenergie? Doch, das tut er – aber Umgebungs- und Blitzlicht werden *im gleichen Maße* abgeschwächt. Was nichts anderes bedeutet, als dass Sie relativ zum Umgebungslicht *keine* Blitzenergie verlieren. Das *Verhältnis* bleibt gleich – und hier liegt der Unterschied zur High-Speed-Synchronisation.

Wollen wir den Verlust der Ausgangsenergie, der mit HSS einhergeht, ausgleichen, dann müssen wir den Blitz näher an das Modell heranbringen. Das ist aber je nach Bildkomposition nicht unbedingt ein gangbarer Weg. Wir können natürlich auch zusätzliche Blitze einsetzen, aber der Graufilter ist offensichtlich die wesentlich bequemere Alternative.

Abschließend sehen Sie in Abbildung 8.19 das Porträt, das ich bei dieser Session eigentlich machen wollte: Über der Skyline von Manhattan bricht die Sonne durch die Wolken. Mein Modell Anelisa wurde mit einer Softbox beleuchtet, die links neben der Kamera in geeigneter Höhe hochgehalten wurde und die ich per Funk über meinen Kamerablitz ausgelöst habe.

Ich habe hier einen manuellen Blitz verwendet und die Blitzbelichtung durch die entsprechende Kombination der Werte für Blende, ISO, Energie und Abstand gesteuert. Da ich bereits die volle Energie nutzte, war der einzige zur Kontrolle der Blitzbelichtung verbleibende Parameter der Abstand zum Modell. Deswegen bat ich meine Assistentin, sich mit der Softbox so lange langsam auf das Modell zuzubewegen, bis ich die korrekte Blitzbelichtung erhielt.

Nochmal in Kürze

Wenn Sie hartes Sonnenlicht in den Griff bekommen möchten, dann stehen Ihnen im Wesentlichen die folgenden Möglichkeiten zur Verfügung:

1. Bringen Sie den Blitz näher an das Modell heran.
2. Verwenden Sie Ihren entfesselten Blitz direkt (d. h. ohne Lichtformer).
3. Setzen Sie ein stärkeres Lichtsetup ein, das genügend Leistung bringt, um einen Diffusor verwenden zu können.

Die einfache Formel zum Überblitzen der Sonne besteht darin, das Umgebungslicht um mindestens zwei Stufen unterzubelichten und dann für den Blitz eine Belichtung einzustellen, die der des Sonnenlichts entspricht. Außerdem sollten wir von Beginn an merkwürdige und harte Schatten durch entsprechendes Positionieren unseres Modells vermeiden – falls möglich.

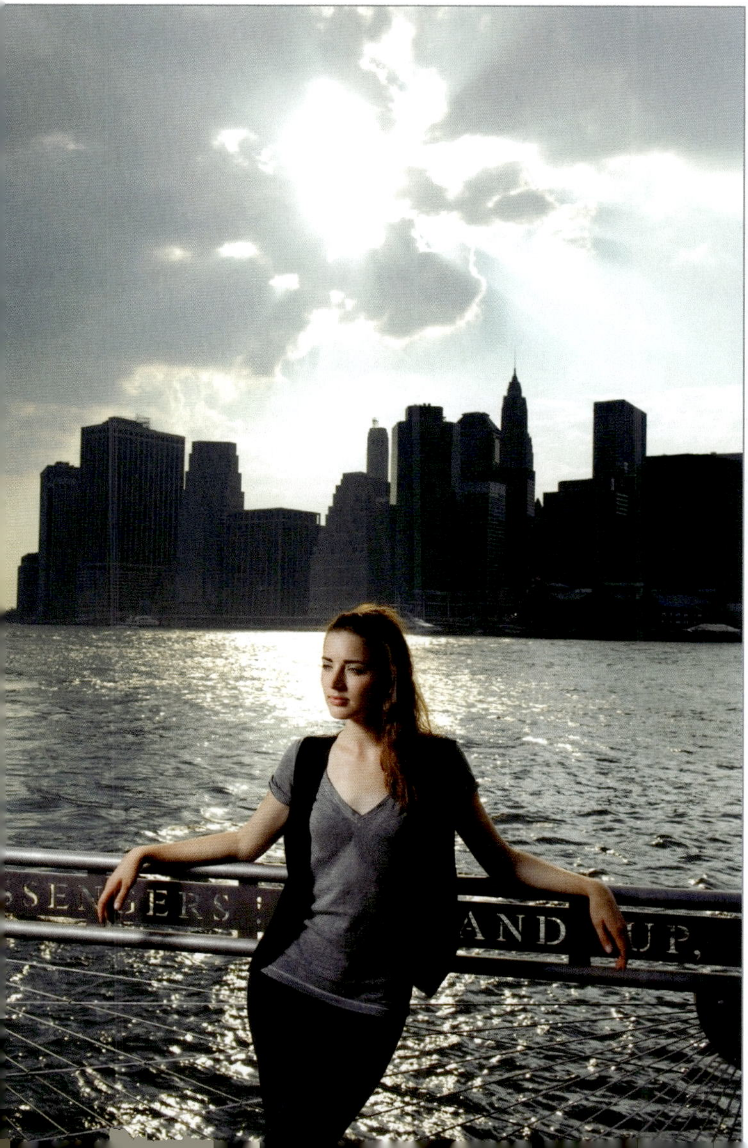

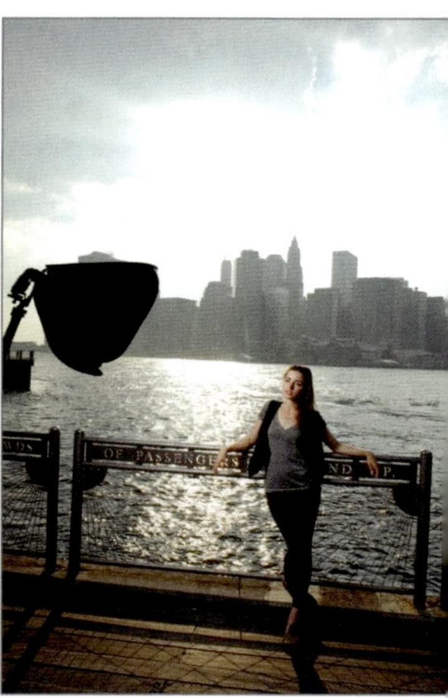

Abbildungen 8.19 und 8.20: *Die Sonne bricht durch die Wolken. (1/250 Sekunde bei f/11 und ISO 200, manueller Funkblitz bei voller Energie, –0,7 EV)*

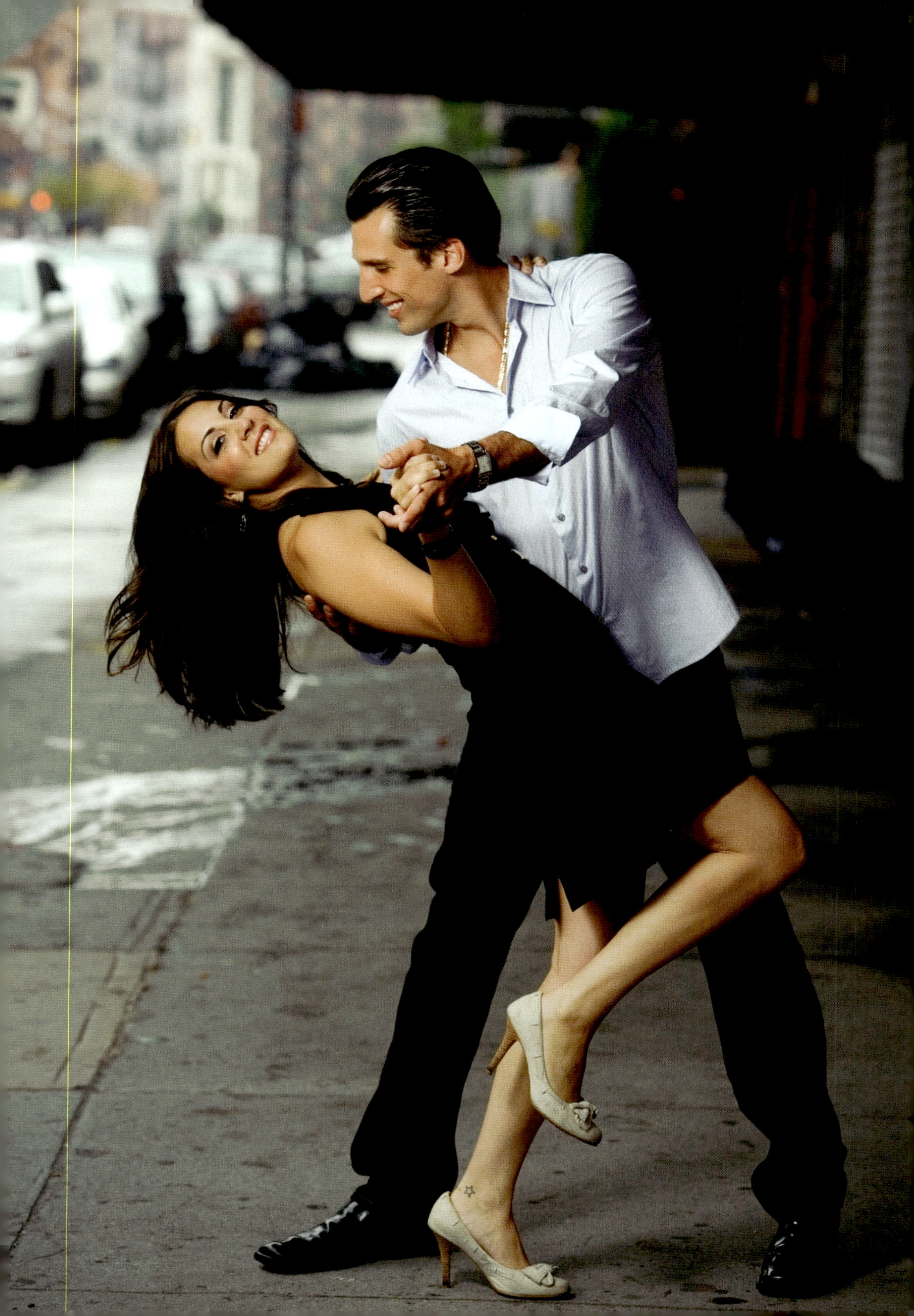

9 On-Location-Shooting mit entfesseltem Blitz

Wenn ich on location fotografiere, nutze ich für schmeichelnde Porträts stets die gleiche Methode. Hier finden Sie die Schritt-für-Schritt-Anleitung dazu.

Finden Sie einen passenden Hintergrund

Ihr Hintergrund kann schlicht und einfach sein und wie ein Studiohintergrund funktionieren. Er kann aber genauso gut ein Muster oder interessante Details aufweisen. Das Wichtigste ist, dass er zu Ihrem Modell passt.

Ebenso wichtig ist es, die Ränder der Aufnahme nicht aus den Augen zu lassen. Achten Sie genau darauf, was aufs Bild kommt – und was nicht. Lassen Sie alles weg, was von Ihrem Modell ablenken könnte. Ist der Hintergrund unruhig, dann probieren Sie Ihr Foto so zu komponieren, dass das Modell durch den Hintergrund zusätzliche Akzente erhält. Vielleicht entscheiden Sie sich auch für einen gemusterten Hintergrund mit sich wiederholenden Formen. In diesem Fall sollten Sie ihn aber zumindest ein wenig unscharf darstellen.

***Abbildungen 9.1** und **9.2:** (1/250 Sekunde bei f/4.5 und ISO 200, manueller Blitz mit Softbox)*

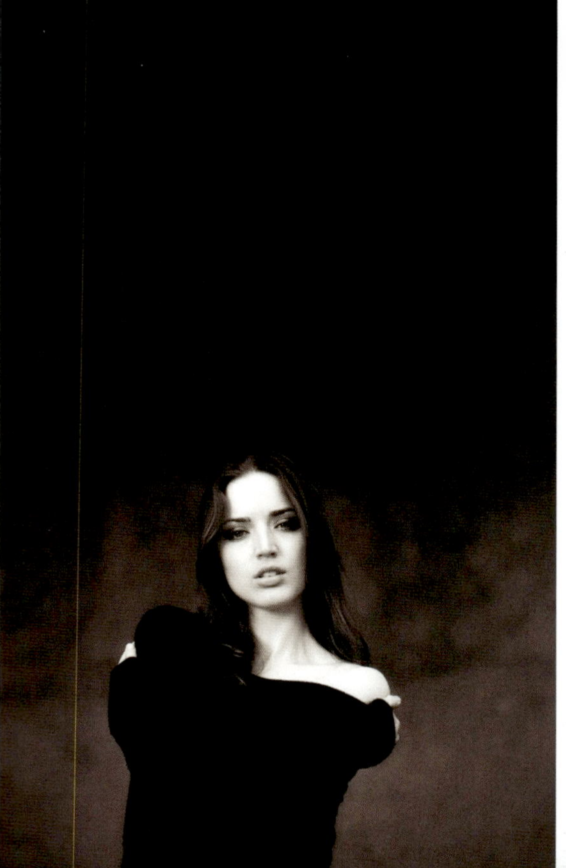

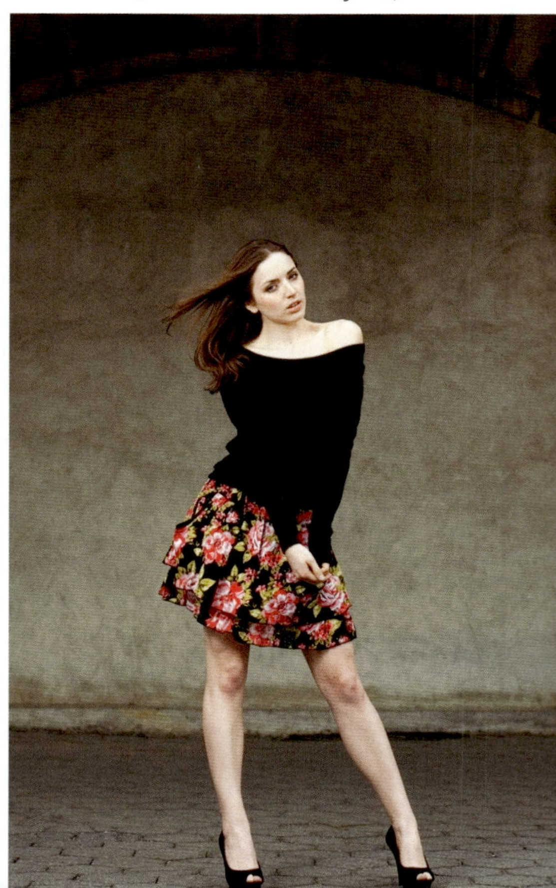

Denken Sie über Licht nach

Für Abbildung 9.3 habe ich nach einem Hintergrund gesucht, vor dem ich mein Modell Anelisa gleichmäßig ausleuchten konnte – eine Stelle, an der die Sonne nicht für harte Schlagschatten sorgte und es keine Lichtflecken gab.

Abbildung 9.3: *(1/1000 Sekunde bei f/3.2, ISO 200, nur Umgebungslicht)*

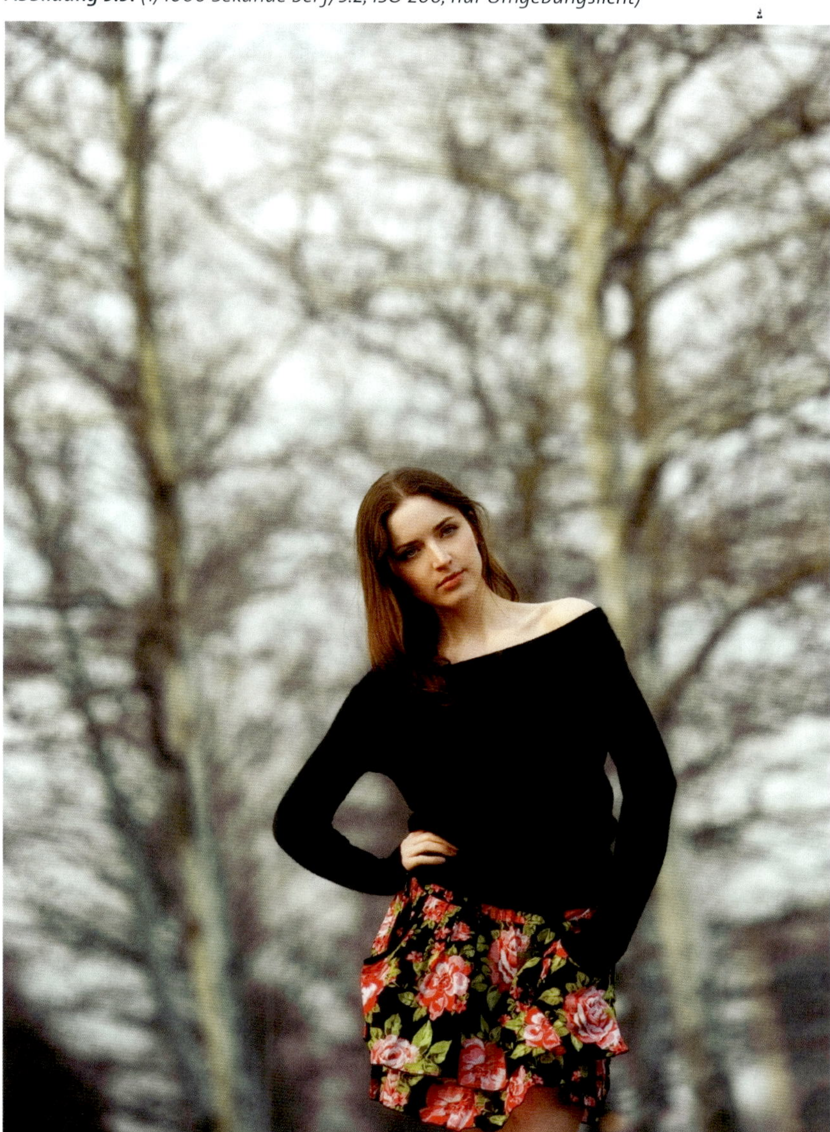

Bei den anderen Aufnahmen von Anelisa dagegen hatte ich eher einen Ort im Sinn, an dem ich sie vor einem helleren Hintergrund fotografieren konnte. Danach ermittelte ich die für den Hintergrund erforderliche Belichtung. Ohne unterstützenden Blitz wäre Anelisa unterbelichtet gewesen, weswegen ich zur korrekten Belichtung einen manuellen Blitz hinzufügte, der ein oder zwei Stufen stärker als das Umgebungslicht eingestellt war. Mit diesem Blitz in einer Softbox konnte ich die Qualität des auf sie fallenden Lichts kontrollieren. Durch entsprechende Einstellung der Blitzbelichtung gelang es mir dann, die Belichtung des Modells und die des Hintergrunds auszubalancieren. In Abbildung 9.1 (der Schwarzweißaufnahme zu Beginn dieses Kapitels) hatte ich die Wahl, ob der Hintergrund

Abbildung 9.4 (unten): *(1/250 Sekunde bei f/4 und ISO 200, manueller Blitz mit Softbox)*

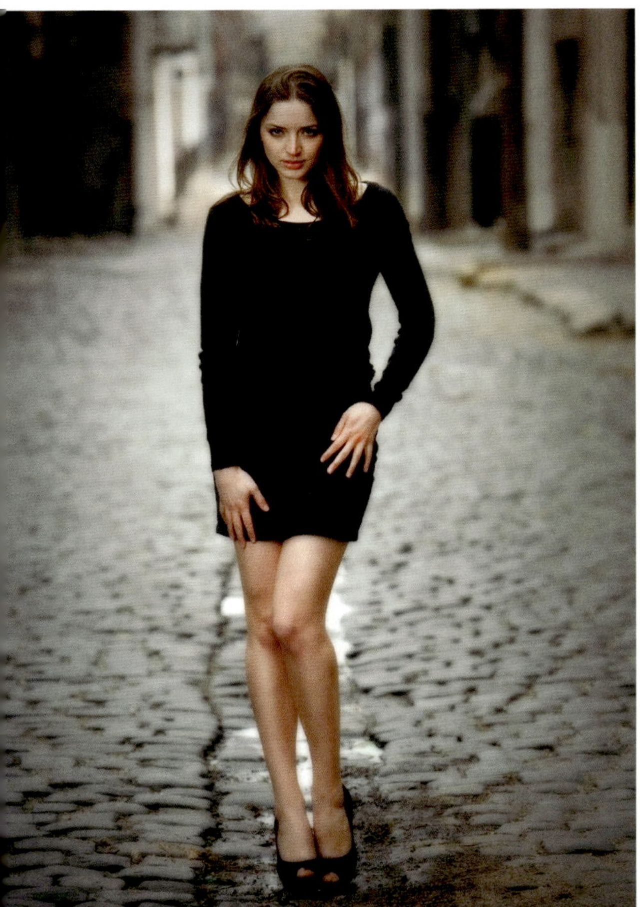

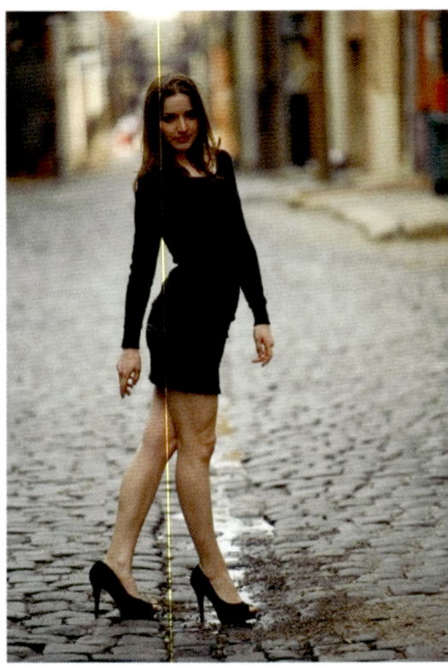

Abbildung 9.5 (oben): *Im Bild ohne Blitz sind Anelisas Augen zu dunkel. Weil wir die Aufnahmen in einer Gasse machten, kam das meiste Licht von oben, wodurch die wenig ansprechenden dunklen Gesichtszüge entstanden. Aus diesem Grund setzte ich danach einen entfesselten Blitz ein.*

etwas heller oder ein bisschen dunkler sein sollte. Hätte ich mich bei den Aufnahmen bei dieser Session dazu entschlossen, nur mit dem Umgebungslicht zu arbeiten, dann hätte ich die Qualität des auf das Modell fallenden Lichts sehr genau prüfen und Anelisa ebenso sorgfältig aufstellen müssen. Durch die Verwendung des Blitzes (mit Softbox) erhielt ich dagegen sehr viel mehr Freiraum bei der Positionierung des Lichts.

Abbildung 9.6 (unten): *(1/250 Sekunde bei f/4 und ISO 200, manueller Blitz mit Softbox)*

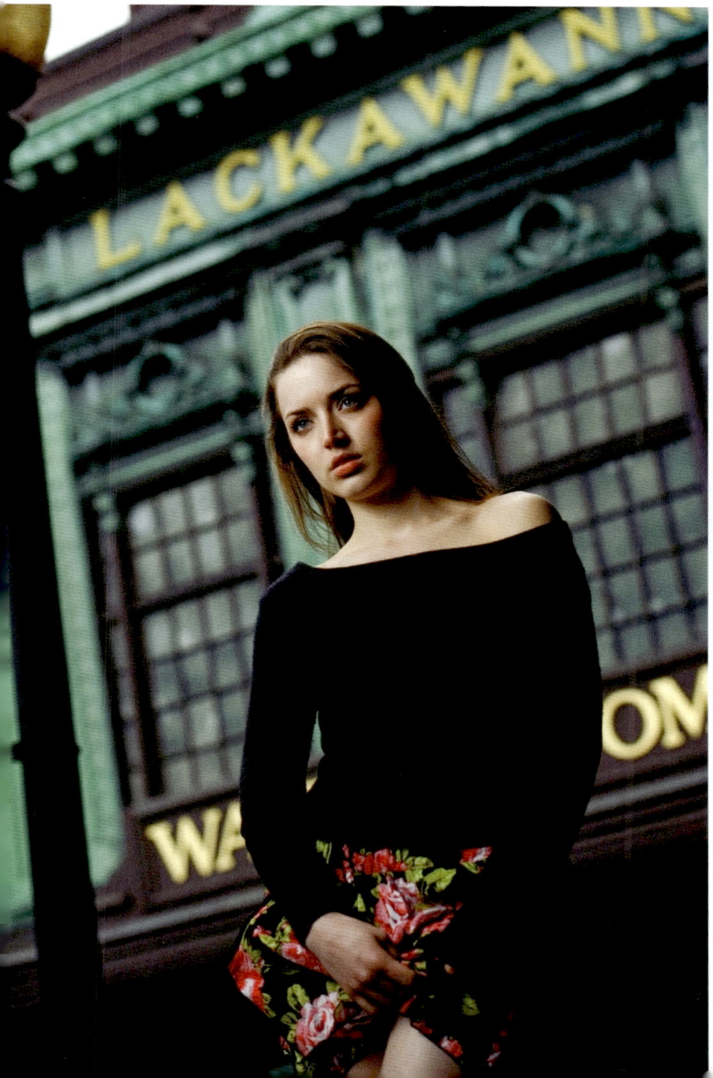

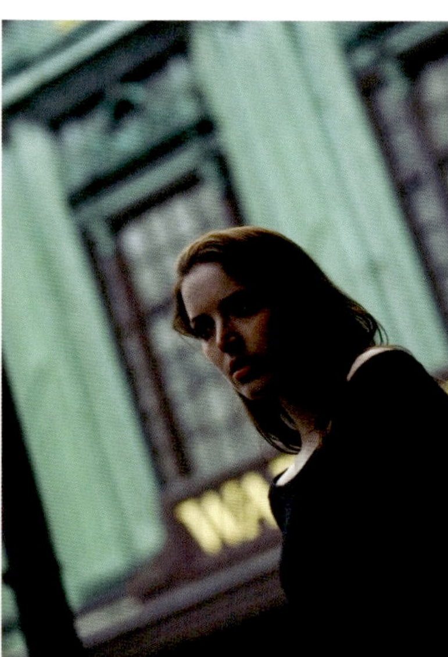

Abbildung 9.7 (oben): *Testaufnahme ohne Blitz zur Überprüfung der Hintergrundbelichtung.*

Standortwahl

Hintergrund, Licht und Bildkomposition: Alle drei Faktoren müssen zu Ihrem eigenen Standort in einem ausgewogenen Verhältnis stehen. Wenn Sie Ihre Position ändern, dann beeinflusst dies sowohl die Komposition als auch die Darstellung Ihres Modells in Bezug auf den Hintergrund. Ebenso führt ein Positionswechsel zu einem geänderten Lichteinfall auf das Modell. Stellen Sie sich zur Veranschaulichung die beiden Extreme vor: Befinden Sie sich auf einer Linie mit der Lichtquelle, die auf Ihr Modell fällt, dann ist das Licht flächig und homogen. Stehen Sie dagegen hinter dem Modell, dann sehen Sie nur die Silhouette. Mit anderen Worten: Behalten Sie immer im Auge, wie eine Änderung Ihrer Position sich auf die Balance von Bildkomposition, Lichtsetzung und Hintergrund auswirkt.

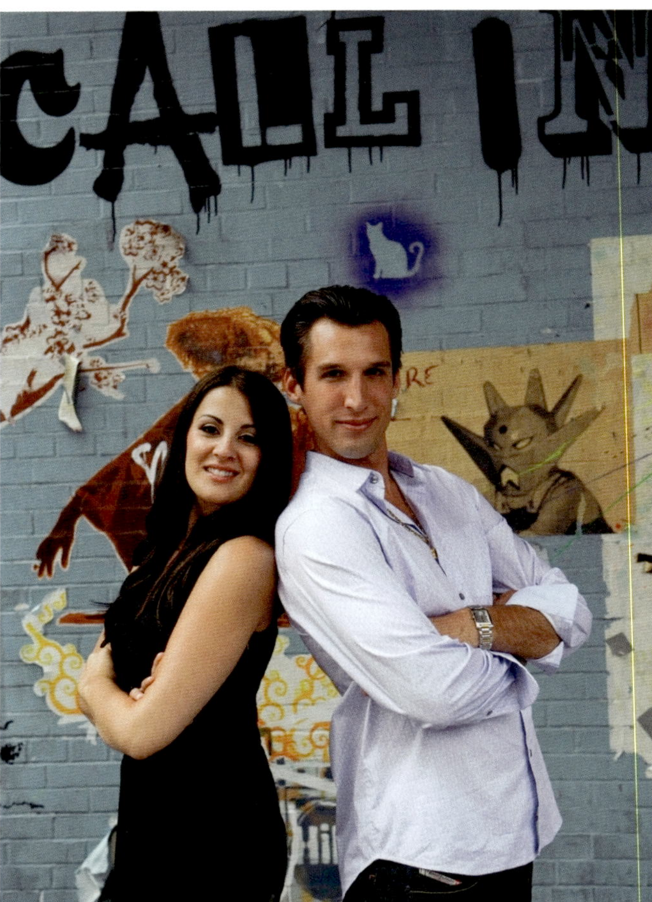

Abbildung 9.8: *(1/250 Sekunde bei f/4 und ISO 640, TTL-Blitz bei –0,3 EV)*

Praxisbeispiel: Blitzen an einem Regentag

Beim Planen einer On-Location-Session ist das Wetter immer die unbekannte Größe. Bei diesem Shooting mit Jennifer und Chris begann es heftig zu regnen, kurz bevor wir loslegen wollten. Auf dem Weg zur Location telefonierten wir kurz miteinander und beschlossen, den Termin nicht platzen zu lassen. Sollte es weiterregnen, würden wir uns die Vordächer der Gebäude zunutze machen, um trocken zu bleiben.

Bei dieser Session erlaubte uns der Einsatz eines entfesselten Blitzes ein Maximum an Kontrolle über das Licht. Ich war beim Fotografieren nun nicht mehr auf eine einzige Richtung angewiesen, sondern konnte meine Hintergründe nach Gutdünken aussuchen und die Modelle dann flexibel beleuchten, sodass sie attraktiv wirkten. In Abbildung 9.8 wirken die Farben spektakulär und die Hauttöne sind sehr ansprechend. Alles sieht gut aus – und dabei war der Aufwand wirklich gering. Es funktionierte also und das gar nicht schlecht.

Für Abbildung 9.9 verwendete ich einen Blitz mit einer Softbox (60 cm × 60 cm). Die Softbox ist leicht zu transportieren, schnell zusammengebaut und zeichnet sich durch ein geringes Gewicht aus. Und: Sie macht wirklich schönes Licht. Außerdem ist der Slave-Blitz drehbar, sodass man den TTL-IR-Sensor in Richtung der Kamera zeigen lassen kann. Dadurch wird die Zuverlässigkeit beim Empfang von Steuersignalen des Master-Blitzes verbessert. Der entfesselte Blitz (ein Nikon SB-900) wurde im TTL-Modus verwendet und per Infrarot über den Blitz auf meiner Kamera ausgelöst. Dabei habe ich das Licht des Kamerablitzes abgeschaltet – sein einziger Zweck bestand darin, den in der Softbox montierten Blitz auszulösen.

Bei der Aufnahme, auf der das Paar über die Straße geht (Abbildung 9.10), brauchte ich überhaupt keinen Blitz. Ich habe den beiden einfach gesagt, aus welcher Richtung sie auf mich zukommen sollten. Weil ich darauf achtete, dass das Licht von vorne kam, erhielt ich ein homogenes und luftiges Licht für das Paar.

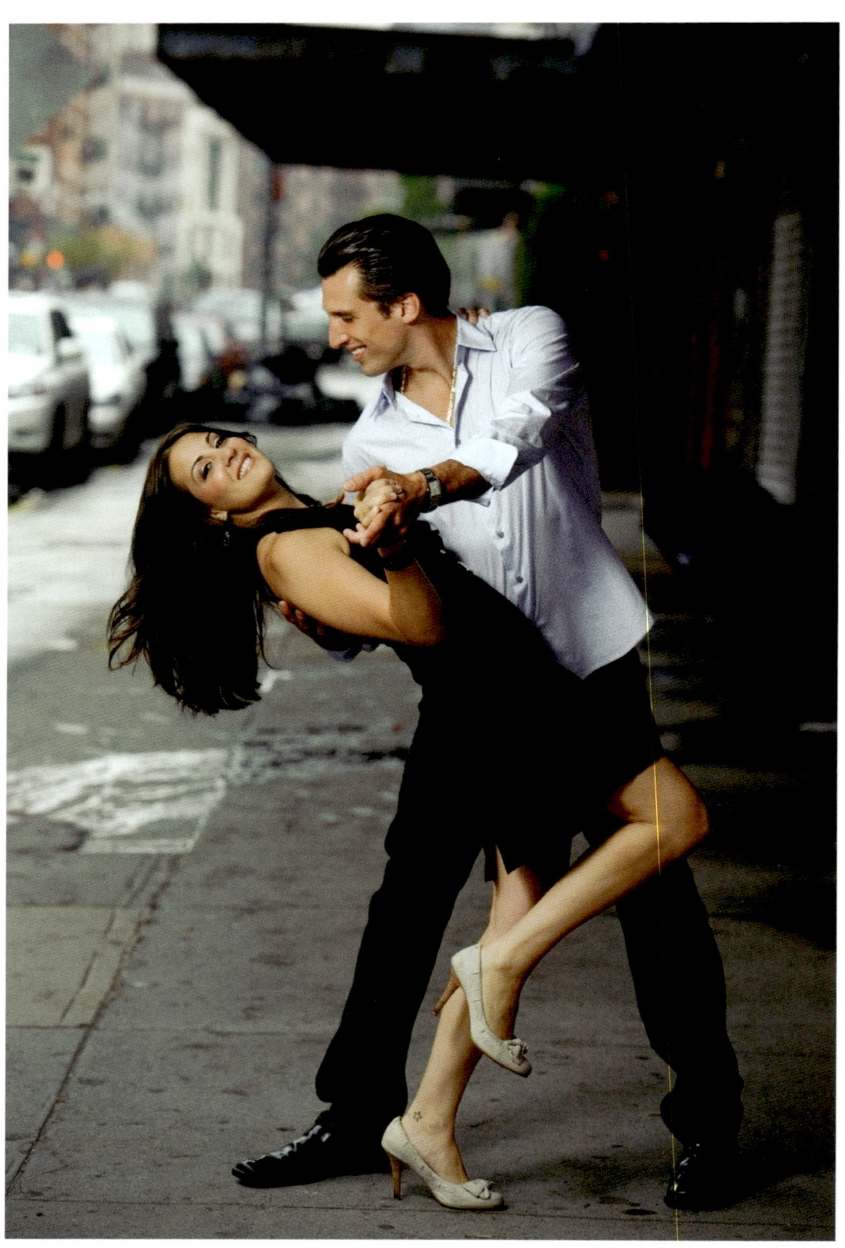

Abbildung 9.9: *(1/250 Sekunde bei f/4 und ISO 640, TTL-Blitz bei +0,7 EV)*

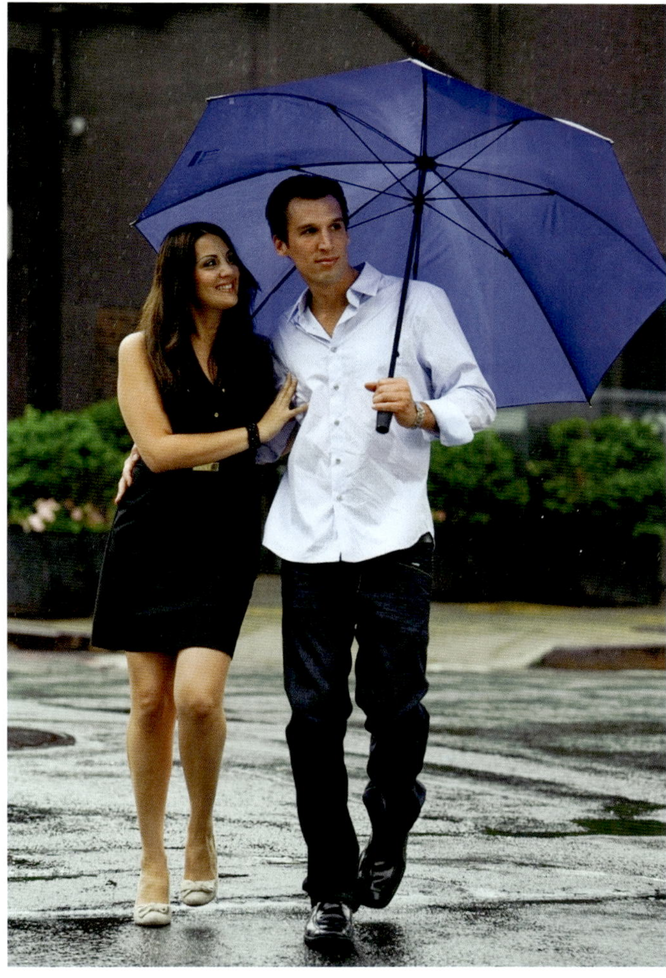

Abbildung 9.10:
(1/500 Sekunde bei f/3.5, ISO 800, nur Umgebungslicht)

Während der gesamten Session sorgte ich für eine Balance zwischen Blitz- und Umgebungslicht, indem ich das Umgebungslicht geringfügig unterbelichtete und dann zur Korrektur der Belichtung für die Modelle den TTL-Blitz hinzufügte. Abbildung 9.11 zeigt die Testaufnahme. Gut zu sehen ist das aufgrund meiner Einstellungen unterbelichtete Umgebungslicht. Abbildung 9.12 ist schließlich die fertige Aufnahme mit zusätzlichem TTL-Blitz bei –0,7 EV.

Dieser Ansatz bietet Ihnen ein großes Maß an Flexibilität. Bei einem Szenario wie diesem können Sie das Umgebungslicht auf einen beliebigen Wert zwischen –0,7 und –2 EV herunterdimmen und dann davon ausgehen, dass der TTL-Blitz für eine korrekte (oder zumindest annähernd korrekte) Belichtung der Modelle sorgt. Danach können Sie die TTL-Blitzbelichtung hoch- oder herunterregeln und das Ergebnis im Kameradisplay überprüfen. Das Licht wird gut aussehen, auch wenn Sie das Verhältnis zwischen Blitz und Umgebungslicht etwas variieren.

Für Abbildung 9.13 hatte ich das Paar gebeten, vor einem farbenfrohen Hintergrund ein paar Tanzschritte aufzuführen. Da sie unter einer Fußgängerbrücke standen, waren sie vor dem Regen geschützt. Trotzdem kam von hinten immer noch genügend Licht, um ein ansprechendes Spitzlicht zu schaffen. Ich musste also nur noch ein bisschen Licht über

Abbildung 9.11: *(1/250 Sekunde bei f/5.6, ISO 640, nur Umgebungslicht)*

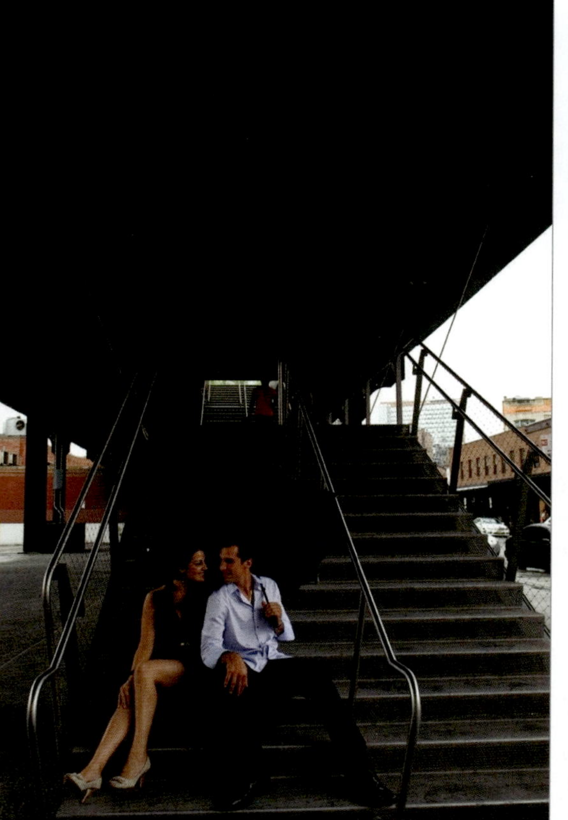

Abbildung 9.12: *(1/250 Sekunde bei f/5.6 und ISO 640, TTL-Blitz bei –0,7 EV)*

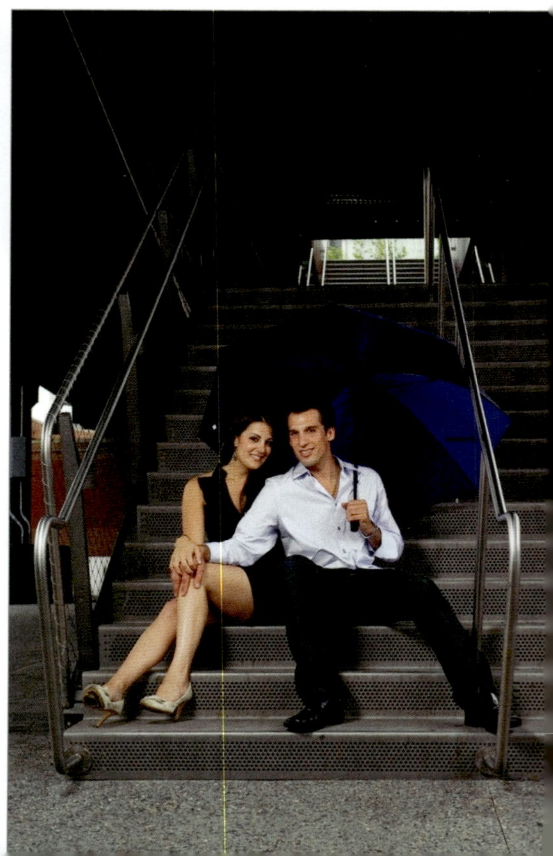

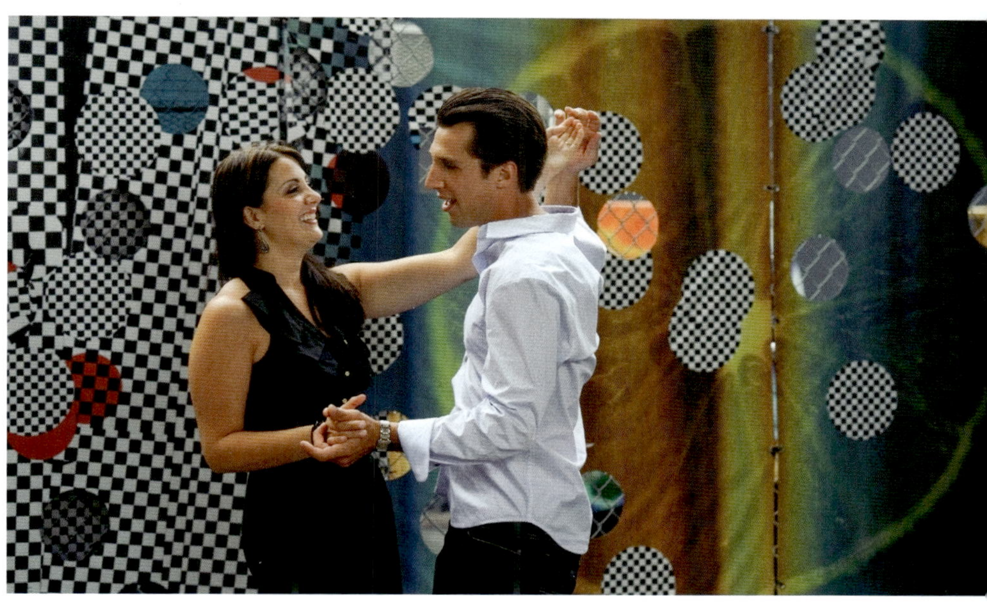

Abbildung 9.13: *(1/250 Sekunde bei f/4 und ISO 500, TTL-Blitz bei –0,7 EV)*

Abbildung 9.14: *(1/250 Sekunde bei f/5.6, ISO 200, nur Umgebungslicht)*

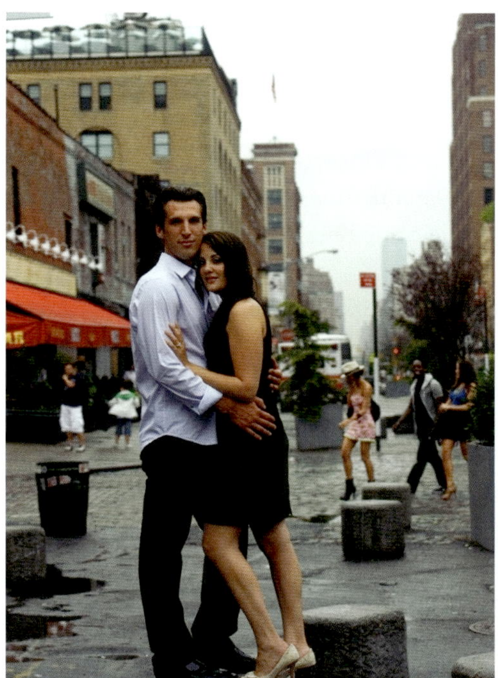

Abbildung 9.15: *(1/250 Sekunde bei f/5.6 und ISO 200, TTL-Blitz bei +0,3 EV)*

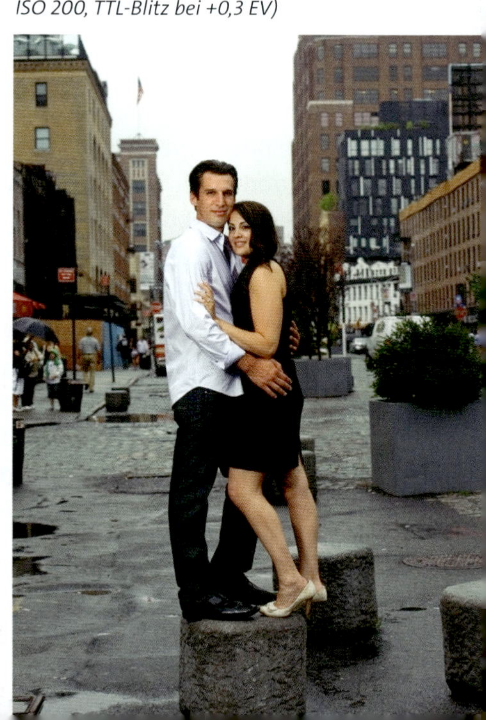

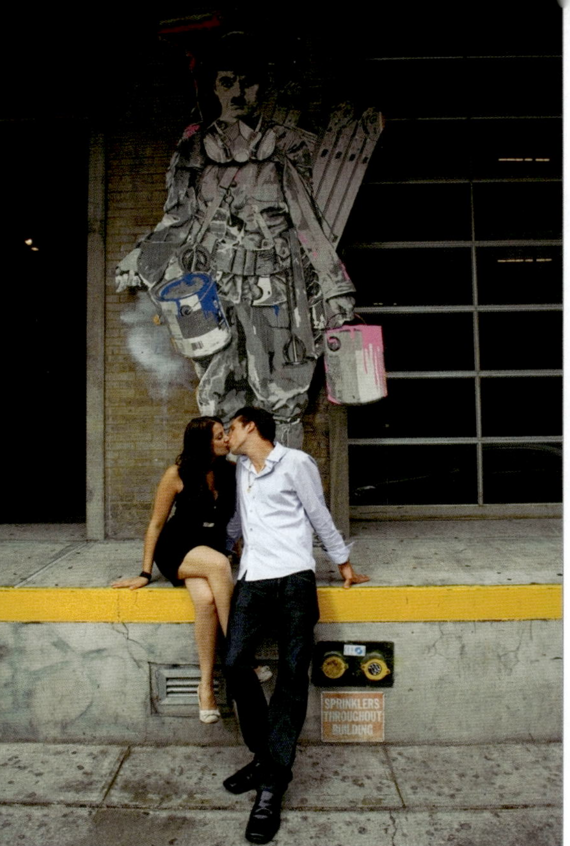

Abbildung 9.16: *(1/250 Sekunde bei f/5.6 und ISO 640, TTL-Blitz bei 0 EV)*

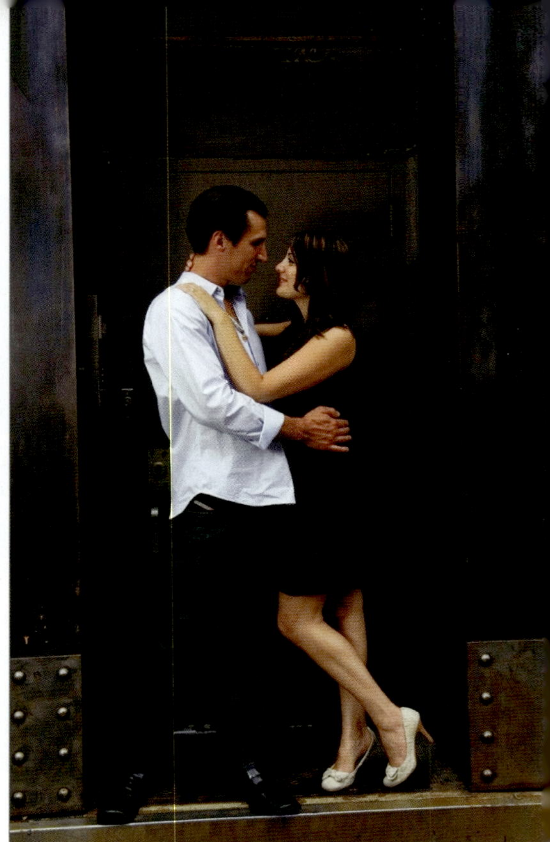

Abbildung 9.17: *(1/250 Sekunde bei f/5.6 und ISO 640, TTL-Blitz bei –0,3 EV)*

meinen funkgesteuerten TTL-Blitz in der Softbox hinzufügen. Auch hier war die Platzierung alles andere als zufällig: Ich traf meine Entscheidung erst, nachdem ich mich vergewissert hatte, wohin das vorhandene Licht fiel und wie ich entsprechend den Blitz einsetzen musste.

In den Abbildungen 9.14 und 9.15 erkennen Sie gut die Wirkung des Blitzlichts. Zuerst sehen Sie das Bild ohne Blitz, dann die Szene mit zugeschaltetem TTL-Blitz.

Am Anfang der Session machte ich zunächst ein paar Testaufnahmen. Dann blieb zwar das Umgebungslicht unverändert, aber ich musste nach jeder Änderung des Setups nochmal einen raschen Test machen.

Abbildungen 9.18 und 9.19 zeigen wieder ein Making-of und ein fertiges Bild. In diesem Fall stand die Softbox relativ nah an der Kameraposition, damit der Blitz nicht von den Fenstern reflektiert wurde.

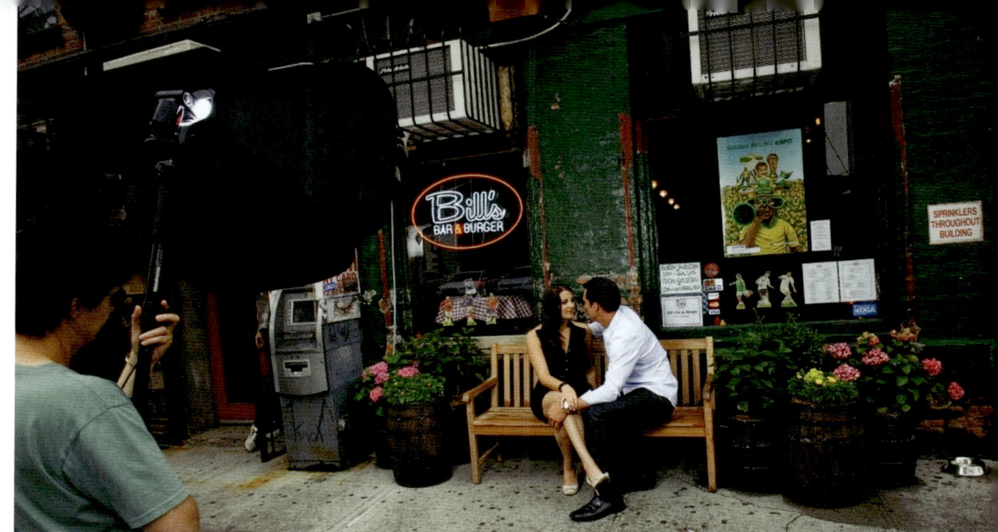

Abbildung 9.18: *Making-of-Aufnahme für Abbildung 9.19.*

Abbildung 9.19: *(1/200 Sekunde bei f/5.6 und ISO 640, TTL-Blitz bei -0,7 EV)*

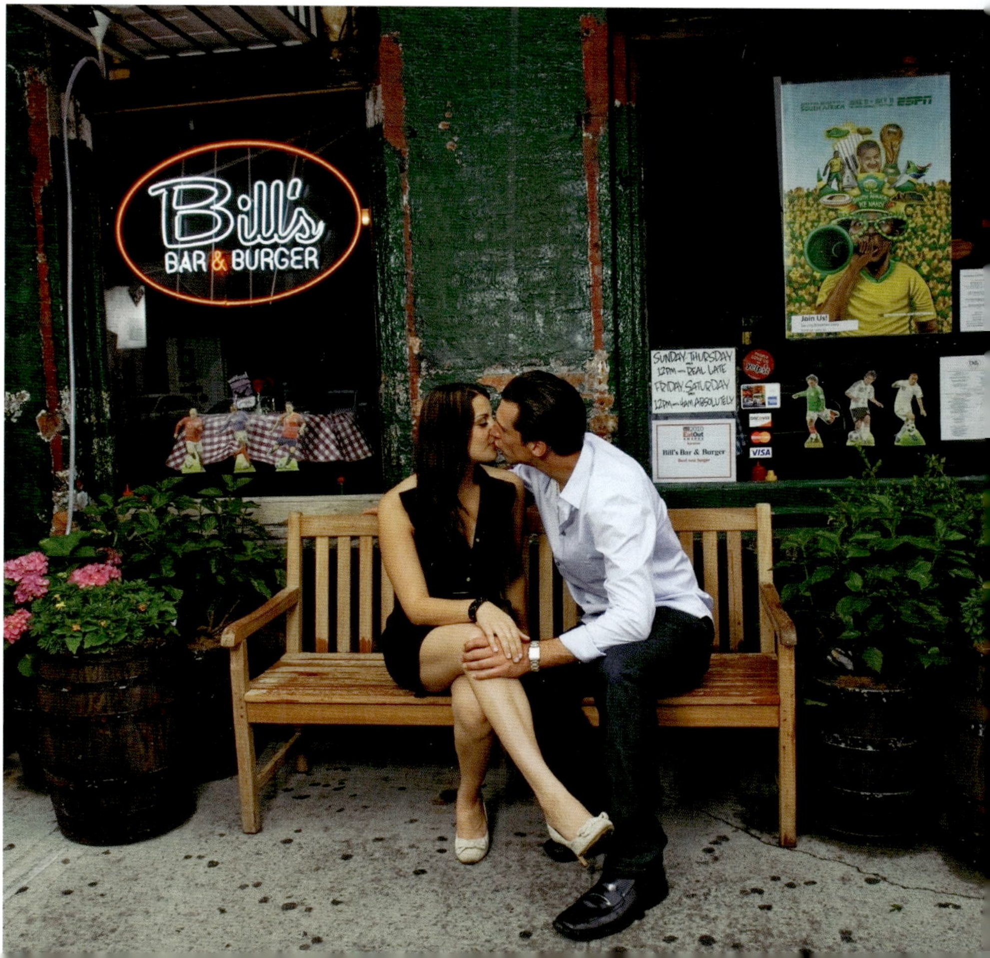

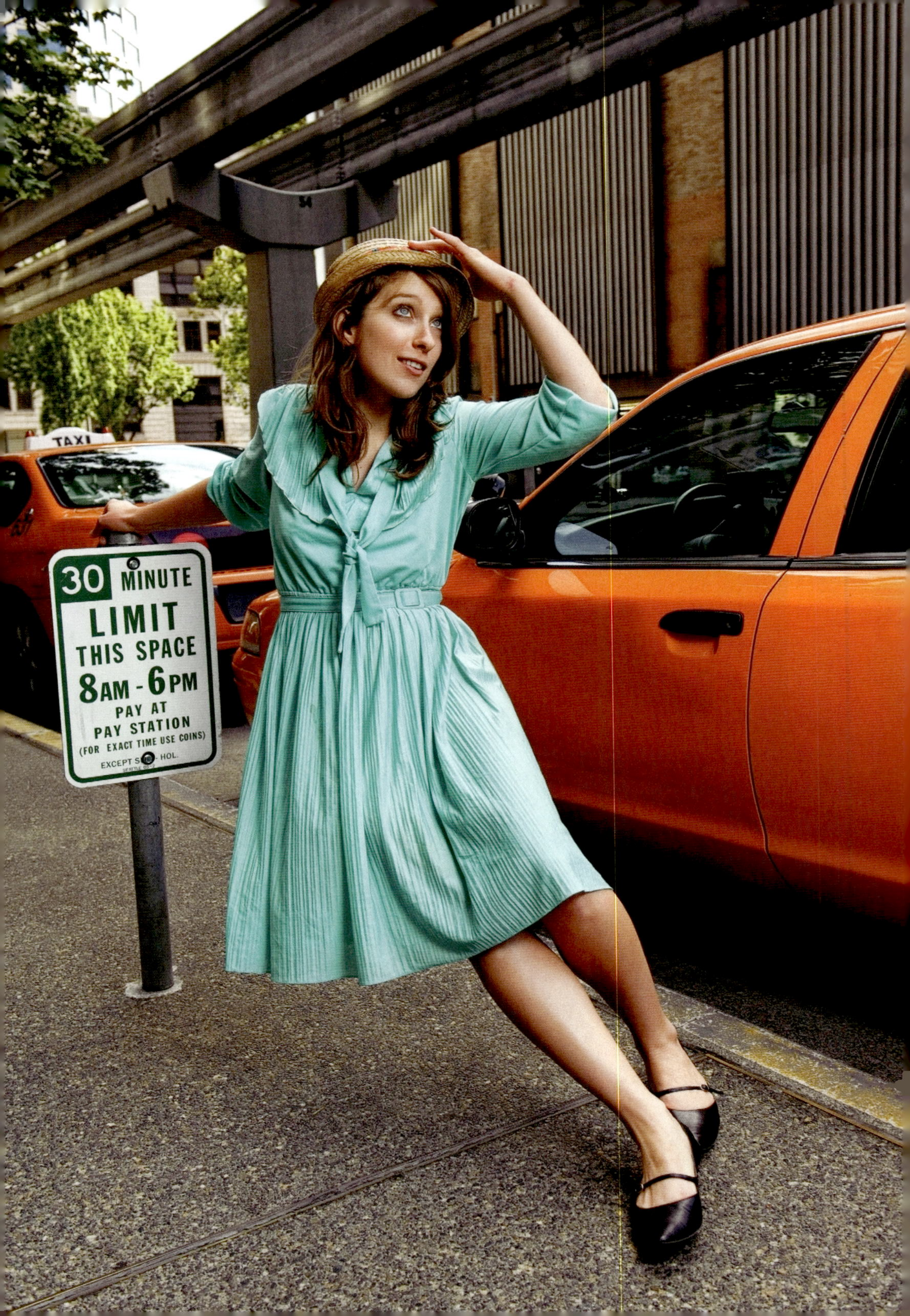
TAXI
30 MINUTE
LIMIT
THIS SPACE
8AM - 6PM
PAY AT
PAY STATION
(FOR EXACT TIME USE COINS)

10 Beispielsessions

In diesem Teil des Buchs wollen wir uns ansehen, wie Sie die beschriebenen Techniken in typischen Fotosession-Situationen einsetzen. Sie sollen alles, was Sie über das Blitzen und den Umgang mit Licht gelernt haben, so anwenden, dass Sie bei einem Shooting flüssig durcharbeiten können. Denn nur so kommen Sie am Ende zuverlässig zu den von Ihnen (und Ihren Kunden) gewünschten Aufnahmen. Wie Sie allerdings sehen werden, gibt es keinen Allroundansatz.

Bilder für ein Modellportfolio

Sarah ist Modell und brauchte eine Vielzahl unterschiedlicher Aufnahmen, um ihr Portfolio zu erweitern. Auf einigen dieser Aufnahmen sollte auch ihr Mann Mark abgebildet sein. Wir begannen unsere Session am Strand von Coney Island in New York. Dort hatte Sarah im Bikini neben Mark Aufstellung genommen. Von dort aus zogen wir dann weiter zum Riegelmann Boardwalk, um Lifestyleaufnahmen zu machen. Später wollte ich dann eigentlich ein paar Bilder von Sarah machen, wie sie im Sportoutfit auf die Kamera zuläuft, aber wir wurden durch ein schweres Gewitter unterbrochen. Wir setzten die Session dann im Battery Park fort. Danach ging es weiter zum Times Square, wo ich Aufnahmen einer bezaubernd aussehenden Sarah im Abendkleid machte.

Doch zurück zum Anfang. Für das Bikinifoto setzte ich das leistungsstarke Profoto AcuteB 600R-Lichtset in Verbindung mit einer Profoto-Softbox (60 cm × 90 cm) ein. Damit erhielt ich 600 Ws Blitzenergie, was trotz des Einsatzes der Softbox ausreichend war, um der Sonne Paroli zu bieten. Für alle späteren Fotos an diesem Tag begnügte ich mich mit einem Qflash in einer Softbox, die teils auf einem Einbeinstativ hochgehalten, teils auf einem Lichtstativ befestigt wurde. Es gibt sogar ein Bild, bei dem nur das Umgebungslicht ausreichte. Zusammenfassend hatten wir es hier also mit unterschiedlichen Lichtgebern und somit auch unterschiedlichen Techniken zu tun.

Zu Abbildung 10.1 zeige ich Ihnen vergleichshalber auch die unretuschierte Fassung (Abbildung 10.2). Wie Sie sehen, habe ich aus dem Hintergrund alle Personen sowie die Felsen und den Steg entfernt. Ziel dieser Vorgehensweise war, das Foto einfacher zu machen und die Ausstrahlung zu verbessern.

Ferner musste ich die ungleichmäßigen Schatten auf Marks Oberkörper bearbeiten, denn dort hatten Sonnen- und Blitzlicht ein seltsam anmutendes Schattenmuster geschaffen. Hätte ich diese Schatten vollständig loswerden wollen, dann hätte ich das Umgebungslicht um etwa drei Stufen unterbelichten müssen. Damit aber wären die Strandszenerie und der Himmel nicht mehr zu sehen gewesen. Eine Alternative wäre der Einsatz großer Diffusoren gewesen, aber dafür hätte ich ein größeres

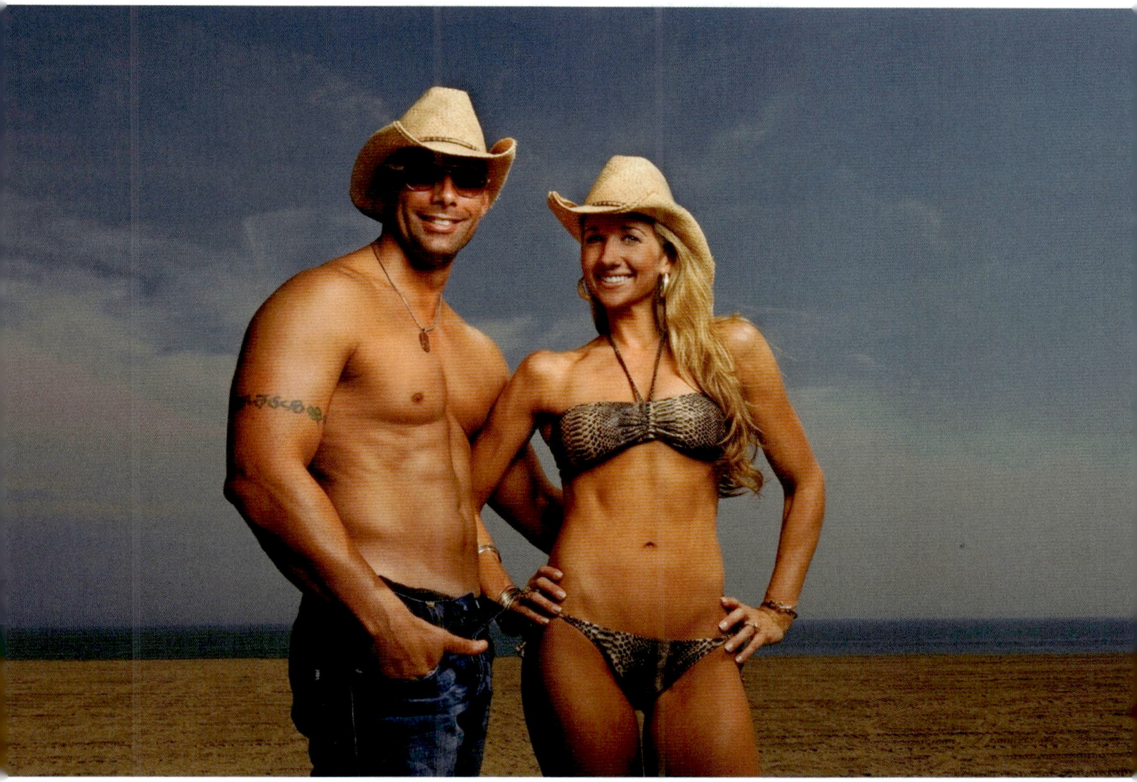

Abbildung 10.1:
Das fertige Bikinibild.

Abbildung 10.2:
Das Originalbild ohne Retusche.

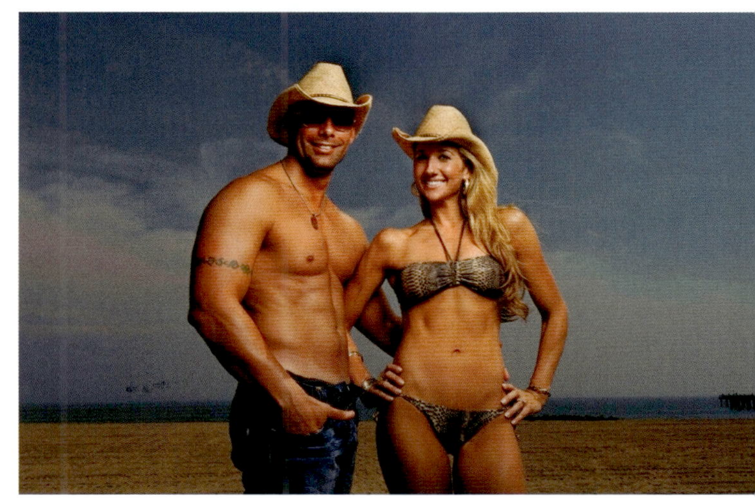

Produktionsteam gebraucht. Insofern war die Nachbearbeitung in Photoshop ein Kompromiss, der es mir erlaubte, auch ohne höheren Zeitaufwand, mehr Equipment oder ein größeres Team beim Shooting zu einem guten Endergebnis zu kommen.

Mit den Aufnahmen in den Abbildungen 10.3 bis 10.8 wollte ich die Entwicklung einer Idee veranschaulichen. Denn oft steht das fertige Bild nicht für sich alleine, sondern ist Bestandteil einer ganzen Serie. Und zwar auch dann, wenn diese Serie gar nicht gezeigt wird. Am Anfang machte ich ein Porträt von Sarah, wie sie Mark umarmt (Abbildung 10.3). Hierfür nutzte ich das weiche Licht des späten Nachmittags, das durch das aufziehende Gewitter bereits gestreut war. Und weil das sehr ansprechend aussah, brauchte ich weder mehr Licht noch einen Blitz.

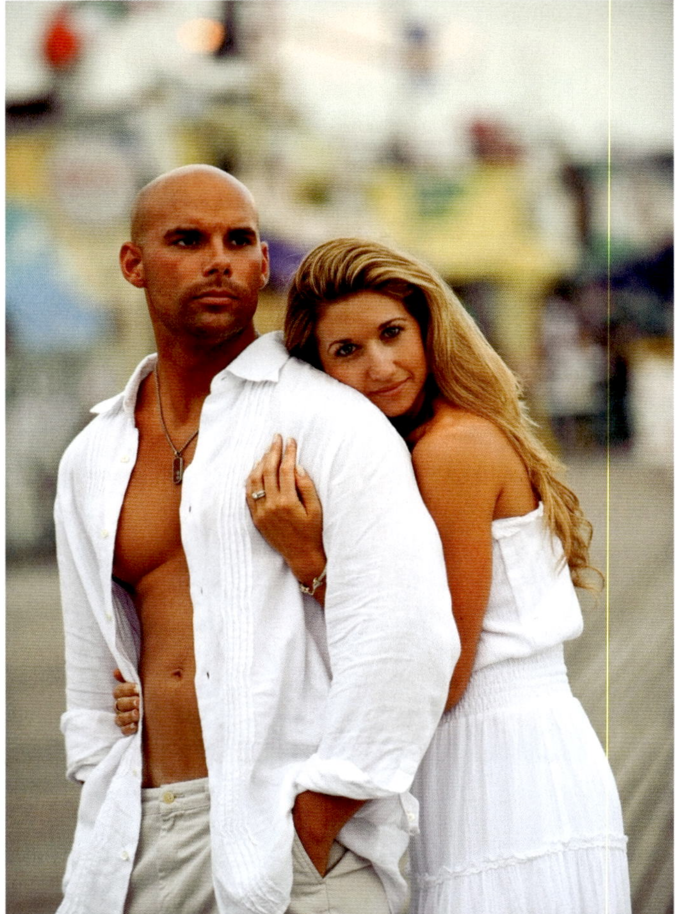

Abbildung 10.3: *(1/250 Sekunde bei f/4 und ISO 200, Umgebungslicht)*

Als ich mich dann umwandte, sah ich, wie der Himmel sich schnell verdunkelte und es bedrohlich grummelte. Und tatsächlich: Keine zehn Minuten später hasteten wir zum Auto, während dicke Regentropfen auf uns niederprasselten.

Abbildung 10.4 ist eine Testaufnahme von Sarah vor diesem Himmel. Das Bild wirkt trüb und das Licht auf Sarahs Gesichtszügen ist nicht gut. Die Augen wirken wie vom Schatten verschleiert, was daran liegt, dass sie von der Hauptlichtquelle – den durch die Wolken brechenden Sonnenstrahlen – abgewandt sind. Zudem waren die Wolken im Hintergrund wesentlich heller als mein Modell. Kurz und gut: Nur mit dem natürlichen Licht allein war es nicht möglich, die passende Belichtung für Sarah zu finden, ohne Details im Himmel zu verlieren. Mit dieser Belichtung, die sozusagen zwischen allen Stühlen sitzt, lässt sich kein spektakuläres oder wirkungsvolles Bild machen.

Ich wollte, dass der Himmel dunkler und düsterer wirkt, und deswegen unterbelichtete ich ihn und ergänzte dann mit einer Softbox rechts neben der Kamera das Blitzlicht. Der Blitz war TTL-gesteuert, d. h. alle Einstellungen waren im Handumdrehen vorgenommen – ein Umstand, der angesichts des sich ständig ändernden Lichts durchaus wichtig war. Im nächsten Schritt machte ich eine Testaufnahme, um zu überprüfen, wie das Foto mit der vom Blitz beleuchteten Sarah und dem um mehr als eine Stufe unterbelichteten Himmel im Vergleich zur ersten Testaufnahme aussah. Wie Sie in Abbildung 10.5 sehen können, wirkt diese Aufnahme bereits deutlich dramatischer.

Auch in Situationen wie diesen ist das Arbeiten mit TTL-Blitz schneller als das manuelle Blitzen. Allerdings kann der manuelle Blitz einen entscheidenden Vorteil bieten: die gleichbleibende Belichtung. Damit wird die Nachbearbeitung ganzer Bildfolgen zum Kinderspiel. Wenn ich jedoch zügig arbeite, dann ziehe ich die Schnelligkeit von TTL dem manuellen Blitz vor. Im vorliegenden Fall wollte ich den Himmel um mehr als eine Stufe unterbelichten und änderte deswegen sowohl den ISO-Wert als auch meine Blendeneinstellung. Die Blitzbelichtung folgte auf dem Fuß.

Beim manuellen Blitz hätte ich in dieser Situation zunächst Blende und ISO-Wert bestimmen und dann die Hintergrundbelichtung über die Verschlusszeit justieren müssen. Damit hätte ich durchaus an eine

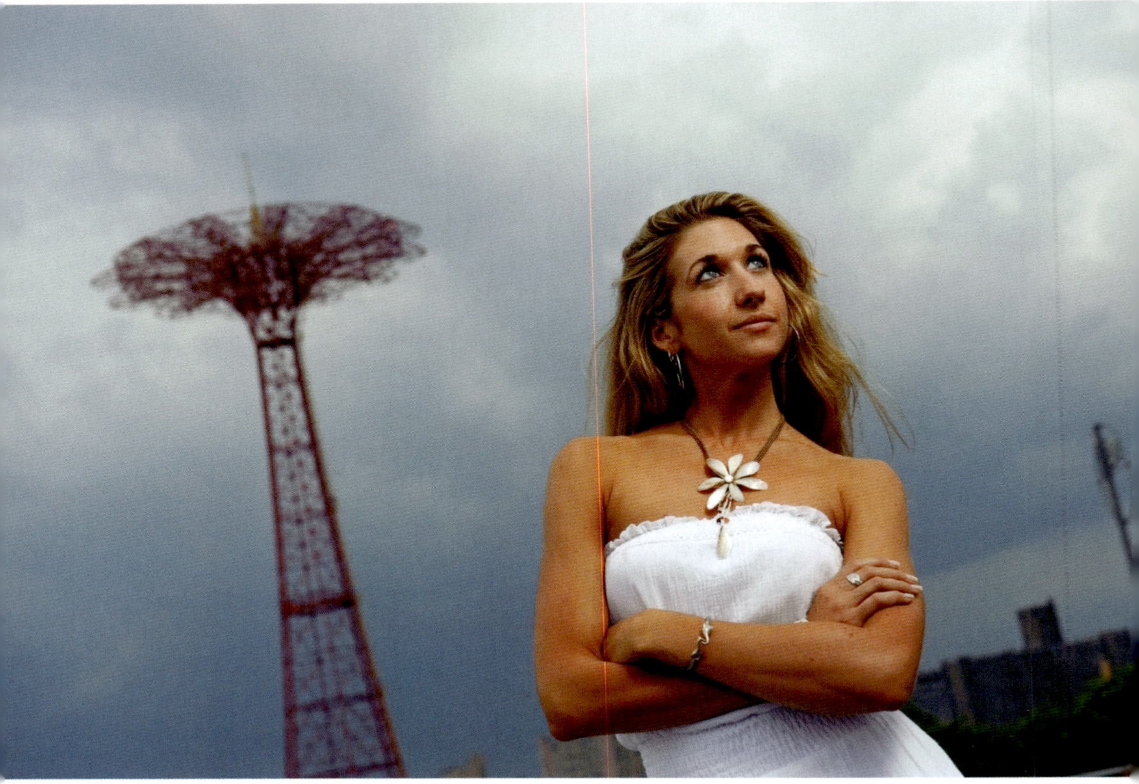

Abbildung 10.4: *(1/250 Sekunde bei f/6.3 und ISO 200, TTL-Blitz)*

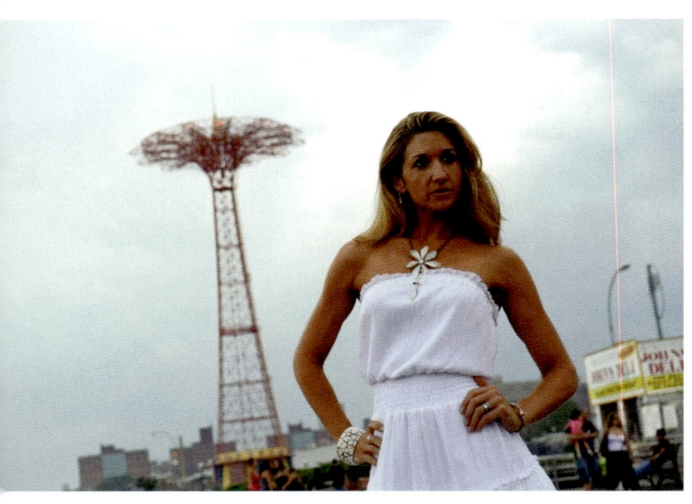

Abbildung 10.5: *(1/250 Sekunde bei f/5.6 und ISO 400, Umgebungslicht)*

Grenze (die Synchronisationszeit) stoßen können, bevor der Hintergrund dunkel genug gewesen wäre. Daher müssen Sie als Ausgangspunkt eine geeignete Verschlusszeit einstellen, dann für den gegebenen Abstand zwischen Blitz und Modell die Blitzenergie ermitteln und schließlich die Kombination aus Blenden- und ISO-Wert bestimmen.

Da der TTL-Blitz meinen Kameraeinstellungen folgte, war sein Einsatz zumindest in dieser Situation einfach die schnellere Lösung – auch und gerade, weil sich über uns das Gewitter zusammenbraute. Unter diesen Umständen waren mögliche Schwankungen bei der Blitzbelichtung, wie sie mit TTL einhergehen, etwas, womit ich leben konnte – eine Korrektur war ja immer noch in der Nachbearbeitung möglich.

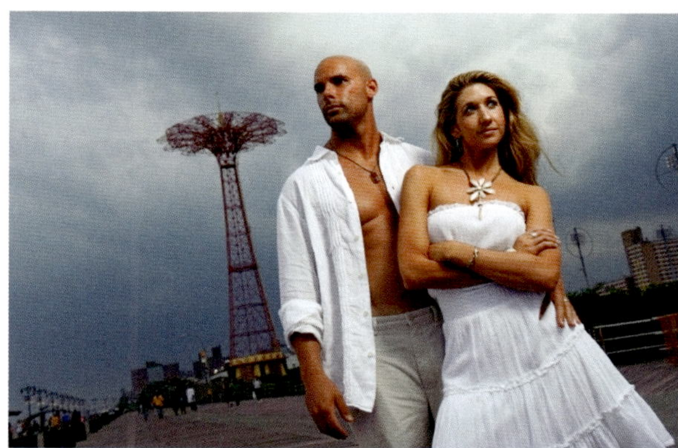

Abbildung 10.6: *Das Bild, wie es aus der Rohbildkonvertierung kam. (1/250 Sekunde bei f/6.3 und ISO 200, TTL-Blitz)*

Abbildung 10.7: *Das fertig zugeschnittene und retuschierte Bild. (1/250 Sekunde bei f/6.3 und ISO 200, TTL-Blitz)*

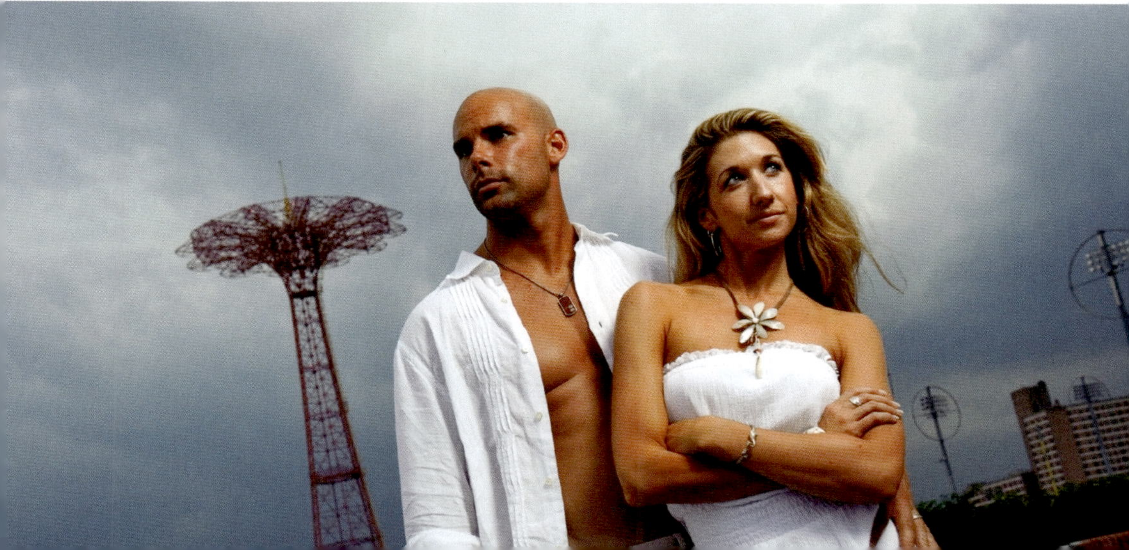

Bei der nächsten Aufnahme zog ich Mark hinzu und bat Sarah, sich an ihn anzulehnen. Abbildung 10.6 zeigt das direkt aus der RAW-Konvertierung stammende Resultat.

Um die Komposition etwas zu straffen, entschied ich mich für einen Zuschnitt, wie man ihn aus Filmen kennt. Außerdem nahm ich in Photoshop noch einige kleine Korrekturen vor, um das Bild noch beeindruckender wirken zu lassen. Die fertige Aufnahme sehen Sie in Abbildung 10.7.

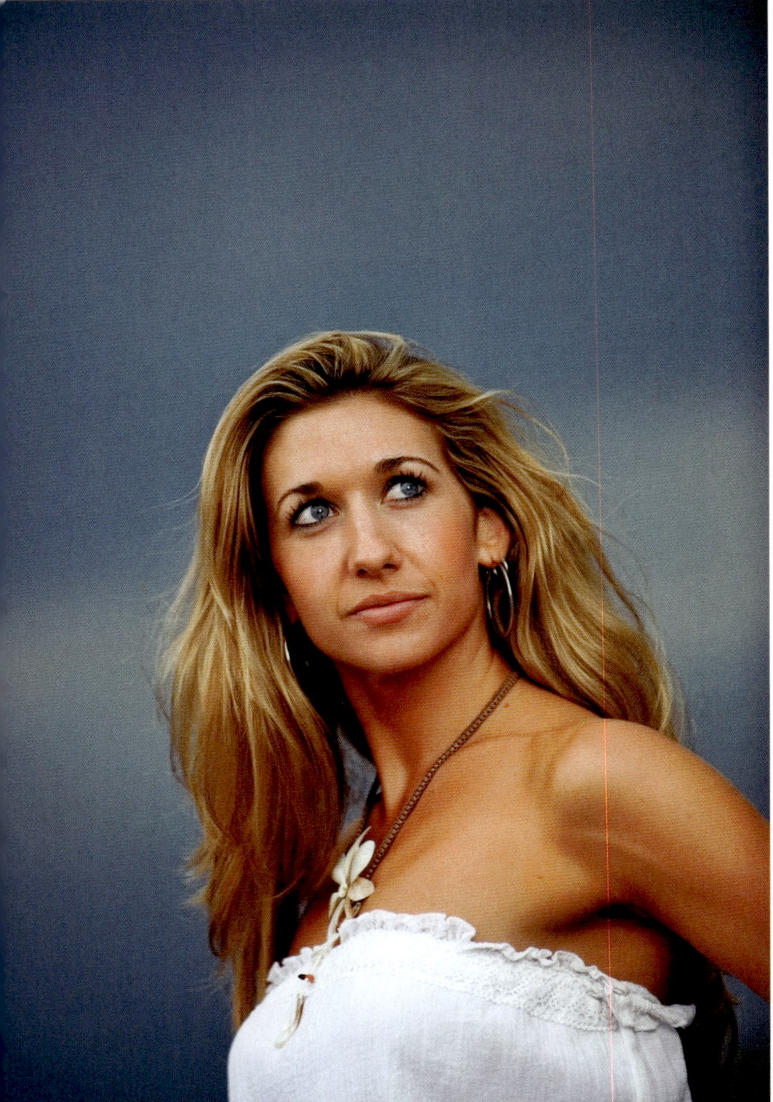

Abbildung 10.8:
(1/250 Sekunde bei f/3.5 und ISO 200, TTL-Blitz)

Als ich das nächste Porträt von Sarah machte (Abbildung 10.8), hockte ich immer noch auf dem Boden und fotografierte gegen das düstere Licht. Rechts neben mir befand sich eine Softbox mit einem Qflash (festgehalten von meiner Assistentin), aber so etwas bekommen Sie durchaus auch mit einer Kombination aus Blitz und Softbox hin. Auch hier habe ich die Aufnahme durch ein bisschen Nachbearbeitung in Photoshop noch eindrucksvoller gestaltet.

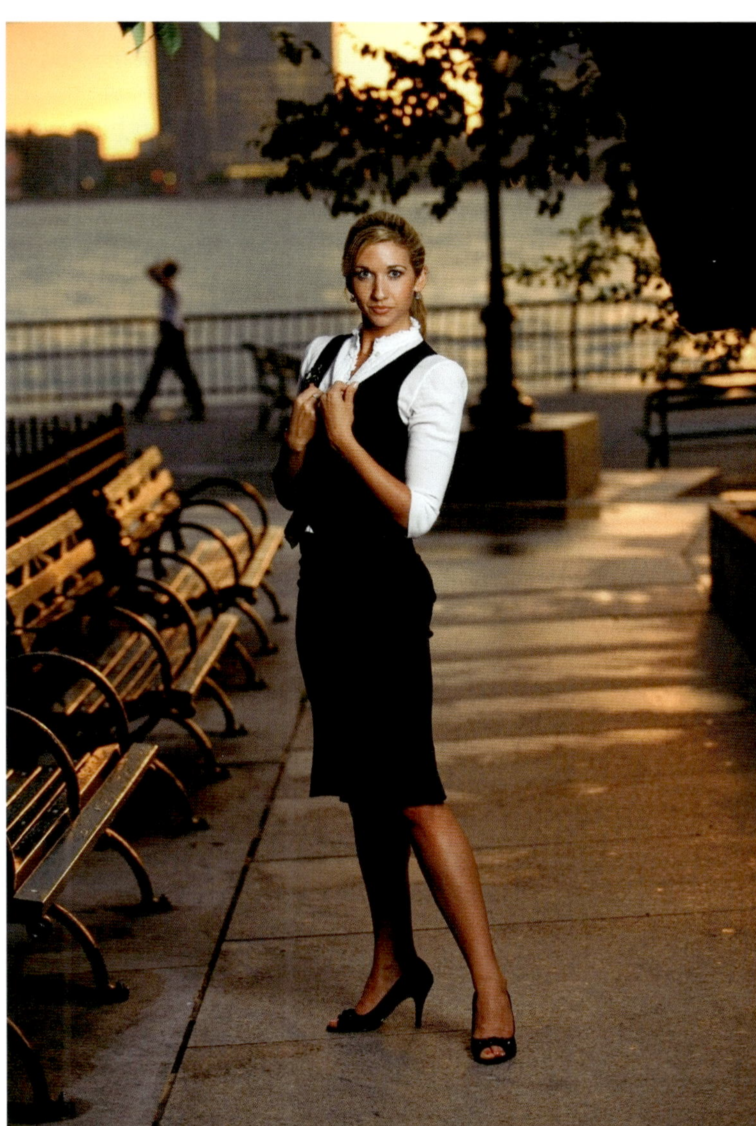

Abbildung 10.9: *Ein Outtake, der die Position der Softbox relativ zu Sarah zeigt. (1/250 Sekunde bei f/4 und ISO 800, manueller Blitz)*

Abbildung 10.9 ist ein Outtake aus dem Teil der Session im Battery Park. Hier können Sie die Position der Softbox (auf einem Stativ) relativ zu meinem Modell erkennen. Ich habe hier einen manuellen Blitz verwendet, da mein Modell seine Position in Relation zur Lichtquelle behielt. In diesem Fall war der Einsatz des manuellen Blitzes sinnvoller, um konsistente Belichtungen zu erhalten. Die Belichtungseinstellung für den Hintergrund hatte ich so gewählt, wie es meiner Meinung nach erforderlich war, um die Stimmung nach einem Gewitter in der Stadt perfekt einzufangen. Die Blitzenergie senkte ich so weit ab, dass ich relativ zum Hintergrund gerade genügend Licht erhielt. Die Belichtung für das Umgebungslicht habe ich gemessen, indem ich meine Kamera nach unten richtete und eine Testaufnahme machte. Danach blendete ich um eine Stufe auf, damit die Reflexionen im Hintergrund etwas heller wirkten.

Als die Sonne unterging, war die gesamte Stadt in ein orangefarbenes Licht getaucht (Abbildung 10.10). Statt jedoch den manuellen Blitz zu verwenden, wie es in technischer Hinsicht sinnvoller gewesen wäre, entschied ich mich aus rein praktischen Erwägungen für den TTL-Blitz, denn ich war davon überzeugt, dass die vor Ort tätigen Wachleute uns verscheuchen würden, sobald sie auf uns aufmerksam würden. Mit dieser Einschätzung lag ich vollkommen richtig: Nach vielleicht fünf Aufnahmen wurden wir nachdrücklich gebeten, das Fotografieren zu unterlassen. Mit TTL bin ich in dieser Situation einfach schneller gewesen – und das war mehr wert als eine konsistente Blitzbelichtung.

Bereits um die nächste Ecke sah ich eine wunderschöne Straßenszene, getaucht in samtweiches Licht. Das war der perfekte Hintergrund für Sarah (Abbildung 10.11). Mein Stativ lag zwar im Auto, aber ich konnte es natürlich nicht mitten auf der (ruhigen) Straße aufbauen. Deswegen machte ich mehrere Aufnahmen mit Handblitz, um am Ende mindestens eine zu erhalten, die gelungen war. Nach der Nachbearbeitung gefiel mir die in Abbildung 10.10 gezeigte Aufnahme dann sogar besser als die vorherige.

Und damit kamen wir dann endlich auch zum Times Square in Manhattan. Abbildung 10.12 zeigt Sara im festlichen Abendkleid und sie sieht auch nach einem langen Tag immer noch einfach fantastisch aus. Ich wollte einige Details in den helleren Bereichen des Hintergrunds herausarbeiten und komponierte die Aufnahme daher so, dass nicht zu viel

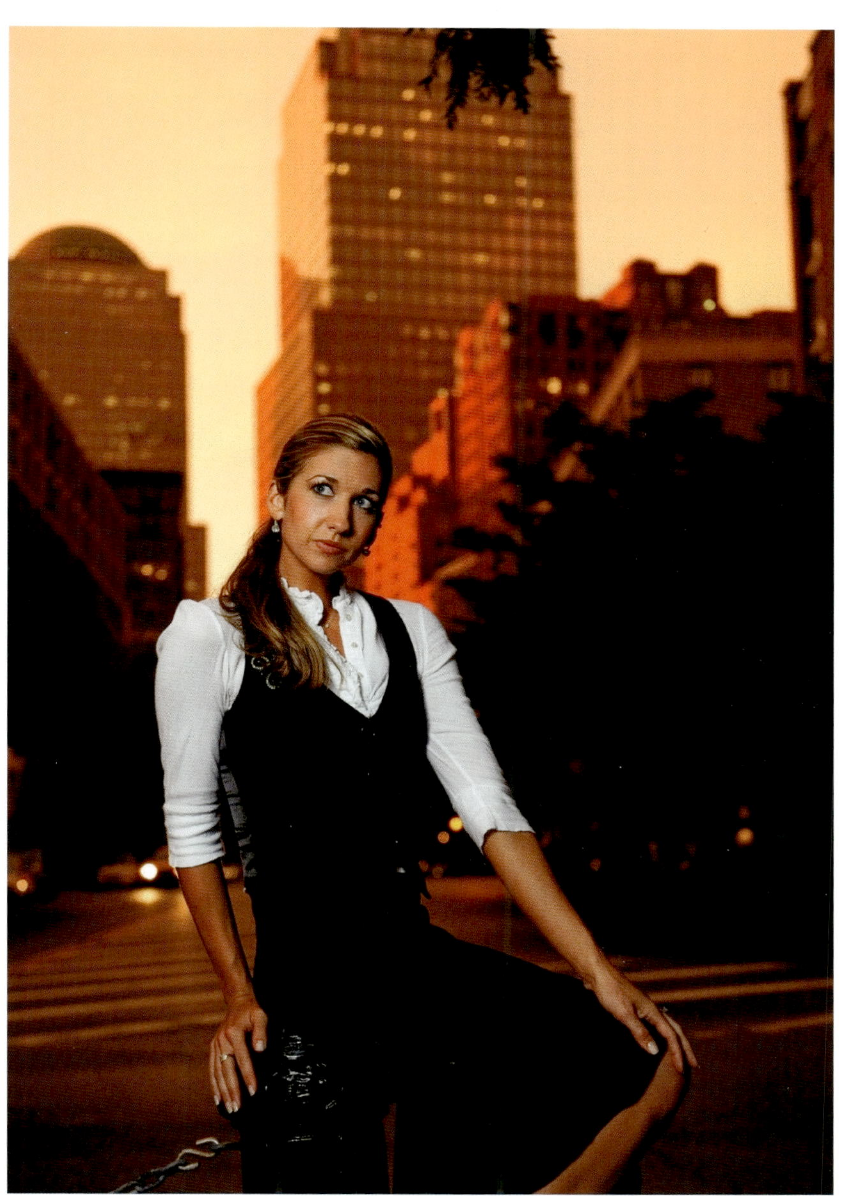

Abbildung 10.10: *(1/40 Sekunde bei f/2.8 und ISO 1600, Umgebungslicht, Freihand)*

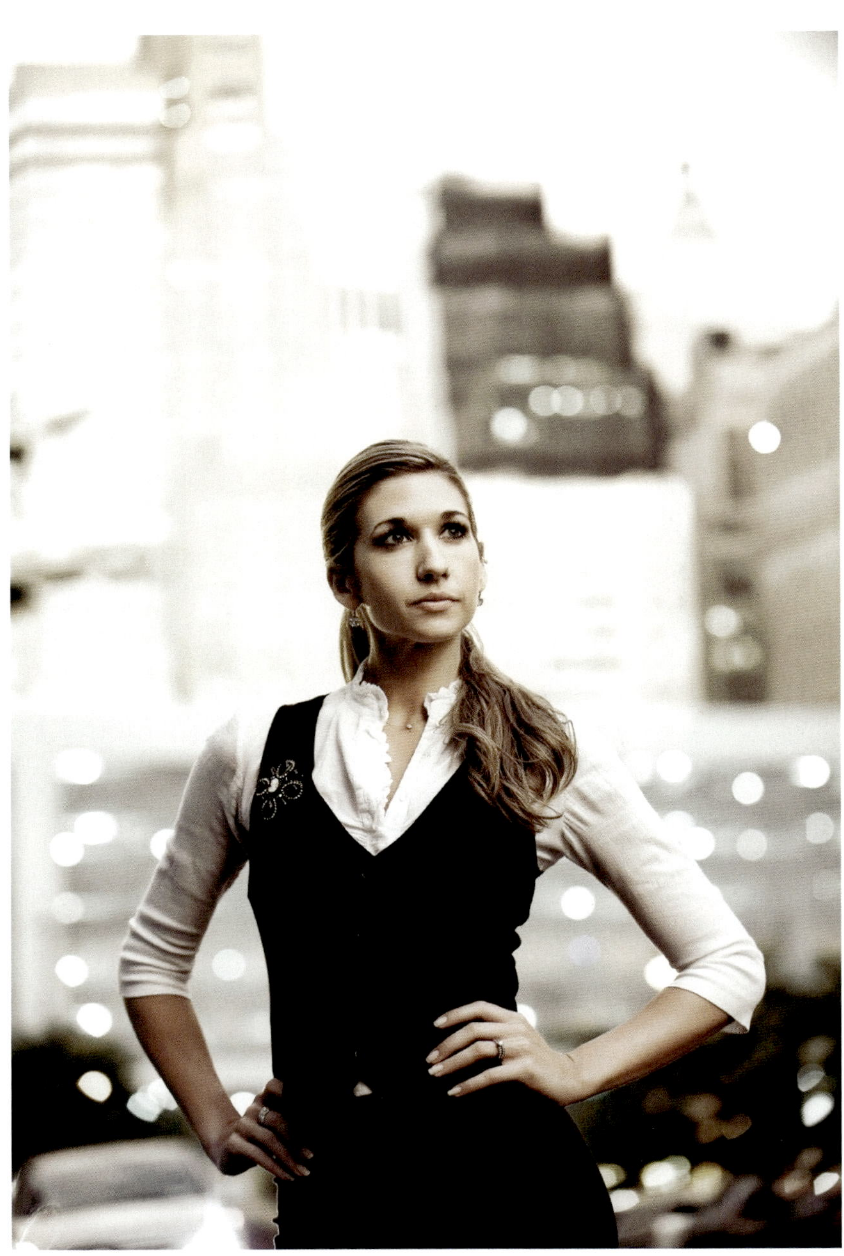

Abbildung 10.11: *(1/125 Sekunde bei f/3.5 und ISO 800, nur Umgebungslicht)*

Dunkel hinter ihr zu sehen ist. Da die Belichtungsmessung einer Kamera bei Neonlichthintergründen wie am Times Square rettungslos verloren ist, musste ich ein paar Testaufnahmen machen und die Kameraeinstellungen passend zur Belichtung auf den Hintergrund vornehmen. Für die Aufnahme selbst musste ich dann nur noch mein Modell platzieren und einen entfesselten TTL-Blitz in einer Softbox hinzunehmen.

***Abbildung 10.12:** (1/250 Sekunde bei f/4 und ISO 800, TTL-Blitz)*

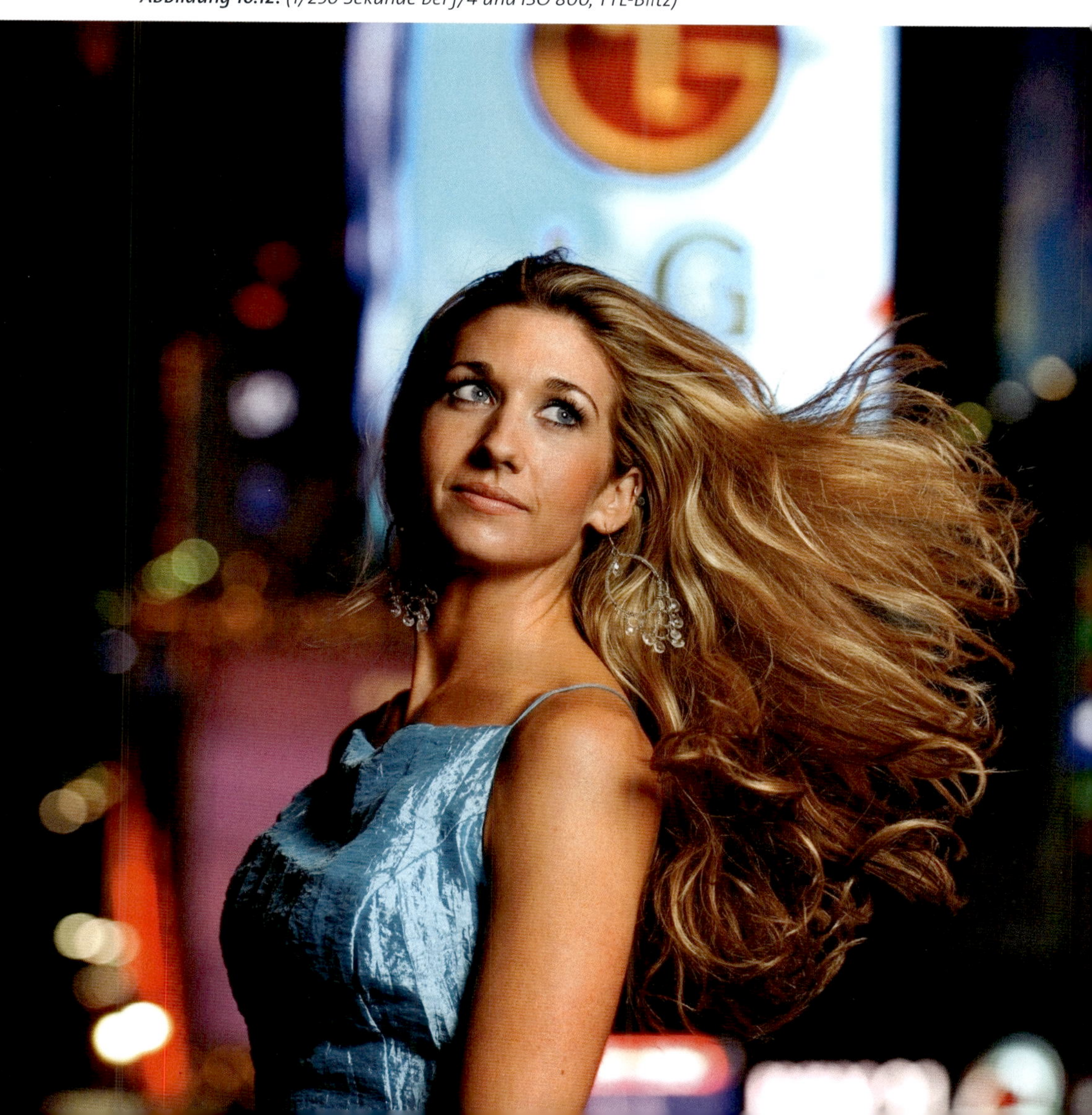

Hochzeitsporträts

Nachtaufnahmen. Klar, am Tag der Hochzeit ist es unfassbar hektisch. Wenn wir aber nur ein kleines bisschen Spielraum beim zeitlichen Ablauf haben, können wir auch bei Nacht Hochzeitsporträts machen.

In Abbildung 10.13 habe ich nachts ein Hochzeitspaar vor der Skyline von Manhattan aufgenommen. Dabei platzierte ich sie an einer Stelle, an der es im Vergleich zum Hintergrund sehr wenig Umgebungslicht gab. Dieses Setting vereinfacht den Einsatz zusätzlicher Lichtquellen in Form eines entfesselten Blitzes. Als Nächstes musste ich die Belichtung für den Hintergrund einstellen. Mit 1/2 Sekunde bei f/4 und ISO 1000 erschien mir die New Yorker Skyline ausreichend detailliert. Zur Ausleuchtung der Eheleute verwendete ich einen Blitz in einer Softbox, den ich im TTL-Modus und mit einer Belichtungskorrektur von +0,3 EV einsetzte.

***Abbildung 10.13:** (1/2 Sekunde bei f/4 und ISO 1000, TTL-Blitz bei +0,3 EV)*

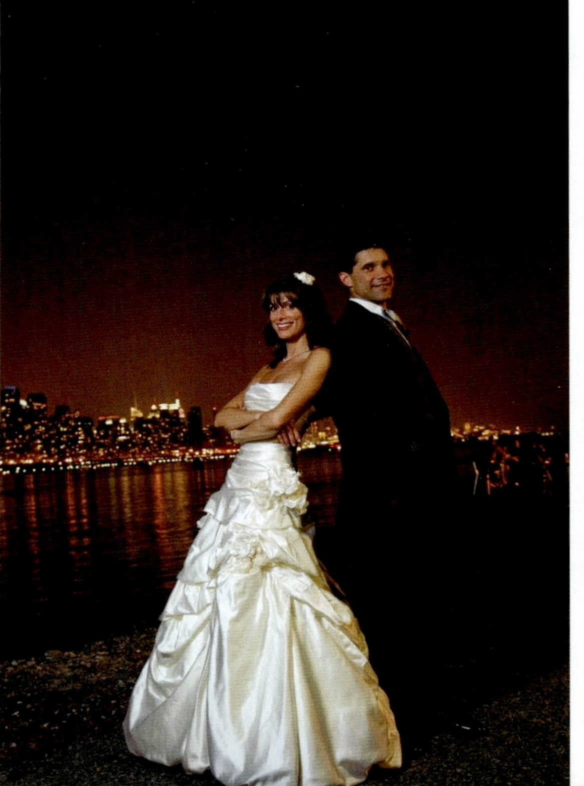

***Abbildung 10.14:** Making-of-Aufnahme für Abbildung 10.13.*

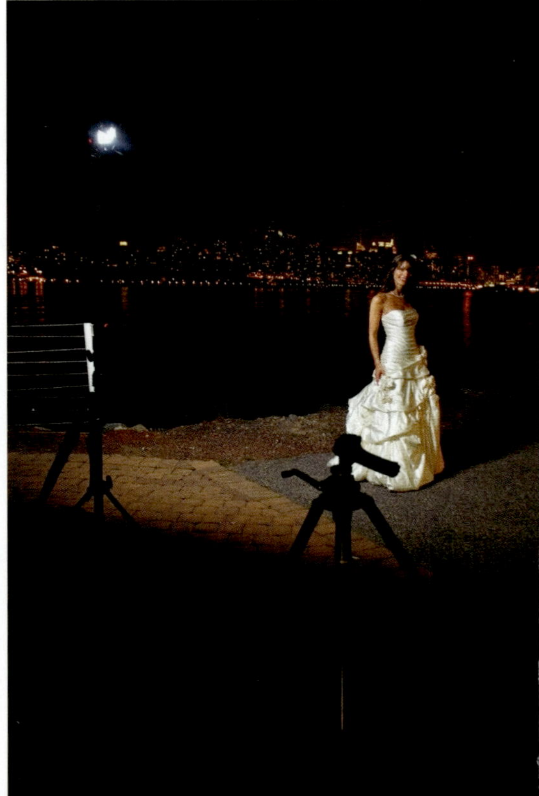

Abbildung 10.14 zeigt die Positionierung meines Stativs. Dieses Stativ musste ich aufgrund der langen Verschlusszeit verwenden, da das Bild ansonsten unscharf geworden wäre. Zwar lässt sich Bewegung mit einem Blitz einfrieren, aber die Skyline wäre ein verschwommenes Durcheinander gewesen, wenn ich versucht hätte, die Kamera bei einer Verschlusszeit von einer halben Sekunde mit den Händen ruhig zu halten. Obwohl wir uns eine ziemlich dunkle Ecke ausgesucht hatten, war immer noch viel zu viel Umgebungslicht vorhanden, als dass es möglich gewesen wäre, unser Hochzeitspaar mit einem Blitz erfolgreich scharfzustellen.

Dem Himmel so nah. Häufig besteht unser Hintergrund aus zwei großen Bereichen extrem unterschiedlicher Helligkeit. Der eine Bereich ist die Landschaft (Bäume, Gelände, Gebäude usw.), der andere ein oft sehr heller Himmel. Sofern Sie nicht gerade einen Verlaufsfilter verwenden (und der ist sicher ein Thema für sich), ist ein Belichten auf beide Bereiche gleichzeitig schlicht nicht möglich.

Auf meinen Porträts von Stacey und Michael (Abbildungen 10.15 und 10.16) wollte ich das Paar vor dem düsteren Himmel zeigen, aber dann wären sie unterbelichtet worden. Ich hätte die Belichtung natürlich auch auf meine beiden Modelle einstellen können, aber dann hätte ich sämtliche Details im Himmel verloren. Um also die Belichtung meiner Modelle und die des Himmels einander anzugleichen, musste ich einen Blitz hinzunehmen. Zu diesem Zweck ließ ich meinen Assistenten einen Slave-Blitz hochhalten, den ich über meinen als Master konfigurierten Kamerablitz (dessen Ausgabe wie üblich deaktiviert war) auslöste. Abbildung 10.15 zeigt das lediglich mit Umgebungslicht entstandene Bild, Abbildung 10.16 die fertige Aufnahme unter Einsatz des Blitzes.

Indem ich den Blitz auf diese Weise verwendete, konnte ich die Details im Himmel über die Umgebungsbelichtung sichtbar machen. So wirkte der Himmel spektakulär statt verwaschen. Übrigens wurden auch die Steine zum Teil vom Blitz beleuchtet, denn ich wollte verhindern, dass sie im Kontrast zum Hochzeitspaar schwarz oder unbeleuchtet aussahen.

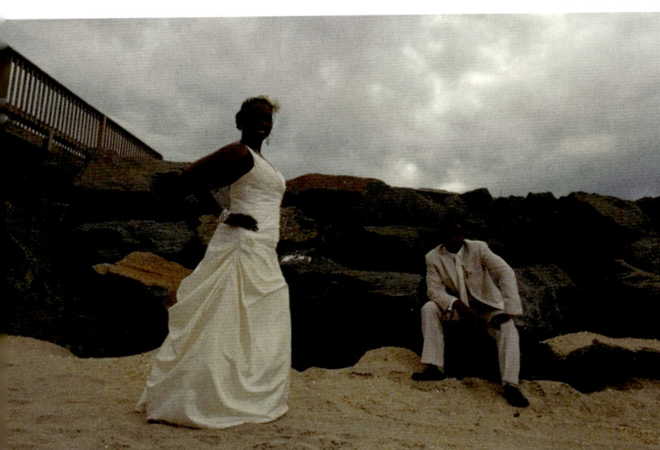

Abbildung 10.15: *(1/250 Sekunde bei f/11, ISO 200, nur Umgebungslicht)*

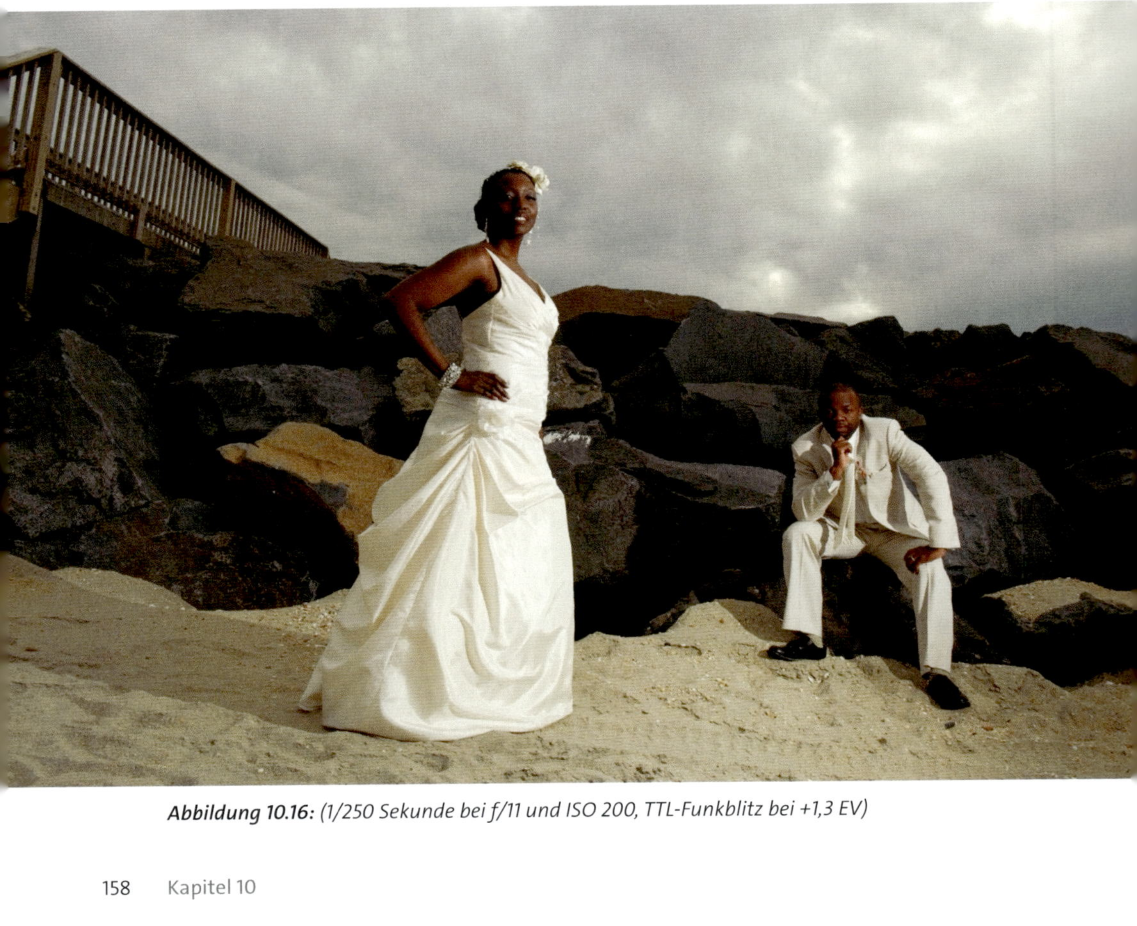

Abbildung 10.16: *(1/250 Sekunde bei f/11 und ISO 200, TTL-Funkblitz bei +1,3 EV)*

Feuerwerk. Wenn Sie Personen vor einem Feuerwerk fotografieren möchten, dann brauchen Sie lange Verschlusszeiten. Erst hierdurch können die Lichtspuren des Feuerwerks erfasst werden.

Für Abbildung 10.17 hatte ich Amy und Kevin an einer Stelle mit sehr wenig Umgebungslicht platziert, um sie mit dem Blitz beleuchten zu können. Meine Blitzbelichtung hatte ich passend für das Paar eingestellt,

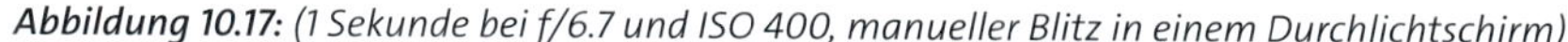

Abbildung 10.17: *(1 Sekunde bei f/6.7 und ISO 400, manueller Blitz in einem Durchlichtschirm)*

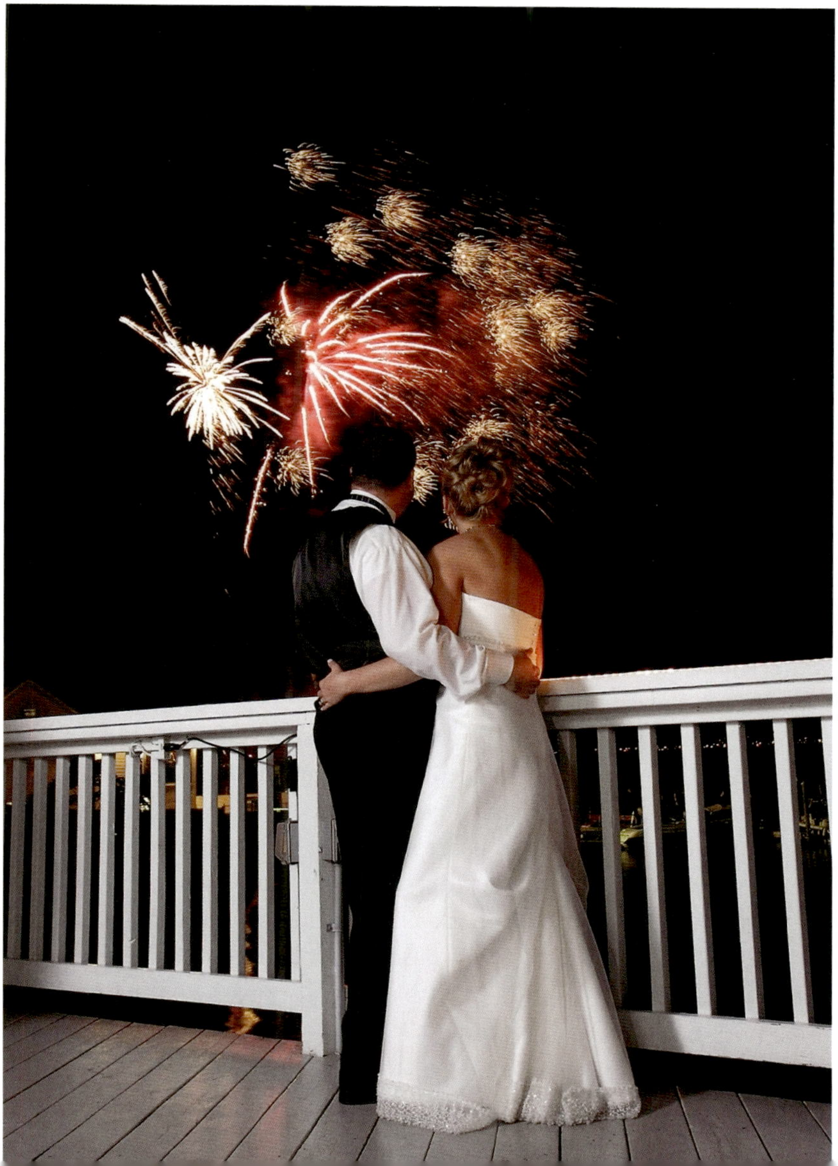

während meine Kameraeinstellungen davon diktiert wurden, wie das Feuerwerk aufgenommen werden sollte.

Um die passende Belichtung für das Feuerwerk zu finden, welches zum Umgebungslicht gehört, musste ich mit drei Parametern jonglieren: Verschlusszeit, Blende und ISO-Wert. Der ISO-Wert sollte dabei zwischen 100 und 400 liegen. Sie brauchen in diesem Fall keinen allzu hohen ISO-Wert, um das Feuerwerk in Form von Lichtstreifen aufzunehmen, da bereits die Verschlusszeit lang genug ist: Sie wird in der Regel bei mindestens einer Sekunde liegen. (Und ja, dafür brauchen Sie ganz gewiss ein Stativ.) Über die Vorschau Ihrer Kamera finden Sie heraus, ob Sie Ihre Einstellungen weiter korrigieren müssen. Ich jedenfalls erhielt mit einer Sekunde bei f/6.7 und ISO 400 eine durchaus zufriedenstellende Wiedergabe des Feuerwerks. Als Nächstes stellte ich meinen Blitz auf eine für diese Belichtung passende Energie ein. Ich verwendete hier einen manuellen Blitz, da meine Modelle ihre Position relativ zur Lichtquelle beibehielten. (*Hinweis:* Es kann sich durchaus empfehlen, in den Pausen zwischen den einzelnen Feuerregen das Objektiv mit einem schwarzen Karton abzudecken. Dieses Foto allerdings war tatsächlich eine Einzelbelichtung.)

Gruppenbilder. Wenn ich Hochzeitsgesellschaften fotografiere, dann wähle ich dafür immer einen einfachen Ansatz, der mir einerseits schnelles Arbeiten gestattet, andererseits aber auch jedes Mal zu guten Ergebnissen führt. Ich bevorzuge hierbei eine etwas flächige Lichtsetzung, die ich während der Aufnahmesession auch nicht ändere – egal ob ich nur eine oder zwanzig Personen fotografiere. Da der Faktor Zeit am Hochzeitstag immer eine wichtige Rolle spielt, wäre dies sicher der falsche Zeitpunkt, unterschiedliche Lichtsetzungsvarianten auszuprobieren. Deswegen finde ich, dass eine einfache und vorhersehbare Vorgehensweise hier einfach die geeignetste ist.

Da ich mit entfesseltem Blitz arbeite und alle Personen ihre Position in Bezug auf die Lichtquelle nicht verändern, ist der Einsatz eines manuellen Blitzes hier einfacher und zuverlässiger. Sie könnten hier natürlich auch einen Blitzbelichtungsmesser einsetzen, aber ich versuche immer, mit dem Histogramm und der Messfunktion der Kamera den hellsten wichtigen Farbton zu ermitteln. Das ist in der Regel natürlich das weiße Hochzeitskleid. (Eine ausführliche Beschreibung dieser Technik finden Sie in Kapitel 5.)

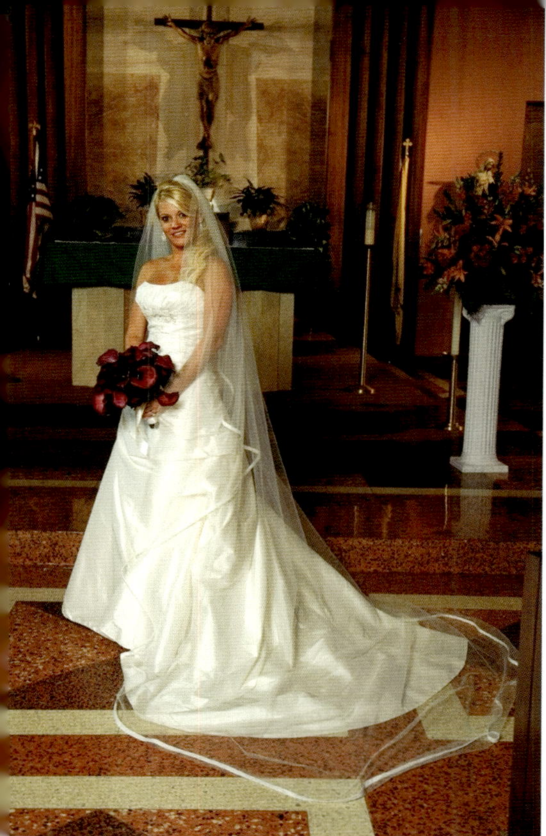

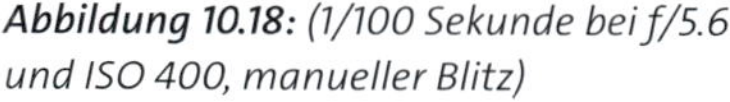

***Abbildung 10.18:** (1/100 Sekunde bei f/5.6 und ISO 400, manueller Blitz)*

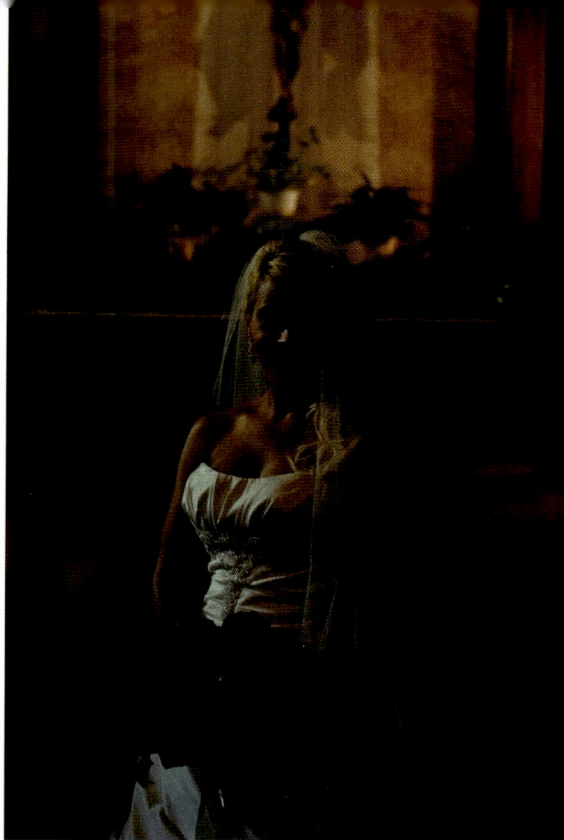

***Abbildung 10.19:** (1/100 Sekunde bei f/5.6 und ISO 400, Umgebungslicht)*

Die Blitzbelichtung wird für jeweils einen bestimmten Blenden- und ISO-Wert ausgesucht. Wir brauchen genügend Schärfentiefe, um bei einer kleinen Personengruppe alle Gesichter im Fokus zu halten. f/5.6 hat sich hierbei als empfehlenswerter Ausgangspunkt erwiesen. Beim ISO-Wert sollten Sie eine möglichst niedrige Einstellung wählen. So optimieren Sie nicht nur Farbwiedergabe und Kontrast, sondern reduzieren das digitale Rauschen auf ein Minimum. Bei modernen Spiegelreflexkameras erhalten Sie mit ISO 400 sehr gute Ergebnisse und diese Einstellung kann man unter den gegebenen Umständen durchaus als niedrigen ISO-Wert bezeichnen.

Allerdings müssen diese Einstellungen immer im Hinblick auf das vorhandene Licht ausgewählt werden. Abbildung 10.19 zeigt dieses verfügbare Licht für die in Abbildung 10.18 mit Blitz gemachte Aufnahme. Sie können hier gut erkennen, wie viel Licht im Hintergrund vorhanden war und dass etwa ein Teil davon durch ein Seitenfenster fiel. Ich musste eine Verschlusszeit einstellen, bei der der Hintergrund ausreichend belichtet wurde, aber das auf die Braut fallende Licht nicht zur Entstehung eines ungleichmäßigen Lichtmusters führte. Normalerweise würde ich bei diesem Umgebungslicht und in der Hand gehaltener Kamera 1/100 Sekunde als ziemlich lange Verschlusszeit ansehen. In diesem Fall jedoch war ein Verwackeln nahezu ausgeschlossen, weil der Blitz als Lichtquelle absolut dominant war. So konnte ich auch ohne Stativ bequem arbeiten.

Glühlampeneffekt mit Farbfilter. Da Kirchen vorzugsweise mit Glühlampen oder anderen künstlichen Lichtquellen beleuchtet werden, verwende ich vor meinem Blitz normalerweise entweder einen Filter mit 1/1 CTS oder 1/2 CTS Gelbtönung. Auf diese Weise beseitigen Sie die störenden orangefarbenen Hintergründe, die typisch sind für viele in Räumen mit Blitz aufgenommene Bilder.

Bei kleinen Gruppen bis etwa acht oder neun Personen verwende ich meistens nur ein Gerät: einen Quantum-Blitz mit einem 150-cm-Schirm (Abbildung 10.20). Eine solch große Lichtquelle ist für die Ausleuchtung einer solchen Personengruppe ausreichend. Bei diesem Setup wird der Blitz nicht zentral, sondern aus meiner Sicht leicht (d. h. um ca. 60–80 cm) von der Mitte versetzt platziert. Eine stärkere Verschiebung halte ich nicht für empfehlenswert, weil ja nach wie vor die gesamte Gruppe beleuchtet werden soll. Ist die Gruppe größer, dann verwende ich diesen Aufbau im Doppelpack, wobei jeweils links und rechts von mir im gleichen Abstand ein Blitz aufgestellt wird.

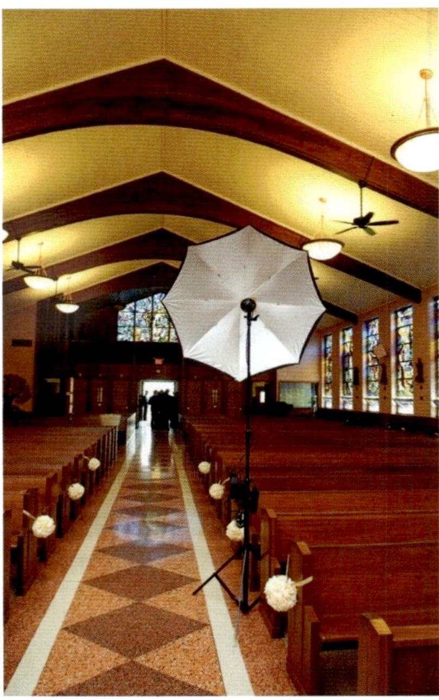

Abbildung 10.20: Ein Schirm mit 150 cm Durchmesser auf einem Lichtstativ.

Die Quantum-Blitze kann ich übrigens nur empfehlen. Das sind echte Arbeitstiere, die zudem kaum jemals überhitzen. Dies ermöglicht mir das Fotografieren auch in schneller Abfolge, ohne einen Gedanken daran verschwenden zu müssen. Natürlich können Sie ähnliche Ergebnisse auch mit einem Speedlight hinbekommen, aber dann müssen Sie zwischen den einzelnen Aufnahmen kleinere Pausen machen. Zudem besteht, weil die Speedlights hier unter Volllast (oder zumindest annähernd unter Volllast) betrieben werden, immer die Gefahr des Überhitzens. Sie müssen hier also auf eine langsamere Abfolge achten, damit der Blitz sich wieder richtig aufladen kann.

Als Funksender verwende ich branchenübliche PocketWizards (in diesem Fall die Plus II). Wie bereits erwähnt, muss ich hier keine TTL-Mes-

Abbildung 10.21: *Diese Gruppe habe ich mit zwei 150-cm-Schirmen beleuchtet, die jeweils links bzw. rechts von der Kamera standen.*

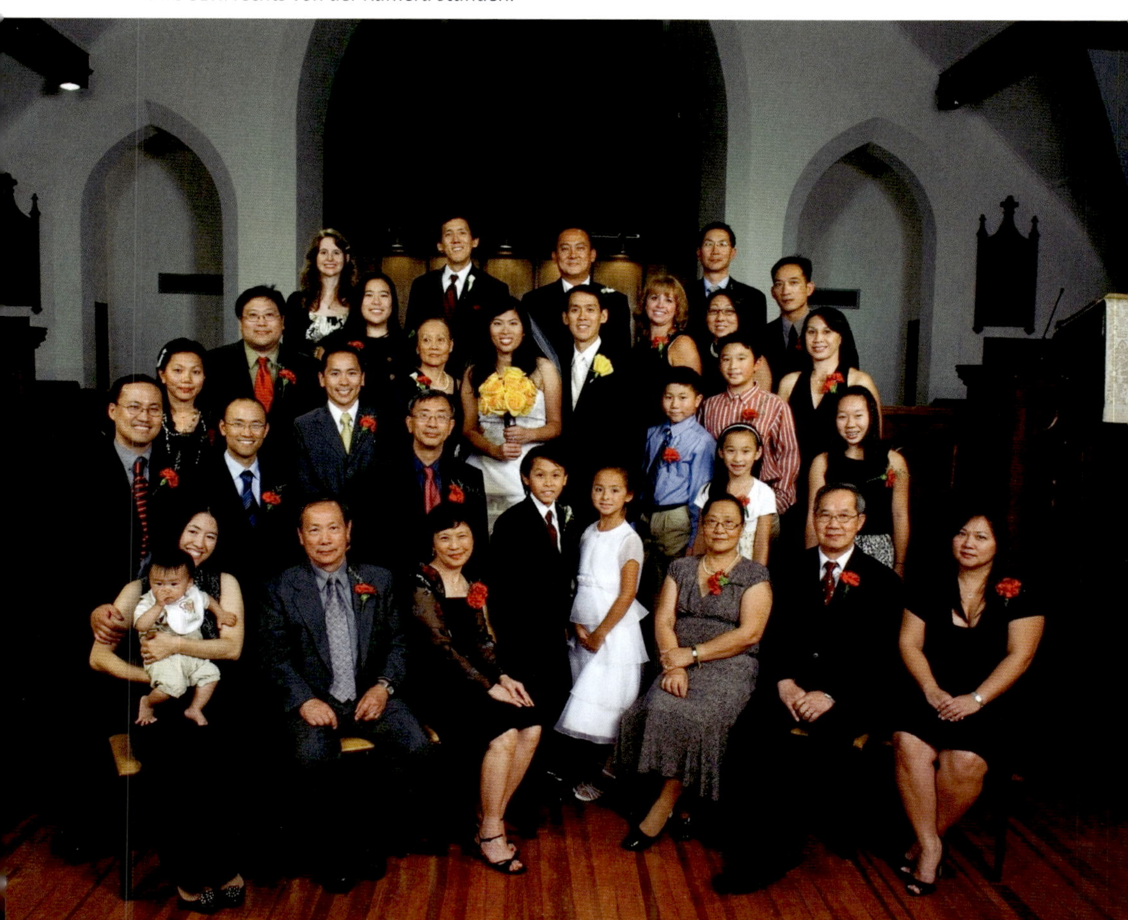

Was Sie über Reflexschirme wissen müssen

Ich verwende Reflexschirme mit schwarzer Rückseite lieber als weiße Durchlichtschirme. In Raum- oder Lichtsituationen, in denen das Streulicht eines Durchlichtschirms nichts mehr zur schlussendlichen Lichtmenge beitragen würde, haben Reflexschirme einen etwas besseren Wirkungsgrad. In einem kleineren Raum oder einem Studio mit weißen Wänden funktioniert der Durchlichtschirm fantastisch, aber in einem großen Raum – etwa einer Kirche – achte ich sehr darauf, dass das Licht effizienter genutzt wird.

Es gibt übrigens noch einen wesentlichen Aspekt, der grundsätzlich gegen die Verwendung eines Durchlichtschirms spricht. Nutze ich einen solchen Schirm und stehe zu weit hinten, dann besteht die Gefahr der Entstehung von Blendenflecken. Mit einem reflektierenden Schirm streut dagegen praktisch kein Licht, weswegen das Risiko sehr viel geringer ist. Das ist besonders wichtig, wenn Sie Aufnahmen in schneller Folge machen und nicht darauf achten, das Objektiv korrekt abzuschirmen. Blendenflecken sind sogar bei Verwendung einer Gegenlichtblende möglich!

sungen vornehmen und eigentlich möchte ich das auch nicht. In diesen Situationen brauche ich die Einfachheit und Vorhersehbarkeit, die für einen manuellen Blitz typisch ist.

Abbildung 10.21 zeigt eine mit zwei Qflashs mit jeweils einem 150-cm-Schirm aufgenommene Gruppe. Die beiden Lichtstative flankierten mich in einem Abstand von etwa 2,50 oder 3 Metern. Weil die beiden Schirme so groß sind, gibt es bei der Ausleuchtung erhebliche Überschneidungen und das Licht ist ziemlich diffus. Das Ergebnis ist eine sehr einheitliche Streuung. Vergleichen Sie das einmal mit Abbildung 10.18, wo ich nur einen Blitz eingesetzt habe: Hier gibt es einfach keinen klar definierten Schatten.

Die Blitze habe ich auf die zweithöchste Stufe (d. h. eine Stufe unter Vollleistung) eingestellt, weil ihr Aufladen so etwas schneller funktioniert als unter Volllast. So erhielt ich zwischen den einzelnen Aufnahmen eine konsistentere Belichtung, auch wenn ich bei der Abfolge ein bisschen zu schnell war und die Abstände zwischen den Aufnahmen nicht hundertprozentig gleich waren.

Weil ich meine Blitze jedes Mal, wenn ich mit Innenaufnahmen von Hochzeitsgesellschaften beginne, auf eine bestimmte Energie einstelle,

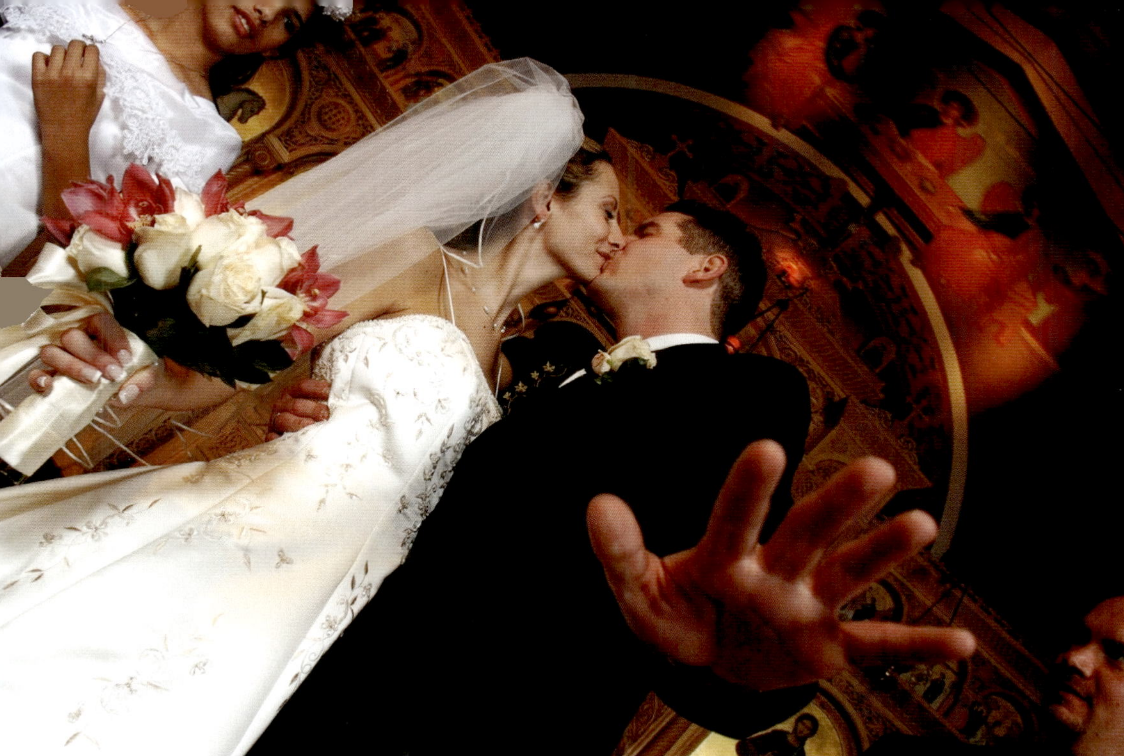

***Abbildung 10.22:** Wenn Sie einen manuellen Blitz einsetzen und der Abstand zwischen Blitz und Modell fest ist, können Sie die Position wechseln, ohne dass dies Auswirkungen auf die Belichtung hätte.*

weiß ich schon vorab ungefähr, welche Einstellungen ich vornehmen muss, wenn ich meinen Blitz mit dem Schirm in einem bestimmten Abstand von dem Ort positioniere, an dem die Gruppe Aufstellung bezieht. Diese Einstellung – ca. f/5.6 bei ISO 400 für den normalen Arbeitsabstand – ist mein Ausgangspunkt. Dann mache ich eine schnelle Testaufnahme vom Hochzeitskleid und überprüfe mein Histogramm. Hiervon ausgehend nehme ich alle notwendigen Anpassungen an meinen Kameraeinstellungen vor oder lege beim Blitz sogar noch eine letzte Schippe drauf.

Solche »Voreinstellungen« kann man sich tatsächlich einrichten und im Vorhinein testen. Sie sollten sich das angewöhnen. Beim manuellen Blitz erhalten Sie jedes Mal dieselbe Belichtung, solange Sie einen bestimmten Abstand einhalten und Ihr Blitz auf eine bestimmte Energie festgelegt ist. Das ist das Schöne am manuellen Blitzen: Es ist so vorhersehbar. Da der Blitz jedes Mal eine bestimmte Lichtmenge ausgibt und sich zudem auf einem Stativ – also in einem festen Abstand von Ihrem

Modell – befindet, ist die Blitzbelichtung unabhängig von Ihrer Position immer gleich. *Sie können sich also frei bewegen*.

Die Aufnahme in Abbildung 10.22 entstand ungeplant, ist aber ein echter Schnappschuss! Während ich vor der Braut kniete und ihr Kleid richtete, lehnte sich der Bräutigam vor und küsste sie. Ich schnappte meine Kamera – und als ich sie anhob, um abzudrücken, versuchte er im Scherz, die Aufnahme zu verhindern. Und jetzt sehen Sie sich das an! Weil meine Blitze aufgestellt und die Belichtung für den manuellen Blitz korrekt berechnet war, blieben die Einstellungen stimmig, obwohl ich so nah bei dem Hochzeitspaar stand. *Mein* Abstand zu den Modellen spielte hier überhaupt keine Rolle.

Künstlerporträts

The Modern Gypsies (*www.modern-gypsies.com*) sind eine Künstlergruppe aus New York. Mit ihnen habe ich bei ein paar Shootings zusammengearbeitet, weil sie das Portfolio auf ihrer Website erweitern wollten. Aufnahmen in verschiedenen Situationen erforderten unterschiedliche Ansätze bei der Lichtsetzung.

Für die Abbildungen 10.23 und 10.24 wollte ich einen Artisten fotografieren, wie er riesige Fahnen durch die Luft schwenkt. Wir standen dazu auf dem Dach eines Hochhauses in Brooklyn und die Ausrichtung der Aufnahmen war durch die Windrichtung vorgegeben. Was bedeutete, dass ich gegen die Sonne fotografieren musste. Ich musste hierzu eine Belichtung finden, bei der die Wirkung des Himmels nicht einfach verpuffte: Wolken und das Blau sollten klar zu erkennen sein. Ferner wusste ich, dass die Belichtung der Fahnen unproblematisch sein würde, denn sie befanden sich im Gegenlicht. Was mir noch fehlte, war etwas Licht auf Mike, den außerirdisch anmutenden Performer in Grün und Pink. (Man darf sich übrigens vom Äußeren nicht täuschen lassen: Der Typ war supernett!) Ich brauchte hier also einen Blitz.

Ich wusste, dass der Qflash in einer Softbox hier nicht ausreichen würde; deswegen entschied ich mich für direktes Blitzen ohne Lichtformer. Um die gewünschte Belichtung zu erzielen, entfernte ich sogar die Diffusorscheibe vom Qflash.

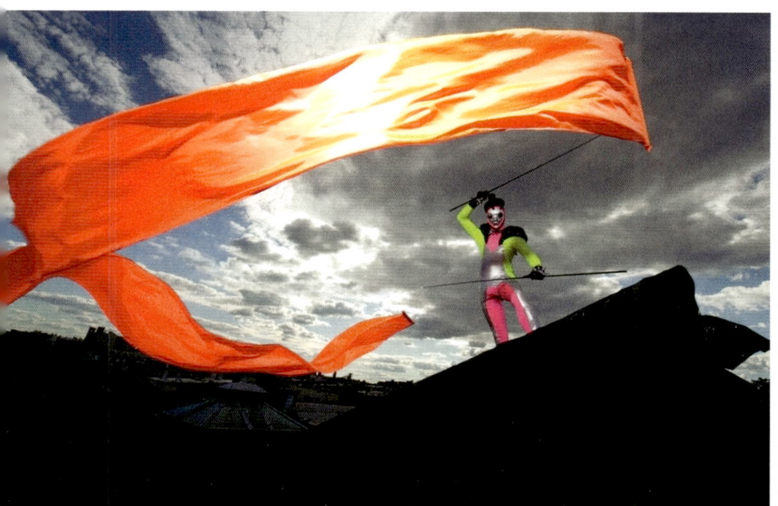

Abbildung 10.23: *(1/250 Sekunde bei f/13 und ISO 100, manueller Blitz)*

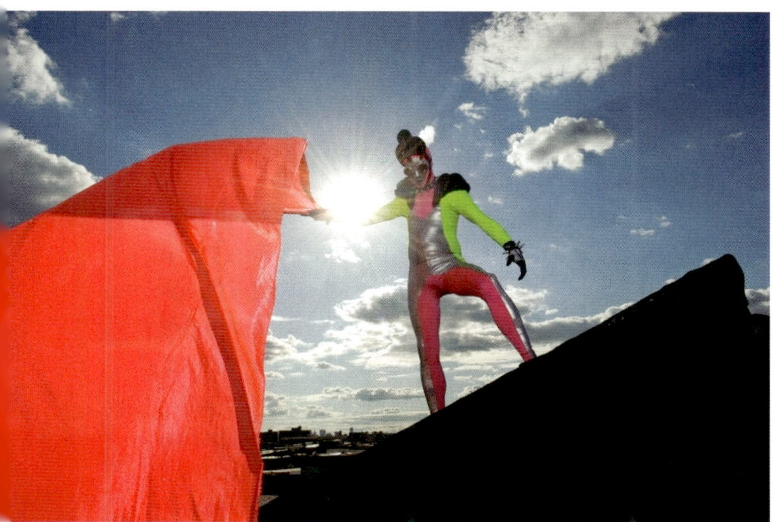

Abbildung 10.24: *(1/250 Sekunde bei f/14 und ISO 200, manueller Blitz)*

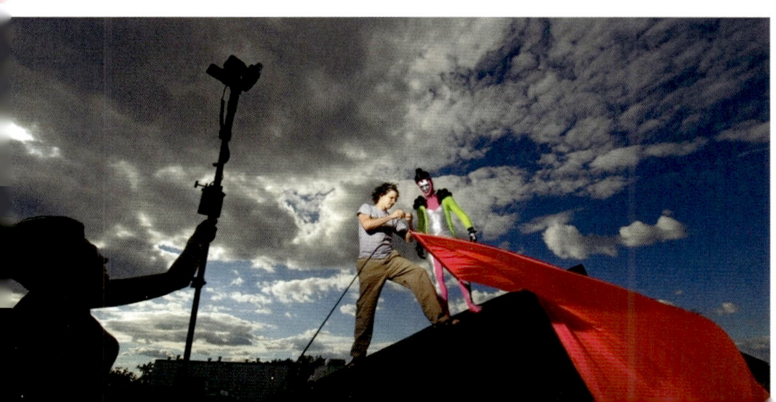

Abbildung 10.25: *Making-of-Aufnahme für Abbildungen 10.23 und 10.24.*

Damit ich die Energie voll ausspielen konnte, entschied ich mich für das manuelle Blitzen. Ich musste auch noch das letzte bisschen Energie aus diesem Blitz herausholen, weswegen für Spielchen mit dem TTL-Blitz oder einer Blitzbelichtungskorrektur kein Platz war. Meine Assistentin Jessica stand hinter mir auf einer niedrigen Mauer. Da die Fahnen an uns vorbeirauschen würden, wollte ich vermeiden, dass sie sich ständig um das Einbeinstativ wickeln. Deswegen befand sich der Blitz hinter der Kamera, nur höher. (*Hinweis:* Für die Making-of-Aufnahme in Abbildung 10.25 bin ich einen Schritt beiseitegetreten, sodass meine Assistentin mit aufs Bild kam.)

Beim manuellen Blitzen sind Blenden- und ISO-Wert, Blitzenergie und der Abstand zwischen Blitz und Modell miteinander verknüpft. Ich habe den Blitz hier auf maximale Energie gestellt, weil ich wusste, dass ich eine enge Blende (bei niedrigem ISO-Wert) verwenden musste, um den Himmel korrekt zu belichten. Danach ging es nur noch darum, nah genug an das Modell heranzukommen, um die richtige Blitzbelichtung zu erzielen. Hätte ich das auch mit einem ungeformten Speedlight hinbekommen? Definitiv. Schließlich musste der Blitz nicht über einen breiten Bereich gestreut werden. Ich hätte auch einfach mit einem Blitz einzoomen können, um nur den Artisten zu beleuchten.

Danach habe ich das »Bird Girl« in einem Park fotografiert (Abbildungen 10.26 und 10.27). Ich wollte hier ein Gefühl von Freiheit schaffen. Dazu habe ich die Künstlerin vor einen Hintergrund gestellt, der bar jeder Urbanität war – nur Bäume und freier Blick. Hierzu legte ich mich auf den Boden und fotografierte nach oben, wo sie auf einer niedrigen Mauer stand.

Wie bei den früheren Beispielen in diesem Buch war die Vorgehensweise recht simpel. Ich stellte zunächst eine annähernd korrekte Umgebungsbelichtung ein und fügte dann den Blitz hinzu, um das Licht zu korrigieren. In diesem Fall setzte ich einen TTL-Funkblitz mit einem Slave-Blitz in einer Softbox ein, die rechts von der Kamera und leicht hinter dem Bird Girl aufgestellt war. Infolgedessen kommt der Füllblitz hier leicht von hinten und nicht annähernd aus Richtung der Kamera. Da der Blitz nur als Fülllicht fungierte, um das Foto ein bisschen spektakulärer zu machen, war die Blitzbelichtungskorrektur auf –2 EV eingestellt.

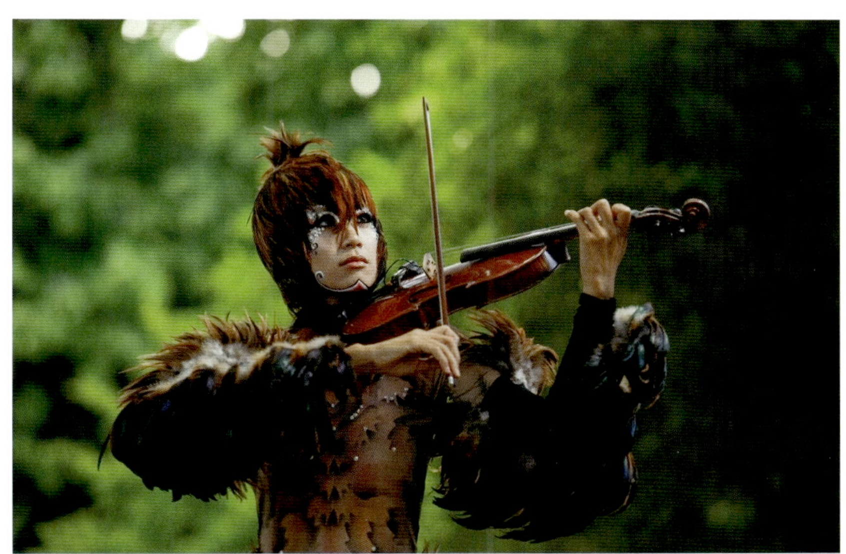

Abbildung 10.26: *(1/250 Sekunde bei f/3.2 und ISO 500, TTL-Blitz bei -2 EV)*

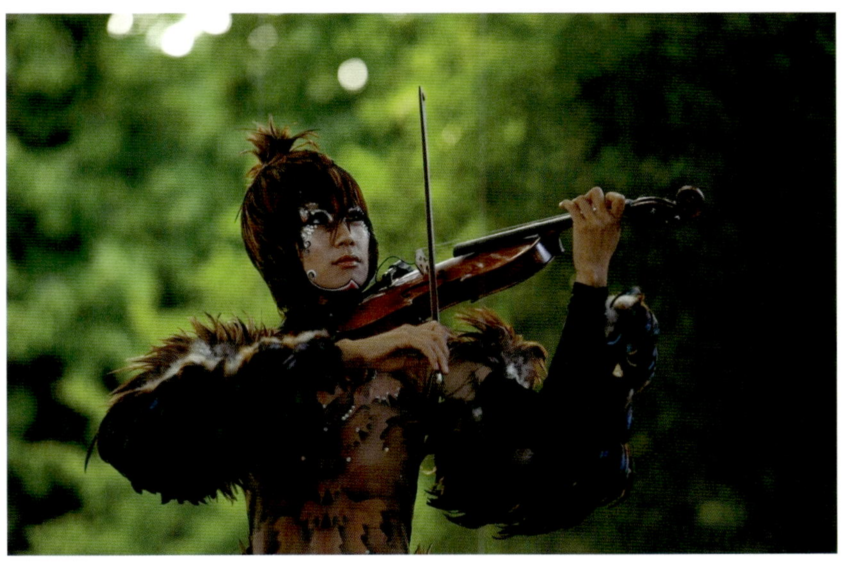

Abbildung 10.27: *(1/250 Sekunde bei f/3.2, ISO 500, nur Umgebungslicht)*

Am frühen Abend traf ich mich am Times Square noch einmal mit drei Mitgliedern der Modern Gypsies. Vor ihrer Ankunft musste ich bereits entscheiden, welche Grundbelichtung ich verwenden wollte, um die blinkenden Neonlichter ebenso einzufangen wie die schnell einsetzende Dämmerung. Ich schätzte also eine in etwa passende Belichtung und überprüfte diese dann auf dem LCD-Bildschirm meiner Kamera.

Dies ist ein Szenario, in dem der TTL-Blitz seine Stärken vollständig ausspielt. In dem Gedränge, das um uns wogte, und weil der Stelzenläufer sich nur schwankend bewegte (Abbildung 10.29), war nicht immer klar, ob der Abstand zwischen dem Blitz und den Modellen konstant war. Aus diesem Grund wäre der Einsatz eines manuellen Blitzes hier durchaus knifflig gewesen. Mithilfe der TTL-Technologie jedoch hatte ich bei jeder Aufnahme eine mehr oder minder korrekte Belichtung.

Die hier verwendete Technik sollte offensichtlich und Ihnen mittlerweile auch vertraut sein. Ich suchte zunächst die Hintergrundbelichtung und fügte dann das Blitzlicht hinzu. Diese Methode ist kinderleicht anzuwenden, wenn das Modell dunkler ist als die umgebenden Bereiche der Aufnahme.

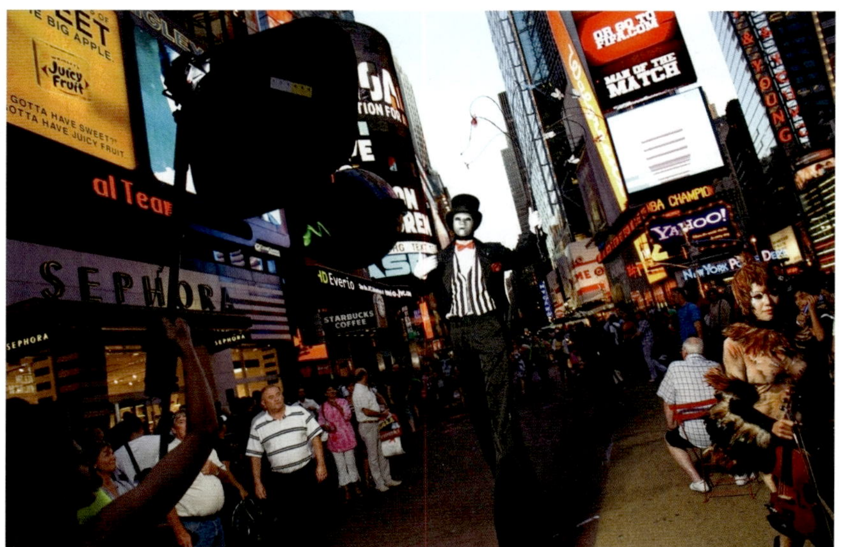

Abbildung 10.28: *Making-of-Aufnahme mit dem Blitz in einer Softbox, befestigt auf einem Einbeinstativ.*

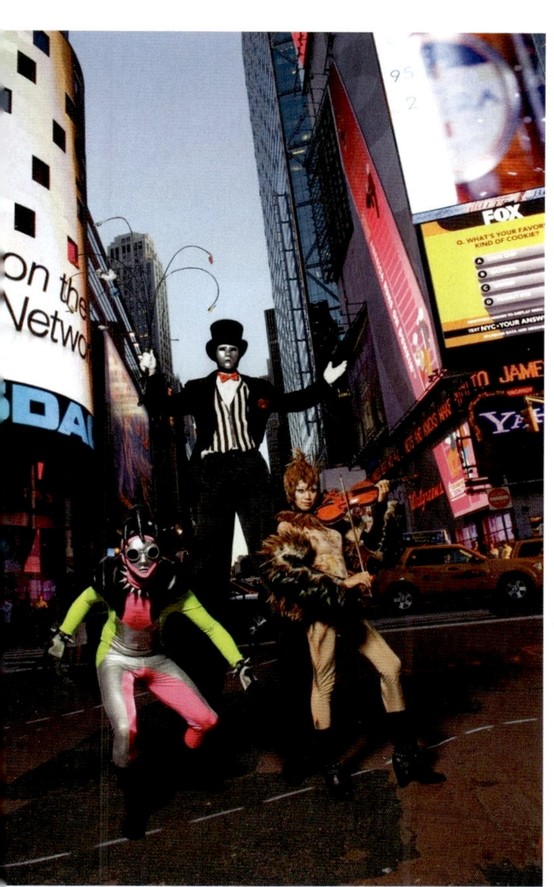

Abbildung 10.29: *(1/200 Sekunde bei f/5.0 und ISO 800, TTL-Blitz bei +0,3 EV)*

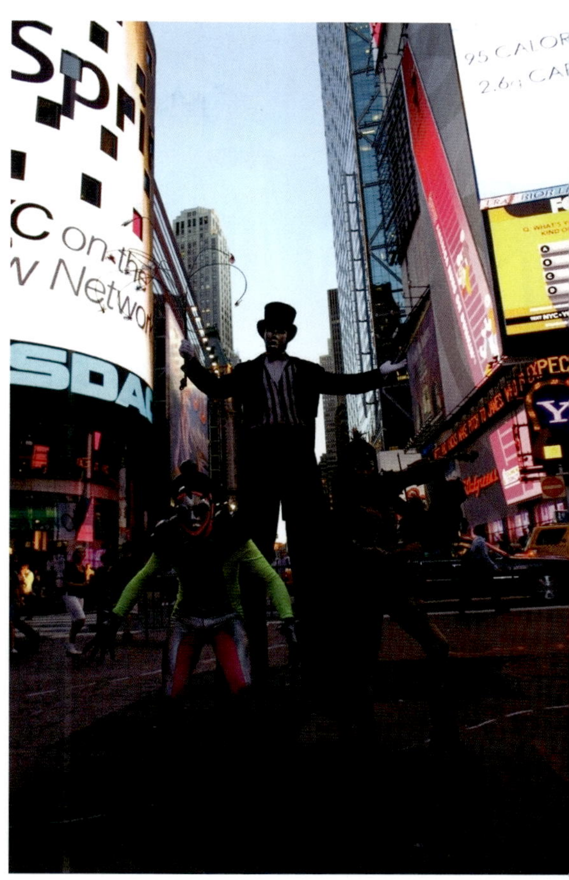

Abbildung 10.30: *(1/200 Sekunde bei f/5.0, ISO 800, nur Umgebungslicht)*

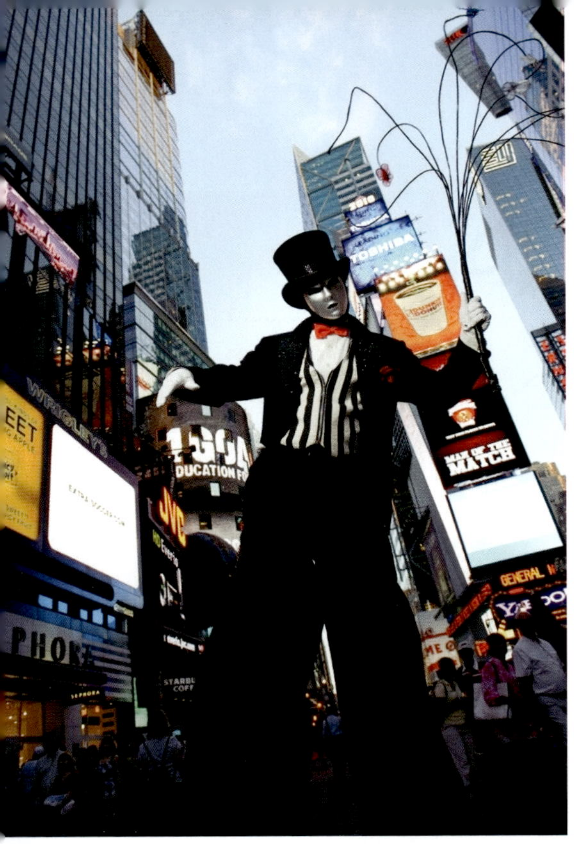

Abbildung 10.31: (1/200 Sekunde bei f/4.0 und ISO 800, TTL-Blitz bei –0,3 EV)

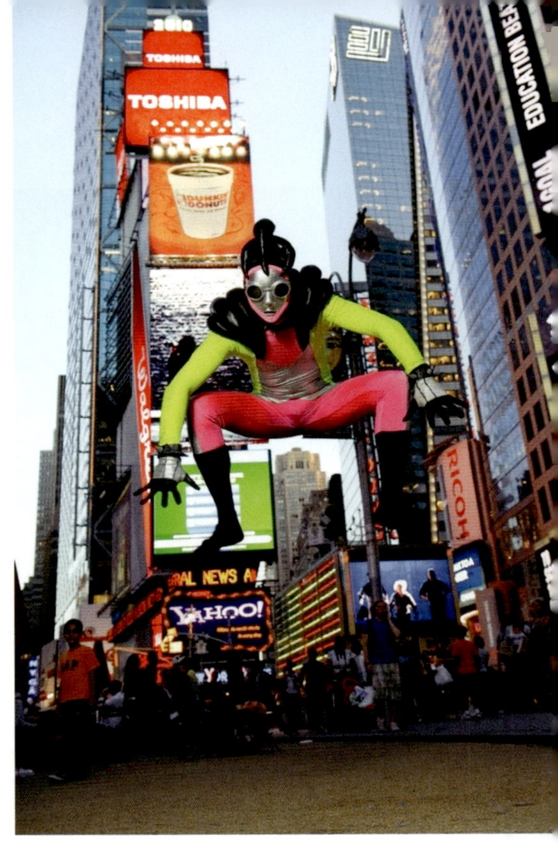

Abbildung 10.32: (1/200 Sekunde bei f/4.0 und ISO 800, TTL-Blitz bei -0,3 EV)

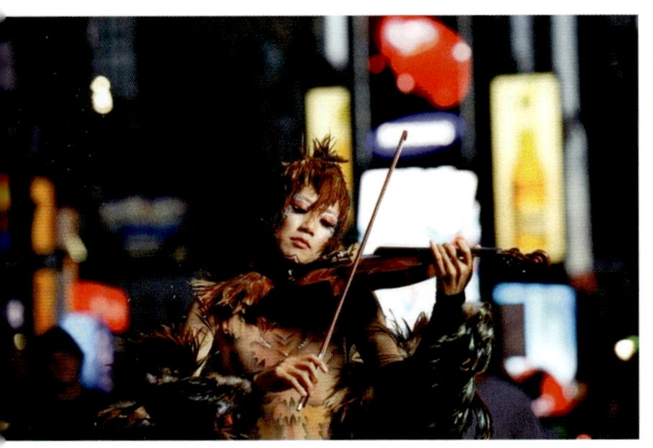

Abbildung 10.33: (1/200 Sekunde bei f/3.5 und ISO 500, TTL-Blitz bei -1 EV)

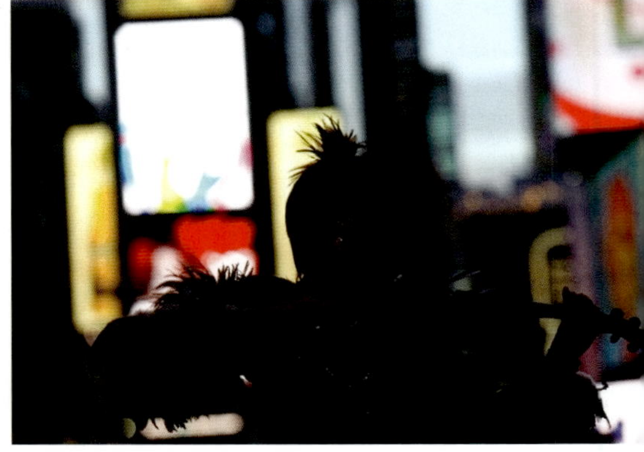

Abbildung 10.34: (1/200 Sekunde bei f/3.5 und ISO 500, nur Umgebungslicht)

Modeporträts

Wir wollen uns noch ein paar weitere Beispiele ansehen. In diesem Fall geht es um Aufnahmen aus den Genres Mode- und Porträtfotografie. Für die Aufnahme in Abbildung 10.35 habe ich einen TTL-Funkblitz verwendet. Wie bei vielen anderen hier gezeigten Beispielen hatte ich meinen Kamerablitz als Master auf den Slave-Blitz gerichtet, der in einer Softbox saß. Wiederum war die Blitzausgabe des Masters deaktiviert – er diente lediglich zur Ansteuerung des Slaves. Hierzu war eine Sichtverbindung zwischen dem Master und dem Slave erforderlich.

Da ich den Himmel ein wenig mit auf das Bild bekommen wollte, waren eine schmale Blende und ein niedriger ISO-Wert nötig.

Durch das Fotografieren bei Synchronisationszeit konnte ich die Ausgangsleistung des Blitzes maximieren, die aber von der Softbox zum Teil wieder geschluckt wurde. Um dies auszugleichen, bewegte ich die Softbox näher an das Modell heran und erhielt so die für das Bild notwendige Belichtung von 1/250 Sekunde bei f/10 und ISO 200. Zum Glück hatte ich vor, die Gebäude links im Bild wegzuschneiden, da sie für das fertige Bild nicht wichtig waren. Insofern war es auch unproblematisch, dass die Softbox mit aufs Bild gelangte. (*Hinweis:* Ich hätte wahlweise auch einen leistungsstärkeren Blitz, zwei Blitze oder einen Blitz ohne Lichtformer einsetzen können, um die gewünschte Leistung zu erzielen. Dadurch hätte ich den Blitz dann aus der Aufnahme herausnehmen können, aber das Licht hätte durch die fehlenden Lichtformer ganz anders ausgesehen.)

Metall reflektiert eine Menge Licht und gaukelt der Kamera so mehr Blitzlicht vor, als tatsächlich vorhanden ist. Deswegen hatte ich meine Blitzbelichtungskorrektur auf +1,33 EV gestellt, um die hellere Tonalität der Szene auszugleichen. Ansonsten sind für das Gelingen dieses Fotos nur das fantastische Modell Catherine und der großartige Architekt verantwortlich, der die Sonnenuhr entworfen hat.

In Abbildung 10.36 gibt es eine Menge Fluchtlinien – die Hochbahnschienen, die Bordsteinkante und die Autos –, die zum Funktionieren des Fotos beigetragen haben. Bei diesem Bild verwendete ich eine Softbox, die in einem 45°-Winkel rechts neben der Kamera hochgehalten wurde. Am Blitz hatte ich den manuellen Modus eingestellt, um eine Belichtung

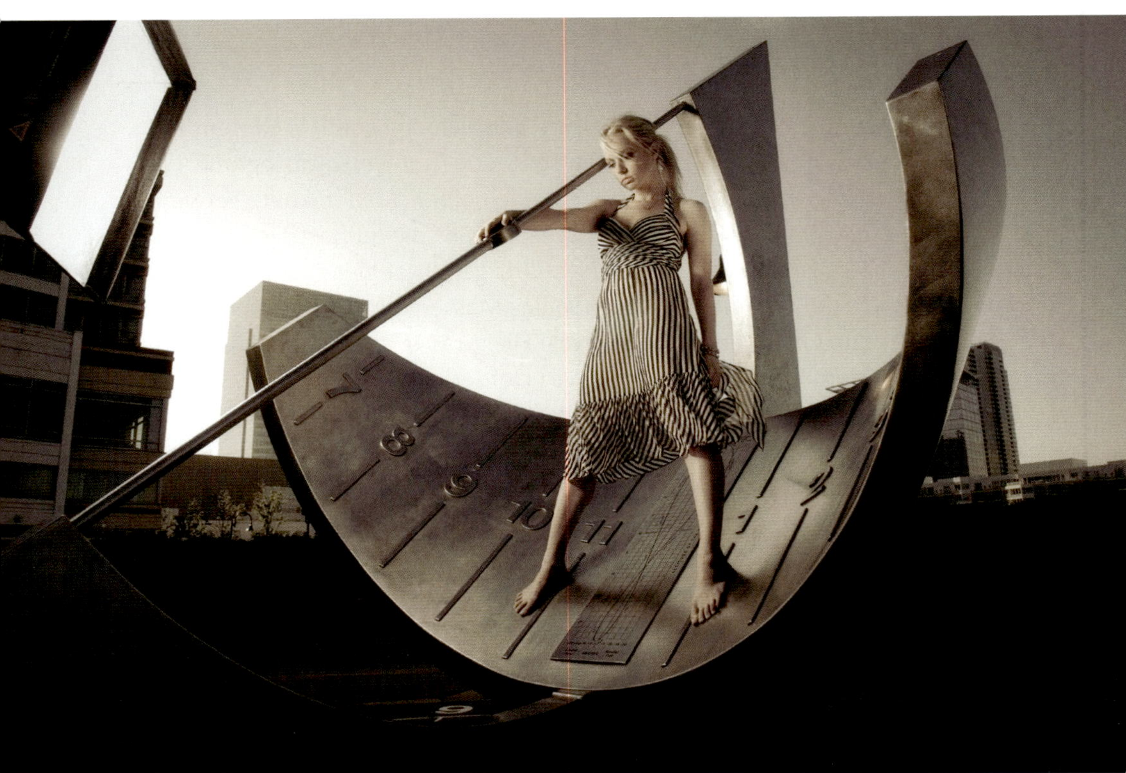

Abbildung 10.35: *(1/250 Sekunde bei f/10 und ISO 200, TTL-Blitz bei +1,33 EV)*

von f/5.6 mit ISO 200 zu erzielen. So entstand ein angenehm ausgewogenes Verhältnis zum vorhandenen Licht. Ich hatte hier einen Sekonic-Blitzbelichtungsmesser eingesetzt, dem ich dann die korrekte Blitzbelichtung für diese Einstellungen entnehmen konnte.

Der Erfolg einer Porträtsession steht und fällt natürlich nicht nur mit der Persönlichkeit des Modells, sondern auch mit der Lichtsetzung und einem geeigneten Hintergrund. Bei einem Shooting mit April (Abbildung 10.37) fiel mir die fliehende Perspektive der schwarzen Säulen vor der Ladenfront auf. Ich hatte mir einen neutralen Hintergrund vorgestellt, um Aprils Persönlichkeit in den Vordergrund zu stellen.

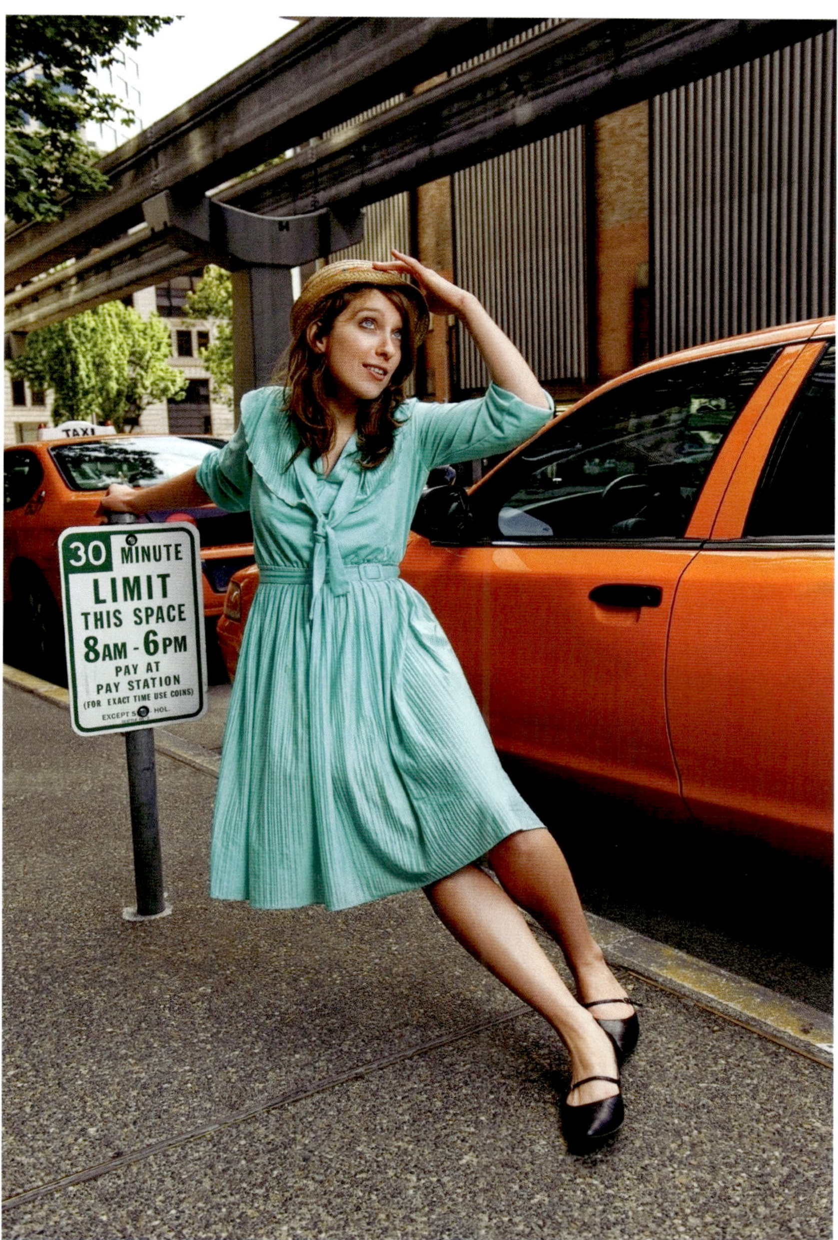

Abbildung 10.36: *(1/200 Sekunde bei f/5.6 und ISO 200, manueller Blitz)*

Bei dieser Aufnahme verwendete ich ein Profoto-AcuteB-600R-Lichtset, aber hier hätten auch durchaus ein Aufsteckblitz und eine Softbox ausgereicht. Da das Profoto-Set nicht TTL-fähig ist, verwendete ich einen manuellen Blitz, den ich zuvor mit einem Blitzbelichtungsmesser ausgemessen hatte.

Bei meiner Session mit Jessica (Abbildungen 10.39 bis 10.43) positionierte ich sie im Schatten unter einigen Bäumen. Ich achtete dabei darauf, dass keine ungleichmäßigen Lichtflecken auf sie fielen, die in der Vergleichsaufnahme mit deaktiviertem Blitz (Abbildung 10.41) gut zu erkennen sind. Beim gesamten Shooting setzte ich einen TTL-Blitz ein. Wie üblich war die Ausgabe des Master-Blitzes auf meiner Kamera deaktiviert, weil er lediglich den Slave-Blitz in der Softbox ansteuern sollte.

Abbildung 10.37: *(1/250 Sekunde bei f/4.5 und ISO 400, manueller Blitz)*

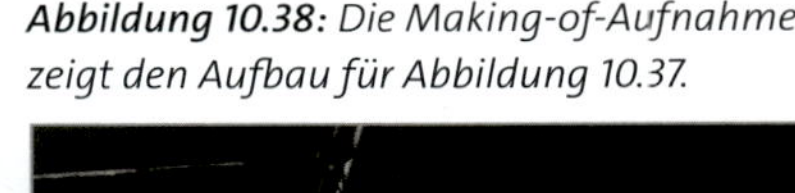

Abbildung 10.38: *Die Making-of-Aufnahme zeigt den Aufbau für Abbildung 10.37.*

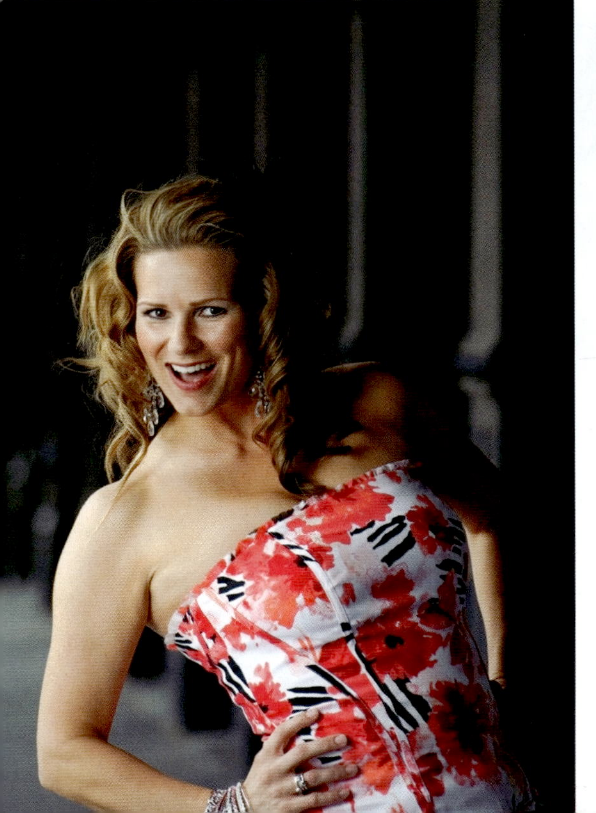

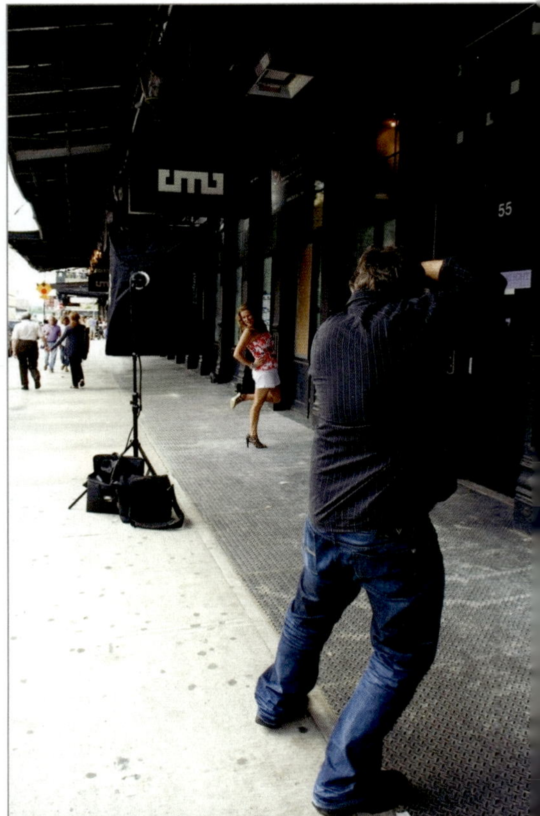

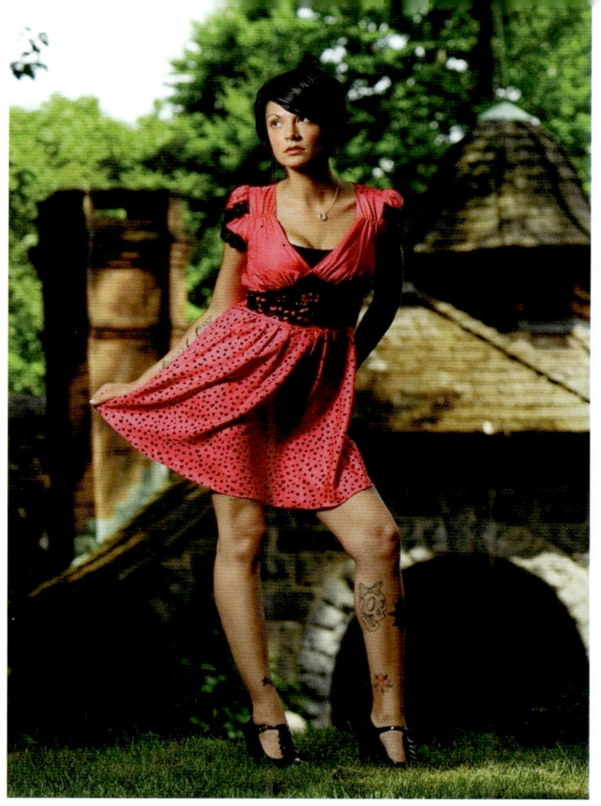

Abbildungen 10.39 (links)** und **10.40 (unten):
(1/250 Sekunde bei f/5.6 und ISO 200, TTL-Blitz bei –0,3 EV)

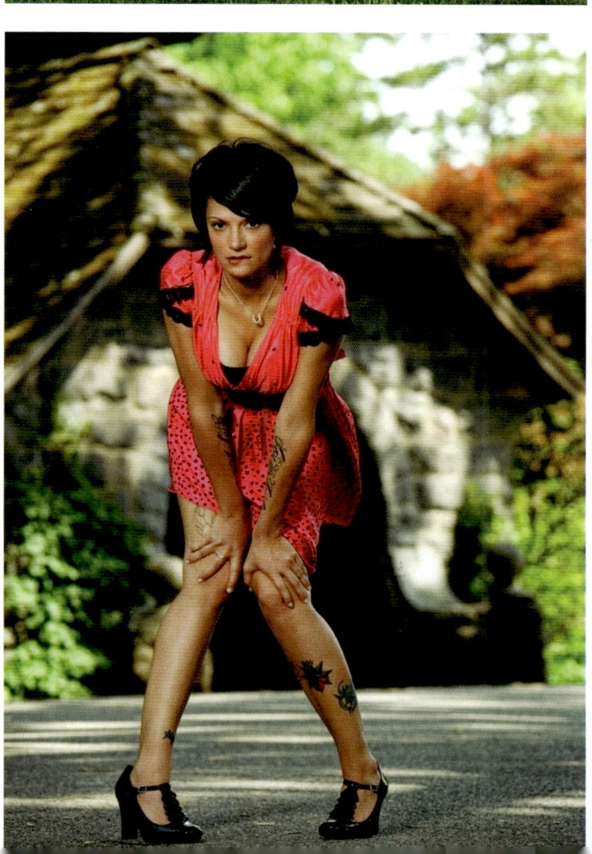

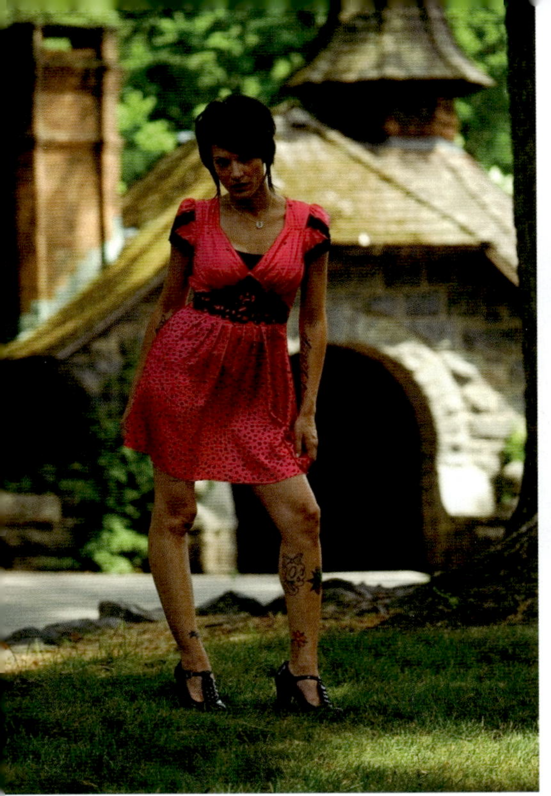

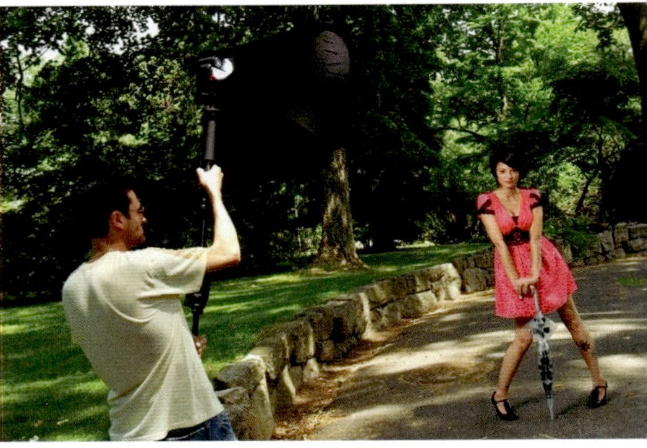

Abbildung 10.43: *Making-of-Aufnahme für den Aufbau für Abbildung 10.41.*

Abbildung 10.41: *(1/250 Sekunde bei f/5.6, ISO 200, nur Umgebungslicht)*

Abbildung 10.42: *(1/250 Sekunde bei f/5.6 und ISO 200, TTL-Blitz bei -1 EV)*

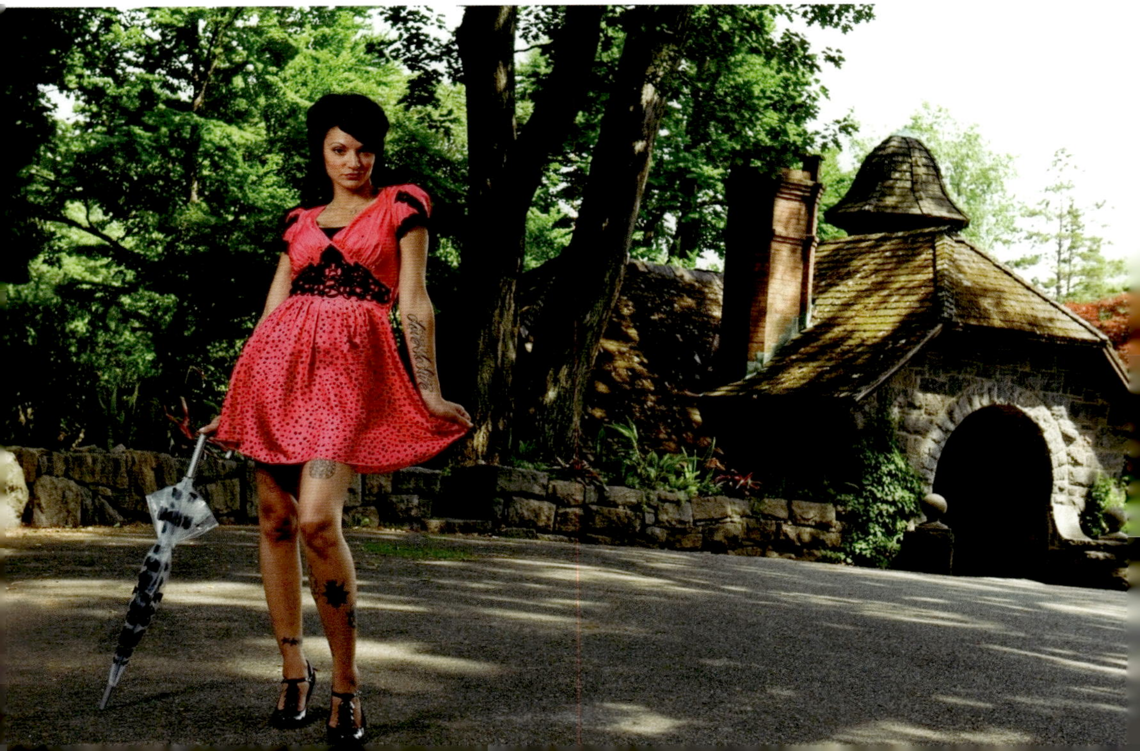

TTL-Blitze und manuelle Blitze kombinieren

Bislang haben wir in diesem Buch entweder einen manuellen oder einen TTL-Blitz verwendet. Was aber passiert, wenn wir TTL-Blitze und manuelle Blitze kombinieren? Bei den Aufnahmen in Abbildung 10.44 bis 10.46 wurde unser Modell Carrie von einem TTL-Blitz (in einer Softbox) beleuchtet. Dagegen wurde der Hintergrund direkt von einem entfesselten manuellen Blitz beleuchtet, der über eine PocketWizard-Plus-II-Einheit angesteuert wurde.

Da Carrie auf einem Mauervorsprung stand, benötigte ich ein hohes Lichtstativ, um eine ausreichend starke Neigung zu erzielen. Mit dem Stativ konnte ich die Softbox in eine geeignete Höhe verschieben, um eine

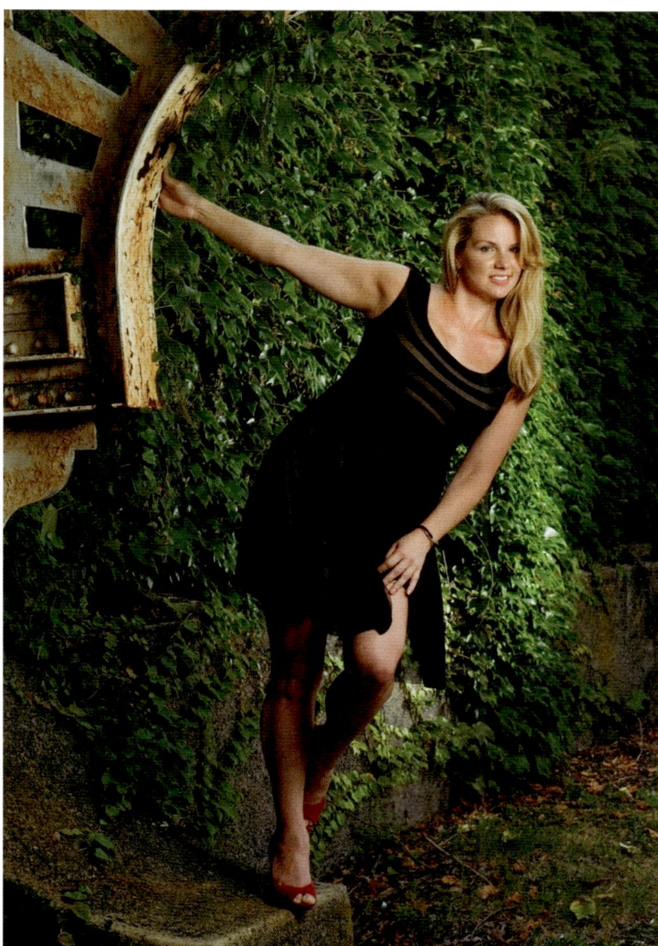

Abbildung 10.44: *Das fertige Bild mit TTL-Blitz (auf dem Modell) und manuellem Blitz (auf dem Hintergrund).*

Neigung von ca. 30° hinzubekommen. Außerdem musste der Aufbau ausreichend stabil sein, um bei montierter Softbox nicht einfach vom Wind umgeweht zu werden. Das Lichtstativ im Hintergrund war etwas kleiner, da hier nur ein Blitz samt Akku befestigt werden musste, der teilweise den Hintergrund ausleuchten sollte.

Bleibt die Frage: Warum benutze ich hier den TTL-Funkblitz zur Ausleuchtung des Modells, aber den manuellen Blitz für den Hintergrund? Antwort: Weil es ganz einfach gut funktioniert hat!

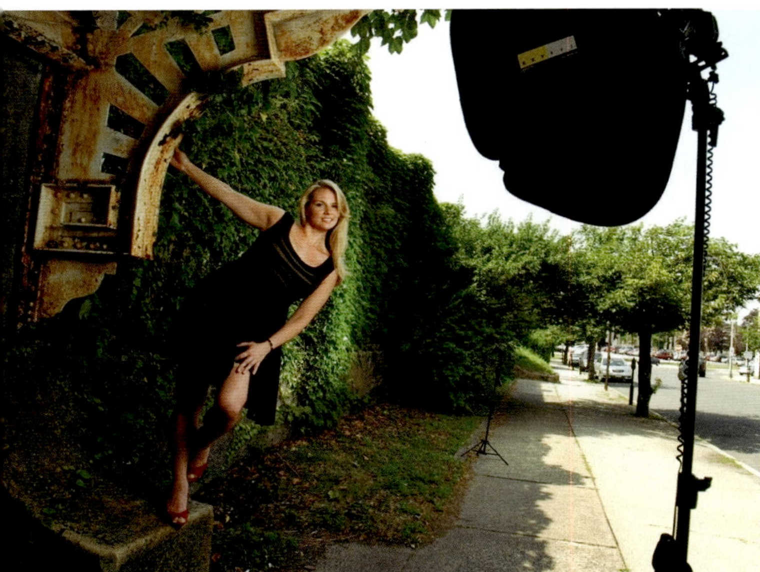

Abbildung 10.45: *Der Aufbau für Abbildung 10.44.*

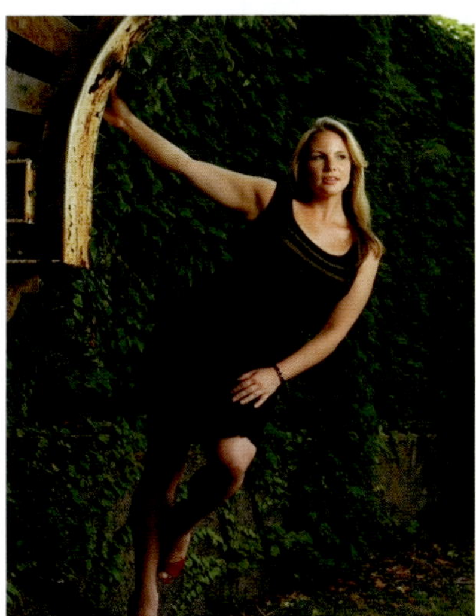

Abbildung 10.46: *Das Bild nur mit TTL-Blitz (auf dem Modell). Der manuelle Hintergrundblitz war aus, weil ich den PocketWizard abgeschaltet hatte.*

Schlusswort

Ich hoffe und glaube, dass dieses Buch Sie erfolgreich in die Geheimnisse des entfesselten Blitzens mit all seiner Flexibilität und Freiheit eingeführt hat. Oder dass es Ihnen, sofern Sie darin bereits bewandert waren, einige neue Ideen vermittelt hat. Ich möchte an dieser Stelle den Kreis schließen, indem ich noch einmal auf das Vorwort von Chuck Ärlund verweise und Sie auffordern möchte, einfach hinauszugehen, auszuprobieren und zu üben. Lernen Sie und haben Sie Spaß dabei. Das Schöne am Fotografieren ist doch, dass das Ende der Lernkurve nie erreicht wird. Es ist und bleibt also eine lebenslange Herausforderung. Ich wünsche Ihnen viel Spaß dabei. Abschließend möchte ich Sie noch einladen, meine Website unter *http://neilvn.com/tangents/* zu besuchen. Sie finden dort ständig neue Artikel von mir und ich beantworte auch gerne Ihre Fragen.

Index

R

S

T

U

V

W